좌충우돌 마을교육과정 이야기

학교의 눈으로 마을을 읽다

＊ 이 책은 충청북도교육청과 충청북도교육도서관이 후원하여 만든 책입니다.

좌충우돌 마을교육과정 이야기
학교의 눈으로 마을을 읽다

박명선 박정미 이경하 조혜진
김락훈 오혜영 송현조 주민우

놀북

프롤로그

    학교와 마을의 관계맺음을 교육과정으로 풀어내려고 애쓰는 충북 도내 초·중학교 교사들이 모였다. 현재 마을교육과정, 마을연계교육과정, 학교-마을연계 교육과정 등 다양한 용어들이 쓰이고 있다. 이 책은 학교-마을의 연계에 대한 교사들의 고민으로부터 출발하였으며, 제목에도 그에 따른 교사들의 관점을 반영하였고, 충북교육청에서 2021년도에 발간한 마을과 함께하실 선생님들을 위한 안내서인 『꼬리에 꼬리를 무는 학교-마을연계 교육과정』에 근거하여 주요용어를 사용하였다.

    충청북도교육청에서는 앎과 삶이 연결된 교육과정, 지역성을 담은 교육과정, 지역사회에서 실천할 수 있는 기반 마련 등을 통해 아이들이 삶의 주체로 온전히 성장할 수 있도록 지원해야 한다고 말하고 있다.

그렇다면 이러한 질문이 생긴다.

앎과 삶의 통합으로 학생들의 삶에 필요한 다방면의 역량을 키울 수 있는가?

학교와 마을이 공동의 목표를 가지고 마을교육공동체를 만들어 낼 수 있는가?

학교는 학생들이 배움의 주체로 성장할 수 있도록 마을(지역)과 연계하기를 희망하는가?

실천하면서 미처 고민하지 못했던 이야기들을 글을 정리하면서 풀어내기도 하였다. 왜 마을과 연계하는지, 학교와 마을이 교육적으로 유의미한 협력 관계를 맺을 수 있도록 교사는 무엇을 해야 하는지, 학생이 지역사회 공동체의 구성원으로 성장할 수 있도록 교육과정과 수업은 어떻게 꾸려나가야 하는지 우리들의 시선도 한 곳으로 모아지기 시작했다.

이 책은 크게 3부로 구성되어 있다. 1부는 '마을과 시작하기'로 학교가 왜 지역과 연대하고 있는지, 의미 있지만 험난한 과정에 대한 이야기를 개론적으로 풀어가고 있다. 2부는 '마을과 함께하기'로 학교와 마을의 동행의 시간을 생생하게 그리고 있다. 학교교육과정을 전문적학습공동체 중심으로 마을과 함께 풍성하게 만들어가는 모습, 소규모학교 입장의 고민, 군 단위 읍내지역, 시 지역 큰 학교 입장에서 마을과 연대할 수 있는 가능성을 담백하게 담았다.

3부는 '마을과 살아가기'로 2부에 비해 학교와 마을의 공동비전·공동실천이 한 걸음 더 나아간 상황으로 해석하면 될 듯하다. 마을의 현안문제를 교육과정으로 풀어가는 장면, 학습자가 마을의 주체로서 성장하는 모습을 학교의 시선으로 엮었다. 마지막으로 저자들이 뭉치게 된 계기, 아직도 남은 고민, 못 다한 이야기를 덧붙였다.

이 책이 나오기까지 도움을 주신 분들이 있다. 학교-마을연계 교육과정에 대해 고민하고 실천하고 있는 마을연계교사지원단, 함께 부대끼면서 따뜻한 시선으로 도움을 주신 해당 학교 교직원들, 행·재정적 지원으로 동참해 준 충청북도교육청, 충청북도교육도서관 관계자 분, 글 쓰는 중간 중간 피드백을 강요받은 장학사님, 선생님들께 감사의 마음을 전하고 싶다.

어느 지역의 누군가는 우리들보다 생각의 깊이나 실천의 범위가 넓을 것이다. 그렇지만 또 다른 누군가에게는 이 책이 한 걸음 나아갈 수 있는 용기를 줄 수 있을 것이다. 아니, 그러하기를 희망한다.

2022년 8월

차례

프롤로그 • 5

1부 마을과 시작하기

1장 학교는 왜 지역과 연대하고 있는가? _박명선 • 12

2장 그렇지만, 결코 낭만적이지 않은 과정 _박명선 • 20

2부 마을과 함께하기

1장 교육과정, 마을선생님과 함께 할 수 있을까? • 28

  CHAPTER 1 _박정미
  마을과 학교가 함께하는 학습공동체를 꾸리다 • 29

  CHAPTER 2 _이경하
  마을과 함께 교육과정 그리기 • 52

2장 소규모 학교, 마을이 답이 될 수 있을까? • 82

  CHAPTER 1 _박정미
  마을과 함께하는 학교-마을 연계 교육과정 운영 • 83

  CHAPTER 2 _조혜진
  같은 꿈을 꾸는 학교와 마을 • 102

CHAPTER 3 _김락훈
인연(人燕)에서 인연(因緣)으로, 마을 속 둥지 짓기 • 122

3장 큰 학교도 마을과 함께 꿈꿀 수 있을까? • 142

CHAPTER 1 _오혜영
함께 꾸는 꿈은 꿈이 아니라 현실이다 • 143

CHAPTER 2 _송현조
마을로 나아가는 열 걸음 • 176

3부 마을과 살아가기

1장 마을의 현안문제, 학교가 함께 해결할 수 있을까? • 196

CHAPTER 1 _주민우
마을이 던진 물음표, 아이들과 만나 느낌표가 되다 • 197

CHAPTER 2 _이경하
삶과 배움이 함께 하는 수업, 마을에서 그 답을 찾다 • 223

2장 학습자 주도성, 마을에서 찾을 수 있을까? • 256

CHAPTER 1 _오혜영
자유학년제로 본 학생중심 마을연계교육 • 257

CHAPTER 2 _조혜진
마을에서 살아가는 학생들의 주인 되기 여행 • 287

마을과 처음이라서

책이 나오기까지의 과정 _박명선 • 310

아직도 남은 고민, 못 다한 이야기 _마을연계교사지원단 • 318

1부 마을과 시작하기

1장 학교는 왜 지역과 연대하고 있는가? ──────── 박명선

2장 그렇지만, 결코 낭만적이지 않은 과정 ──────── 박명선

1장   학교는 왜 지역과 연대하고 있는가?

박명선 (충청북도교육청 장학사)

마을교육공동체 업무를 맡은 지 5년 째다. 이 정책이 지속가능한가를 고민할 때마다 결국 학교교육과정과 맞닿아야 된다는 결론을 내리게 된다. 그래서 무작정 실천하고 계시는 선생님들과 뭉쳤다.
과연 마을연계 교육과정이 학교와 지역사회 연계를 위한 중요한 실천기반이 될 수 있을까? 꼭 그랬으면 하는 바람으로 이 책의 시작을 연다.

마치 사랑하는 사람처럼

 오늘도 준식이(가명)는 지각이다. 1교시가 지날 무렵 살금살금 들어와서 눈곱만 겨우 뗀 것 같은 모습으로 조용히 앉는다. 아직 초등학생인데 수업 중에 졸음이 쏟아져서 힘들어하던 그 아이, 특히 수학시간에는 숫자를 연필로 썼다 지웠다를 반복하며 주눅 들던 준식이.
 지각이 한 달쯤 반복되자 지각도 습관이라면서 불같이 화를 냈었다. 그러다 준식이가 주중에는 혼자 살고 있다는 것을 알게 되었다. 아버지하고만 살고 있는 한부모 가정이라는 것은 여러 경로를 통해 알고 있었지만, 겨우 주1회 아버지를 만난다는 사실을 그때는 알지 못했다. 어느 날 1교시가 지나도 아이가 등교하지 않자, 아이 집을 방문하게 되었다. 초인종을 누르고 문을 여러 번 두드리니 잠에서 겨우 깬 아이가 문을 열었다. 그 순간 쏟아지는 눈물을 참느라 애를 먹었다. 방안에 있는 것이라고는 덩그러니 깔려 있는 이불 한 채, 먹다 남은 라면찌꺼기가 말라비틀어진 냄비, 책가방, 옷가지가 다였다. 말없이 아이를 안아주었던 그 순간이 아직도 생생하다.

내가 할 수 있는 일이라고는 아이 아버지와 연락해서 하교 후에 지역아동센터를 이용할 수 있도록 연결해주는 것—그 또한 교통이 불편해서 오래가지는 못했다—, 수업 중에 조금 더 마음을 내어 개별지도해 주는 것이 다였다. 지금 생각해 보면 그 아이를 위해 내가 할 수 있는 일이 그게 다였을까 후회되고 미안하다.

교원임용시험에 합격하고 정말 좋은 선생님이 되리라 다짐하고 또 다짐하면서 첫 아이들과 대면했었다. 우리 반 아이들 한 명 한 명 눈을 맞추며 아이의 한 마디 한 마디를 가슴에 담고, 머리에 기록했다. 마치 사랑에 빠지면 그 사람이 좋아하는 것, 그 사람이 하고 싶어 하는 것에 몰입하듯이 세상의 중심이 우리 반 아이들이었던 것 같다. 학구 내에 거주하고 있었기 때문에 휴일에도 우연히 놀이터에서 만나면 아이들과 아이스크림을 나눠 먹기도 하고, 모래놀이도 함께 하였다. 좀 더 잘 가르치고 싶어서 - 당시에는 학습자 중심으로 생각하지 못했던 것 같다 - 책도 많이 읽고, 신규교사가 할 수 있는 이런저런 시도도 여러 차례 했던 것 같다. 기초학력이 부족한 아이들의 경우 눈높이에 맞는 학습이 될 수 있도록 열정(?)을 다해 학습지도를 했고, 특정 분야의 학습 능력이 뛰어난 아이들의 호기심을 채우기 위해 다양한 노력을 했었다.

그런데 그 사랑은 그리 오래가지 못했다. 큰 학교, 과밀학급에 근무하게 되면서 어차피 모든 아이들의 요구와 수준에 맞추지 못할 테니 중간 수준 정도에 맞춰 가르칠 수밖에 없다고 결론내리고 책임을 회피하기 시작했다. 특히 기초학력이 부족한 아이는 나의 책임이라기보다는 당사자 또는 가정의 문제라고 스스로에게 설명하고 합리화했다.

과연 나만의 문제일까. 초등학생부터 어른의 보살핌을 받지 못 하는 아이, 모든 아이들의 평균 추정치를 설정하고 교육과정을 운영할 수밖에 없는 교사. 이밖에도 학교현장의 수많은 고민들이 산재해 있다. 그런데 돌이켜 생각해보면 나의 경우 '할 수 없어서' 라기보다는 '어떻게 해야 할지' 몰랐던 것 같다.

배움과 마주할 수 있도록

> [4도04-02] 참된 아름다움을 올바르게 이해하고 느껴 생활 속에서 이를 실천한다

도덕 교과서 읽기만으로 '아름다움'을 내면화하고 실천할 수 있는 학생은 대단한 학생이다. 물론 모든 교과가 필요하겠지만, 도덕과 수업

이야말로 국가가 제시한 성취기준에 도달하기 위해서는 아이들의 흥미와 요구를 반영한 교육과정 재구성이 절실히 필요하다. 아니면 덕목 위주의 좋은 말 대잔치를 하다가 수업을 마무리하기 십상이다. 우리 지역의 산책길, 벽화, 하천, 시장, 축제, 지역 출신 유명 아이돌 가수 등으로 '아름다움'에 대해 학습하는 수업에 초대된 적이 있다. 내가 알고 있는 주변의 이야기가 시작되자, 의자에 기대고 있던 아이들의 모습이 달라지기 시작했다. 허리는 세워지다 못해 들썩이고, 발은 동동, 묻지도 않은 말에 대답하느라 정신이 없다. 특히 배움이 느린 아이들에게는 교과서 중심의 수업보다는 삶 중심 교육과정, 학습자 주도의 프로젝트 학습이 효과적이다. 내가 알고 있는 이야기, 내가 할 수 있는 일들은 학습 의지가 상대적으로 약한 친구들에게도 꽤 매력적이기 때문이다. 이 학교는 한 학년이 2~3학급, 구도심에 위치한 곳으로, 상대적으로 다문화, 취약계층 비율이 높아서 학습격차를 줄이기 다양한 노력을 하고 있다. 특히 학생 개개인의 자아 존중감, 우리 마을에 대해 자부심을 가질 수 있도록 지역사회와의 연계를 끊임없이 시도하고 있는 중이다.

더 깊은 배움이 되도록

농촌지역 60명 이하 소규모학교는 학교운영을 지속하기 위해 지역 사회와 함께 다양한 노력을 하고 있다. 학교의 힘만으로 학생을 기르는데 한계가 있다는 교사와 교육의 힘으로 마을의 변화를 이끌어내려는 사람들이 모여서 학교와 마을을 지키려는 움직임이 전국적으로 퍼져 나가고 있다.

[4동행-2] 우리 마을을 탐험한 내용을 바탕으로 결과물을 만들 수 있다

이 학교도 수업의 변화로 아이들에게 다양한 경험을 제공해 주기 노력하고 있다. 위의 성취기준으로 수업을 한 학급은 남학생 4명으로만 구성되어 있다. 더군다나 초등학교 저학년을 막 벗어난 3학년 개구쟁이 남학생들이다. 교과서 중심으로 교실에 가만히 앉아서 하는 수업은 진행하기도 어렵고, 어찌어찌 진행한다고 해도 몰입시간이 매우 짧다. 이에 담임교사는 남학생이 가장 좋아하는 '탐험'요소를 투입하여 〈표 1〉과 같이 교과통합 프로젝트 수업(36차시)을 진행하였다. 그 마을에 거주하고 있지만 우리 고장에 전해 내려오는 이야기, 문화재 등을 알지 못했고, 해당 지역에 가 본 친구도 없었다. 담임교사 역시 해당 마을에 거주하고 있지 않기 때문에 마을을 잘 알고 있는 마을활동가와 협력하였다. 팀티칭으로 아이들은 마을에 대한 지식을 확장하고 직접 탐구한 장소를 바탕으로 탐험지도, 안내 팸플릿을 만들어보는 활동을 하였다. 탐험계획수립부터 탐험과정, 산출물까지 학습자가 주도적으로 참여할 수 있도록 설계하였으며, 마을선생님의 도움으로 아이들은 더 깊은 배움의 과정을 경험할 수 있었다.

『꾸러기 역사 탐험대』 차시 구성

차시	성취기준	교과	수업 활동 내용	시기
1~4	[4사01-03]	사회	• 우리 마을 탐험 계획 세우기	4월
5~12	[4사01-04]	사회	• 마을선생님과 함께 마을 옛이야기 탐험하기	4~5월
13~20		창체	• 마을선생님과 함께 마을 문화재 탐험하기	4~5월
21~28	[4국03-01]	국어	• 우리 마을 탐험 보고서 쓰기	5월
29~32	[4미01-04] [4미02-02]	미술	• 마을 탐험 지도 만들기	5~6월
33~34	[4동행-1]	창체	• 마을 소개 액자 만들기	6월
35~36	[4동행-2]	창체	• 마을 탐험 결과물 전시회 열기	6월

해당학교는 학생의 삶과 연계된 교육과정을 운영하기 위해 성취기준을 재구조화하고 개발하는 등 교육과정의 자율권을 적극적으로 활용하였으며 아래 제시된 충청북도교육과정 총론에 근거하여 자율탐구과정을 운영하였다. '자율탐구과정'은 학생의 요구와 필요를 반영하여 학교, 학년 단위로 자율적으로 운영하는 교육과정으로 학교와 지역의 특색을 반영한 학교교육과정 자율화를 위한 시간확보, 교과(군) 성취기준에 구애받지 않는 교과통합, 교과-창의적 체험활동 연계, 무학년제, 학년군별 다양한 방법으로 편성·운영 가능하도록 안내하고 있다.

【근거】충청북도교육과정 총론

나-2) 학교는 자율탐구과정을 운영하기 위한 교과(군)내 시수 조정, 성취기준 활용, 재구조화, 개발, 교수 학습 및 평가 방법, 설계·운영에 대한 자율권과 재량권을 가진다.

충청북도교육청 고시 제2022-2호

2장   그렇지만, 결코 낭만적이지 않은 과정

도대체 그 동력은 어디에서

지역의 인적·물적 자원을 활용한 주제중심 프로그램, 학교와 마을이 공동의제를 발굴하고 해결하는 프로젝트 등 학교 또는 학년, 학급만의 제 빛깔과 향기를 담아내는 동력은 도대체 어디에서 나오는 것일까.

선생님들과 수차례 협의 한 끝에 생태감수성을 느끼는 과정도 중요하지만, 환경교육의 핵심은 실천이라고 정리하였습니다. 그래서 학생들이 주도적으로 체험하고, 실천하고 행동할 수 있는 내용들로 프로젝트를 구성하자고 합의했죠. 따라서 늘어난 활동만큼의 시수확보, 교과 간 통합,

> 지역연계 등 교육과정 재구성은 당연히 따라오는 순서인 것 같아요
>
> - C초 교사와의 인터뷰 중에서 -

대화에서처럼 '환경'이라는 주제는 학생들이 직접 경험과 실천을 통해 학습하는 것이 더 의미 있다고 구성원들이 결론을 내렸다. 삶의 경험, 실천을 통해 학습하려면 충분한 시간 확보가 필수적이다. 또한 실제 삶의 문제를 다루기 위해서는 프로젝트 수업이 효과적이다. 프로젝트 수업에서의 학생은 자율적으로 학습할 수 있는 기회를 보장받고 스스로 학습을 이끌어가며 즐겁게 수업에 참여할 가능성이 높다. 주로 질문하기, 조사·정리하기, 팀 활동에 기여하고 협력하기, 과제 성실히 수행하기, 정보를 공유하고 서로 배우기 등 학생의 역할과 책임이 커지기 때문이다.

이처럼 교과별 활동주제의 성격을 반영하고, 성취기준에 좀 더 효과적으로 도달하기 위한 교사들의 자발적 노력이 핵심 동력이 아닐까 한다.

> 아이들이 지역사회 문제에 관심을 갖고, 과제해결 프로젝트를 수행하는 작업이 쉬운 일은 아니라고 생각해요. 더군다나 학생 주도의 프로젝트 수업을 계획하고 실행하기 위해서는 교사의 엄청난 노력이 필요합니다. 프로젝트 수업은 학생들의 흥미와 수준에 맞게 설계되고, 창의력, 리더십, 문제해결력 등 다양한 역량이 길러지는 것은 분명해요. 그렇지만 과연 교

사들이 이 힘든 작업을 적극적으로 할까요?

- S고 교사와의 인터뷰 중에서 -

    마을 또는 지역과 연계하여 프로젝트 수업을 운영하고 있는 어느 고등학교 선생님의 말이다. 본인은 학생들에게 의미 있는 경험을 제공해주기 위해서 이런저런 노력을 하고 있지만, 프로젝트 하나를 만들어내기 위해서는 남다른 열정이 필요하다고 설명하였다. 차라리 무조건 지역연계 교육과정을 운영하라고 교육과정 총론에 명시되면 좋겠다고, 그러기 전에는 시도하는 사람이 쉽게 늘어나지 못할 것이라고 주장하였다. 덧붙여 농촌 지역의 작은 학교나 특색 있는 교육과정으로 경쟁력을 확보해야 하는 사립학교, 구도심 지역에 위치한 비인기학교 등 현실적인 문제와 맞물리지 않으면 활성화되기 어렵다고 하였다. 선생님의 의견에 매우 공감한다. 사실 학교-마을연계 교육과정을 운영하고 있는 학교들의 대부분이 그 선생님이 구분한 유형에 속한다. 그렇지만 '무조건 하도록 명시하는 부분'은 신중해야 할 것으로 보인다. 교과특성, 지역 및 학생의 실태 등을 반영하되 학교의 필요와 요구에 맞는 선에서 운영되어야 하지 않을까.

가깝고도 먼 당신

학교의 문턱이 너무 높아요. 이렇게 좋은 프로그램이 있는데 왜 시도하지 않죠? 교실 안에 아이들을 꽁꽁 싸맨 채 노력하지 않아서 안타깝네요.

공동수업프로젝트라고 분명히 알고 학교에 들어왔는데, 선생님은 수업 중에 보이지 않아요. 우리가 방과후 수업을 하고 있는 건가요?

교육청에서 업무담당으로 지역사회와 대면한지 5년째다. 학교의 문턱이 높다거나 학교-마을 협력수업에서 교사들의 역할 문제 등은 수많은 호소 중 반복적으로 들어왔던 이야기이다.

그런데 학교의 상황은 어떠한가? 학교 안에서 선생님들이 해야 할 일이 너무 많다. 그러다 보니 마을과 연계하는 고민까지 미치지 못했으며, 더군다나 요즘은 코로나19로 인해 학교 안 사정이 더 복잡해졌다. 마을의 기대보다 좀 더 긴 호흡으로 함께 하는 방향을 찾을 수밖에 없는 사정이다.

작년에 10차시 분량의 프로젝트를 운영했어요. 그런데 초등학생은 몰라도 중·고등학교 수준과 맞지 않았어요. 지역 체험처도 거의 유·초등 중심이라 아쉬워요.

아이들의 발달단계와 맞지 않았어요. 초등학교 3학년인데 연 만들기를 해서 1시간 내내 실을 묶어주다가 끝났어요. 물론 연 만들기 전에 그와 관련된 스토리가 있긴 했지만, 수업이 미완성으로 끝났죠.

아마 한번쯤 고민해 보았던 내용일 것이다. 중·고등학생에게 적합한 자원이 부족하고, 학교교육과정이나 아동·청소년 발달단계와 맞지 않는 교육내용이 있기도 하다. 때로는 의심의 눈초리로 마을을 대하는 분들이 있기도 하고, 시골일수록 넓은 도시를 경험하게 하는 것이 오히려 공평하다고 주장하는 분들도 있다. 학교는 마을에 위치에 있고, 마을은 학교를 품고 있지만, 참으로 가깝고도 먼 당신이다.
먼저 실천한 분들이 학교와 마을을 연계하기 위해서는 사전협의, 사후평가가 필요하고, 지속적인 만남으로 관계를 맺어가는 것이 중요하다고 한다. 그런데 그 과정을 어떻게? 라는 의문이 남는다. 자주 만나야 한다고 들어 본 적이 있으나 어떻게 만나서 시작하고, 실천하고, 관계를 맺는지 모르겠다는 선생님들을 여러 차례 만났다.

나와 같은 고민을 하고 있는 교사들이 모였다. 우리 지역 곳곳의 학교에서 실패하고, 또 다시 경험하고, 성장하고 있는 교사들이 있다. 그들의 이야기를 거칠게 담았다. 물론 다 성공한 이야기는 아니다. 다만, 함께 고민하고 공감하는 이야깃거리가 되길 바란다.

2부 마을과 함께하기

1장 교육과정, 마을선생님과 함께 할 수 있을까?

CHAPTER 1 마을과 학교가 함께하는 학습공동체를 꾸리다 —————— 박정미
CHAPTER 2 마을과 함께 교육과정 그리기 —————————————— 이경하

2장 소규모 학교, 마을이 답이 될 수 있을까?

CHAPTER 1 마을과 함께하는 학교 – 마을 연계 교육과정 운영 ————— 박정미
CHAPTER 2 같은 꿈을 꾸는 학교와 마을 ————————————————— 조혜진
CHAPTER 3 인연(人燕)에서 인연(因緣)으로, 마을 속 둥지 짓기 ———— 김락훈

3장 큰 학교도 마을과 함께 꿈꿀 수 있을까?

CHAPTER 1 함께 꾸는 꿈은 꿈이 아니라 현실이다 ——————————— 오혜영
CHAPTER 2 마을로 나아가는 열걸음 ———————————————————— 송현조

1장 교육과정, 마을선생님과 함께 할 수 있을까?

박정미 (괴산 청천초등학교 교사)

28년째 학교에서 아이들을 가르치고 있다. 아직도 어렵기만 한 교사로서의 삶이지만, 교육의 질은 교사공동체의 질을 넘지 못한다는 말을 경험했다. 마을과 함께하는 학습공동체를 운영하며, 같은 목표를 가지고 함께 나아가는 사람들의 한 걸음은 나의 열 걸음보다 위대함을 몸소 느꼈다. 아직도 어설픈 나에게 늘 배움의 즐거움을 알려주고, 교사로서 성장할 수 있도록 일깨움을 주는 나의 동료들과, 마을 선생님들께 고마운 마음을 전한다.

CHAPTER 1

마을과 학교가 함께하는 학습공동체를 꾸리다

마을과 함께하는 교육활동이 마을교육과정이 되고 있는가?

온 마을이 아이들을 함께 키워야 한다는 행복교육지구 사업과 함께 학교마다 학교와 마을을 연계하는 마을 연계 교육과정에 대한 논의나 운영이 활발하다. 그러나 마을교육과정은 마을마다의 특수한 환경과 고유의 철학을 담아내야 하기에 어떻게 시작해야 할지 막막한 것도 사실이다.

또, 시작을 했다 하더라도, 일회성 행사에 그치거나, 아이들에게 주도권을 충분히 제공하지 못한 경우가 많다. 학생은 선택권을 존중받고 주도성을 강화하여 배움의 주체가 되고 있는가? 마을교사는 교사들과 깊게 연결되고 함께 고민하는 교육과정의 주체로 권한과 책임을 가지고 있는가? 마을이 아이들을 성장시키고 궁극적으로 그 지역의 구성원으로 정주시키는 선순환적 구조는 가능할 것인가에 대한 고민은 계속되고 있는 듯하다.

마을교육과정 설계에 대한 논의를 시작하며

이러한 고민에서 마을교육과정 설계와 운영에 대한 학습공동체가 필요하다는 논의가 시작되었다. 우리 학교는 학교의 자율권을 더욱 확대하여 민주적 학교 자치를 실천하고 더 깊은 배움을 바탕으로 학교 고유의 창의적 교육과정을 구현해 간다는 행복자치 미래학교를 신청하였고, 그래서 마을 연계 교육과정 개발이라는 미션도 갖게 되었다. 마을교육과정을 위해 마을과의 지속적이고 깊은 만남이 필요하게 되었다. 교육공동체가 주체가 되어 주도성을 발휘하고 함께 협력하며 만들어가는 교육과정을 운영하여 학교와 마을의 고유한 가치와 철학을 담고 학생의 배움을 촉진하는 마을 연계 교육과정을 설계하고 운영해 보고자 함께 연구하고 실천하는 공부 모임을 갖게 되었다. 좌충우돌! 마을과 함께 한 기록이 새롭게 시도하는 학교나 마을에 도움이 되기를 바라며 기억을 더듬고자 한다.

든든한 교사학습공동체가 있기에

사실 마을과 함께하는, 마을 연계 교육과정이라는 새로운 화두가 두렵지 않은 것은 아니다. 그렇지만 시도를 해 보자 할 수 있었던 원천은 민주적인, 그래서 자발적인 교사공동체가 존재하기 때문이다. 동학년이 없는 소규모 학교에서, 서로에게 동학년이 되어 함께 고민하고 함께 힘이 되어주려는 공동체가 있기에 시작할 수 있었다.

몇 해째 운영되고 있는 전문적학습공동체는 교사들이 교실을 열어 아이들을 함께 살펴보고 수업을 함께 만들어 나가는 일련의 과정을 통해 신뢰를 쌓아왔고, 지난해부터는 매주 만나며 마을교육과정을 주제로 연구를 이어가고 있다.

올해 첫 번째 만남에서 함께 합의한 교사학습공동체의 목표는 다음과 같다.

> 행복자치 미래학교로서 교육과정 및 교사 교육과정 운영을 목표로 하는 교사학습 공동체이다. 공동체의 비전을 공유하며, 미래형 교육과정 설계가 목표이다. 서로 다른 학년이지만 모든 아이들을 우리 반처럼 여기며 6년간 연계성을 고려한 교육과정을 연구한다. 다름을 인정하고 존중하는 가운데, 교육과정 기록(글쓰기)을 통해 성찰의 시간을 갖고, 정한 만남과 성장을 이루기 위해 서로 노력한다.[1]

---

1 교사학습공동체 운영 계획서 중 왜 하는가? 부분에서 발췌

함께 목표를 정하고, 무언가를 함께 고민하고 실천하려면 함께 모이는 시간이 중요했기에, 우리가 약속한 시간을 꼭 지키려고 노력했다. 때로는 버거울 때도 있었지만, 함께 책을 읽으며 서로의 고민을 나누기도 하고, 함께 연구하고 실천하며 성찰해 나갔다.

2021학년도 청천초 전문적 학습공동체 운영 기록

날짜	전학공 운영 내용	방법
03.09.	• 「교사, 함께할수록 빛나는」 함께 읽기 • 전문적학습공동체 운영 계획 수립	
03.17.	• 학년별 마을 연계 교육과정 주제 설정	공동연구
03.24.	• 마을교육과정 목표 설정 및 용어 정의	
03.31.	• 학년별 마을교육과정 목표(영속적 이해) 및 핵심질문 설정	
04.07.	• 남한산초 사례 연수: 학교교육목표를 중심으로 학년 교육과정 설계	전문가연수
04.14.	• 학년별 마을교육과정 설계	공동연구
04.21.	• 마을교육과정 기록 방식 합의: 교육과정 의도/진행내용-계획, 결과/성찰-평가, 제언	
04.28. 05.06. 05.12.	• 마을교육 철학 연수: 로컬이미래다 독서 토론, 행복교육지구 교사 김**(3회)	전문가연수
05.26.	• 행복자치미래학교 컨설팅(컨설턴트 임**)	컨설팅
06.02.	• 1학기 마을교육과정 평가 계획	공동연구
06.09.	• 1학기 마을교육과정 기록 공유 및 성찰	
06.15.	• 마을과 학교가 함께 만든 지역화 교육과정 연수: 전남 마을활동가	전문가연수
06.23.	• 1학기 마을교육과정 기록 공유 및 성찰	공동연구
06.29.	• 1차 마을교육과정 워크숍 운영	워크숍
07.13.	• 2차 마을교육과정 워크숍 운영	워크숍

08.28.	• 2학기 전문적학습공동체 운영 계획 수립	
09.01.	• 2학기 마을교육과정 운영 계획 협의	공동연구
09.08.	• 마을교육과정워크숍 설계	
09.15.	• 2022. 마을교육과정 목표 설정	
10.06.	• 3차 마을교육과정 워크숍 운영	워크숍
10.15.	• 2022. 마을교육과정 운영 방법 협의 및 주제 설정	
10.27. 11.03.	• 2022. 마을교육과정 학년별 주제 설정	공동연구
11.10.	• 2022. 마을교육과정 학년별 핵심질문 설정 및 수업 아이디어 협의	
11.17.	• 마을교육과정 운영 컨설팅(컨설턴트 임**)	컨설팅
11.24. 12.01.	• 2022. 마을교육과정 학년별 운영 계획 공동 설계	공동연구
12.08.	• 학습자 중심 배움공간혁신 사례 연수	현장연수
12.14.	• 4차 마을교육과정 워크숍 운영	워크숍
12.20.	• 전문적학습공동체 운영 평가	자체평가
12.22.	• 마을교육과정 운영 컨설팅	컨설팅
12.22.	• 2022. 마을교육과정 운영 계획 검토	컨설팅
12.29.	• 전학공 운영 평가	공동연구

마을과 만나야 한다

배움은 삶과 일치해야 비로소 의미가 있다고 한다. 학생들의 삶의 맥락 속에서 끊임없는 상호작용과 경험, 실천을 통해 배움은 이루어질 것이다. 그러나 학교와 교실은 아이들의 삶을 모두 담아낼 수 없고, 학교와 교사는 아이들의 다양한 배움의 요구를 실천하도록 하는 데 한계가 있다.

그 한계를 넘을 수 있도록 마을과 함께 할 필요가 있다. 사실 이전에도 마을교육을 실행하기 위해 마을선생님들과 만나는 협의회의 자리를 가져왔다. 그러나, 실행 방법 중심의 협의로는 체계적인 소통이 어려웠다. 특히, 목표에 대한 검토나 합의가 없어서 운영하는 과정에서 방향을 잡고 꾸준히 나아가는 데는 어려움이 있었고, 마을교육이 학년별로 이루어지다 보니 공유할 수 있는 기회가 적었다. 교사들도 저마다 다른 경험치와 이해를 바탕으로 각자 열심히 하고 있지만, 함께 합의하고 정돈된 방법으로 진행해 나아가야 할 필요가 생겼다.

마을과 학교가 만나는 시스템을 마련하다

그래서 마을과 함께하는 워크숍을 계획하여 진행하였다. 학교 교육 목표를 확인하고, 마을교사와 학교 교사 간의 마을교육의 철학과 비전을 공유하였으며, 마을교육과정 운영 시스템을 만들기 위한 향후 계획을 세웠다.

함께 준비하는 워크숍이 될 수 있도록 워크숍의 의의를 공유하고 역할을 분담하였으며, 사전 과제를 안내하여 깊이 있는 토론이 가능하도록 준비하였고, 사후평가를 통해 후속 과정에 피드백하는 과정을 넣었다. 그 과정을 소개하고자 한다.

STEP 1. 마을교육에 대한 비전을 함께 공유하라

몇 년째 마을교육이라고 해오고 있고 마을교육이 필요하다는 생각으로 이런저런 활동을 해왔지만, 마을교육이란 무엇일까에 대해서 모두가 함께 합의한 적은 없는 것 같았다. 마을에서 이루어지면, 마을 사람들과 함께하면, 마을에 대해서 배우면, 마을을 위한 활동을 하면 되는 것일까?

교사들도 저마다 다른 경험치와 이해를 바탕으로 각자 열심히 하고 있지만, 우리가 함께 합의하고 보다 정돈된 방법으로 진행해 나가야 할 필요가 생겼다. 먼저 사전 과제를 통해 미리 자기의 생각을 정리해 오도록 했고, 이를 함께 나누며, 합의에 도달해 나갔다.

마을은, 마을교사는, 학교는 마을교육에 대한 가치와 철학을 어떻게 합의하고 있는가? 나 또한 시작은 열정과 신념이었다. 지금에 와서 보니 얼치기 열정과 공개되고 토론되지 않은 동굴 속 신념이기는 했으나 내 시작 지점에서 보자면 또한 불씨니 귀하게 받아들이지만, 이제는 마을교육에 대한 가치와 철학을 어떻게 합의할 것인가'에 대해 이제는 펼쳐 보아야 하지 않을까 생각한다.

- 마을교사 OOO의 워크숍사전과제 1. 마을교육 왜 하는가? 중에서 -

뉘 집 아들, 딸인 우리 아이들... 우리 아이를 지역과 학교가 같이 고민하고 함께 교육하는 것이 마을교육의 목표라 생각한다. 우리 지역을 아이들이 어른이 되면 떠나갈 장소가 아닌 계속 살아갈 곳, 돌아오고 싶은 곳으로 생각하면 좋겠다.

- 마을교사 000의 워크숍사전과제 2. 마을교육의 목표는? 중에서 -

자신을 사랑하는 마음. 타인을 배려하는 마음. 어떠한 세상에서도 강인하게 살아갈 수 있는 생명력. 마을 교육을 통해 많은 것들을 경험하고 느끼고 배운다면 우리 아이들이 삶의 근원이 되는 자아가 단단해져 이 세상을 살아갈 수 있지 않을까 생각한다.

- 마을교사 000의 워크숍사전과제 2. 마을교육의 목표는? 중에서 -

토론에서 얘기된 키워드들을 중심으로 가치 카드를 분류하고, 가치를 함께 정의하고 합의하였다. 마을교육의 철학과 가치를 공유하고 목표를 함께 재정립하면서, 학교, 마을교사들이 마을교육에 기대하는 바가 많은 부분 일치하고 있음을 확인할 수 있었다.

다음은 마을교육과정 워크숍에서 함께 합의한 마을교육에 대한 비전이다.

> 일과 놀이와 배움이 하나 되는 삶의 교육을 실현하기 위해 마을교육은 필요하다. 마을로 나가 마을 사람들과 함께 자연의 순리와 노동의 가치를 배우는 활동을 통해 학생들은 사람과 자연을 존중하는 태도를 배우게 될 것이다. 마을교육은 학생들의 생태 감수성과 꿈을 키우며, 우리 마을을 사랑하는 마음을 갖게 할 것이다. 학교는 지역사회와 학교의 특성을 반영한 마을교육과정을 운영하며 교실 수업을 개선하고, 마을교육공동체와의 협력을 더 공고히 할 수 있을 것이다.[2]

그리고, 마을교육 비전에 포함된 용어를 수정, 보완하며 함께 정의하였다. 마을교육의 철학과 목표를 공유했으니 앞으로의 청천 마을교육과정은 같은 방향성을 가지고 운영될 것이다. 마을 교사를 교육의 주체로 인정하고 마을교육을 학생 성장의 중요한 방법으로 인식하는 과정을 통해 마을 교사들이 보람과 긍지, 자발성을 가지는 계기가 될 것이다.

---

[2] 2021. 학교교육계획서 중 마을교육계획 왜 하는가? 부분에서 발췌

마을교육과정 관련 용어의 정의[3]

용어	합의된 정의
마을과 함께	'마을과 함께'라는 것은 마을의 아이들을 함께 교육하는 공동체와 함께 실현해 가는 교육과정이다. 기존의 학교 교육과정에 마을교육과 마을교사, 방과후학교와 돌봄, 괴산행복교육지구가 더해져 '마을교육공동체'라 지칭한다. '마을교육공동체'는 학교교육의 주체인 학생, 교사, 학부모, 지역사회가 학교 교육 목표 달성을 위해 같은 목표를 가지고 일체감을 이루어 협력하는 교육공동체이다.
마을교육과정	마을교육은 지역사회의 인적, 문화적, 환경적, 역사적 인프라를 활용하는 교육(마을을 통한 교육), 마을과 지역에 대하여 배우는 것(마을에 관한 교육), 지역사회 발전의 훌륭한 자원이 될 수 있도록 미래 진로 역량을 키워주는 활동(마을을 위한 교육)을 모두 포함한다. 교과 및 창의적 체험활동, 방과후학교, 돌봄 등 학교교육과정의 범위 안에서 이루어진 마을교육을 '마을교육과정'으로 정의한다.
마을교사	마을교육과정에 참여하는 행복교육지구 강사, 학부모, 지역 주민을 통칭한다. 교수학습활동에 직접적으로 참여하여 수업을 진행하거나 보조하는 역할 뿐만 아니라 교육적 기회와 공간을 제공하는 역할을 한다.
생태감수성	청천의 아름다운 자연환경에 관심을 갖는 것, 소중함을 느끼는 것이다. 또 청천의 자연 속에서 마음껏 뛰놀며 정서적 안정을 찾고, 생명을 존중하며 즐기는 것이다.
자연의 가치	계절과 날씨, 생명과 생태계의 변화를 경험으로 느끼며, 자연이 스스로 순환할 수 있도록 존중하며 보존하기 위해 애쓰는 생태시민으로 성장하는 것이다.
노동의 가치	학생이 주도적으로 심고 가꾸고 수확하고 나누는 과정을 통해 우리 마을 사람들의 삶의 현장을 경험한다. 노동은 그 자체로 가치 있을 뿐 아니라 작은 노동도 의미가 있다. 단, 일회성 행사가 아니라 긴 호흡의 체험과 경제교육 연계로 노동의 가치를 스스로 판단하는 기회를 제공한다.
꿈	마을에서 다양한 경험을 하며 자신의 재능을 발견하고 성장하는 것이다. 학생이 주도적으로 마을교육과정을 운영하며 내 삶의 주인이 되기 위한 힘을 기르고 진로를 개척한다.
마을을 사랑하는 마음	마을에 대한 관심을 기반으로 마을 문제를 찾고 해결방안을 제시하는 것, 마을의 구성원으로서 참여하고 봉사하는 것, 마을을 홍보하는 것이다. 또 내가 사는 마을에 자긍심을 가지고 나의 삶과 연계한 우리 지역의 미래를 상상하는 것을 말한다. 학생들은 성장하여 마을로 돌아오고, 마을은 학생들이 돌아올 터전을 성장시키기 위해 건강한 공동체를 만들어간다.

[3] 2021. 청천초 혁신교육과정 연구학교 운영 중간 검토 자료. 서론의 용어의 정의 중에서

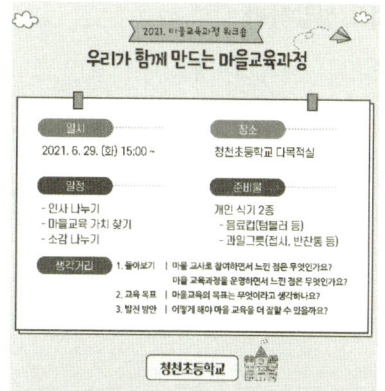
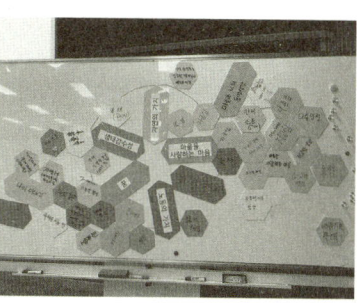

환대의 시간

모둠별 협의

가치 분류하기

가치 합의하기

마을과 함께하는 워크숍 1차 - 청천마을교육과정의 지향과 가치 나누기

STEP 2. 청천마을교육과정을 평가하고 성찰하라

1학기 운영을 마치고 중간 평가 과정을 거쳤다. 처음에 세웠던 목표와 과정을 점검하고 성과 및 발전방안을 찾아보기 위함이었다. 마을교육과정을 운영하며 학생과 교사의 성장을 돌아보고 서로 격려하는 자리였으며, 운영 중에 생긴 불편함에 대한 개선점을 찾아보기 위함이었다. 워크숍의 효과를 높이기 위해 모두가 자기 수업의 성찰을 중심으로 사전 과제를 준비해 오도록 하였다.

> 선생님의 이야기가 만들어지는 수업이 아니라 아이들 각자가 나의 이야기로 만들어지는 수업을 하고 싶다. 가능하다면 학생 한 명 한 명과 소통을 통해서 수업을 진행하면 좋을 것 같다고 생각을 하나 약간 물리적으로 어려움이 있을 거라 생각을 한다. 그러나 방법적인 부분을 고민하다 보면 좀 더 좋은 수업 방식이 있을 거라 생각을 한다.
>
> - 마을교사 OOO의 마을교육의 성찰 중에서-

학교 교사와 마을교사가 과정을 같이 기획하는 것도 필수이겠지만 수업 후에 적극적 피드백과 조율과정의 회의가 필요하겠다는 생각이 들었다. 하지만 이 또한 절대적 시간이 필요하고 조심스러운 것은 서로의 신뢰가 필요한데 마치 평가받는다는 느낌이 들어 불편할 수도 있겠단 생각이 든다. 하지만 새로운 시도였고 늘 이런 교육방식이 필요하다고 생각해 왔는데 그런 기회의 장이 있었다는 것만으로도 매회 너무 즐거웠다. 긴장이 되었지만, 설레고 좋은 긴장이었다. 아이들이 이번 수업을 통해 여행의 즐거움을 안 것 같아 기쁘고, 아이들은 스스로 어떤 궁금증이 생겼는지 궁금하다. 이 수업을 발전시켜 나가보면 좋겠다.

- 마을교사 000의 마을교육의 성찰 중에서-

1학기 마을교육과정 운영 결과를 공유하고, 평가와 성찰을 통해 운영의 성과, 아쉬운 점, 개선 사항, 발전방안에 대해 협의하였다. 무엇보다 놀라운 점은 교사들마다 자신의 수업 내용이나 방법 등에 대해 아이들의 성장을 중심으로 평가하고 있다는 점이었다. 또, 마을교사와 학교가 함께 운영하며 불편했던 점이나 보완해야 할 점들은 이야기 나누고 대안을 모색하는 시간도 가졌다. 여기에서 나온 운영 평가 및 성찰 결과, 제안 사항은 2학기 마을 교육과정 운영에 환류하였다.

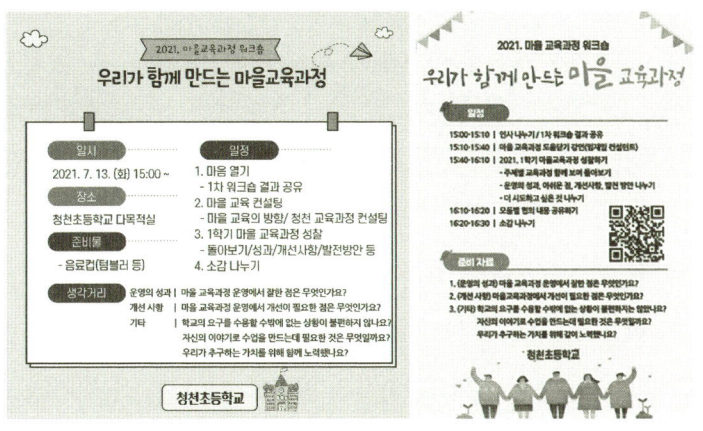

마을과 함께하는 워크숍 2차 - 청천마을교육과정 성찰하기

STEP 3. 청천마을교육과정을 설계하라

1학기 동안 마을과 함께 마을교육과정을 운영해보니, 운영과 설계가 동시에 이루어지는 것은 무척 버거운 일이라는 것을 확인했다. 그래서 2학기 워크숍에서는 차년도에 이루어질 마을교육과정을 미리 설계해 보기로 하였다. 무엇보다, 기존의 마을교사가 설계한 마을교육과정이 아니라, 학년별 교육과정에 기반하여, 함께 설계한 마을교육과정이 필요했기 때문이다.

마을교육과정 1, 2차 워크숍 운영 결과와 전문적학습공동체 협의를 바탕으로 청천마을교육과정의 목표를 함께 가다듬고 공유하였다.

> 〈청천 마을교육의 목표〉
> - 마을에서 즐겁게 배운다.
> - 청천의 자연환경과 인문 환경을 알아간다.
> - 마을에 관심을 가지고 문제를 찾아 해결한다.
> - 마을을 사랑하는 태도를 기른다.

그리고, 마을교육과정 목표에 도달할 수 있는 학습 주제를 학교와 마을이 함께 고민하여 구조화하였다. 마을교육의 목표를 달성하기 위하여 어떤 교육 내용이 필요할까를 고민하였다. 교사들은 학년별 교육과정을 살펴보며 마을과 접목할 필요한 부분을 찾아내었고, 마을교사들도 자기가 가지고 있는 역량이나 하고 싶은 활동을 중심으로 주제들을 모으고 분류하여 보았다.

지금까지 해오던 마을 수업에 포함된 내용들도 있었고, 새롭게 발굴된 내용도 있었다. 다양하게 모아낸 내용들을 비슷한 영역으로 묶고 학생 발달에 맞도록 배열하였다. 또, 마을교육과정에 포함될 내용을 교과 수업 연계, 체험행사, 방과후, 동아리 등으로 분류하여 효율적으로 운영할 수 있는 방법도 함께 찾았다.

마을교육과정 교육 내용 분류

학년군	교육 내용	영역
1~2	– 구룡천의 동물과 식물 / – 마을의 사계 – 마을 관찰 기록 / – 마을 둘러보기	생태
3~4	마을의 이야기 / – 마을의 역사 청천의 문화재 / – 마을의 인물 청천의 자랑거리 / – 마을의 문제	인문환경
5~6	마을 사람들이 하는 일, 마을 사람들 생활 체험 다양한 마을 사람들 만나기 / 직업 체험 마을 인문 환경 지도 만들기 마을 디자인, 마을의 미래를 꿈꿔보는 비전 제시	진로
공통	학교 텃밭 밭마실, 논마실 운영 방과후학교와 자율동아리 운영과 연계한 내용	생태 예술

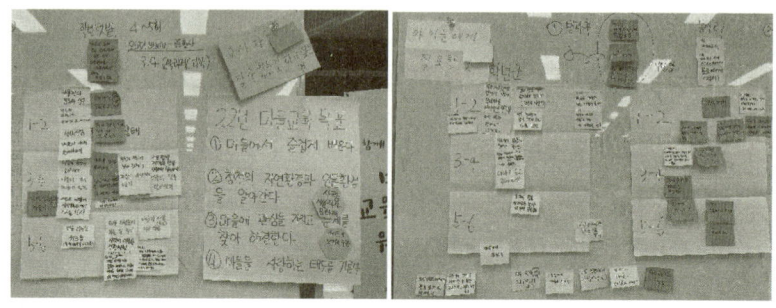

마을과 함께하는 워크숍 3차 - 청천마을교육과정 함께 설계하기

STEP 4. 청천마을교육과정을 수정·보완하라

마을교육과정을 학교교육과정과 연계하여 정교하게 설계할 필요가 있었다. 3차 워크숍에서 모아진 마을교육과정의 주제를 학년교육과정과 아이들 수준에 맞게 위계화해야 했다. 또, 6년에 걸쳐 마을교육과정을 단계적으로 경험할 수 있도록 교육내용을 조직해야 했다. 물론 한 번의 워크숍으로 이런 활동은 불가능하기에, 매주 열리는 교사 전문적 학습공동체에서 먼저 협의하고 협의자료를 만들었다.

사실 4차 워크숍의 핵심은 마을교육과정의 범주 중에서 학교자율탐구과정의 설계였다. 학교자율탐구과정은 교과(군)와 창의적 체험활동 시수를 활용한 주제 중심 재구성 교육과정을 일컫는다. 이전 워크숍에서 발굴한 다양한 마을교육의 내용 중에서 무엇을 자율탐구과정의 핵심 내용으로 선택할지에 대한 고민이 가장 컸다. 우리는 여러 가지 이야기 끝에 우리 마을의 자랑거리를 중심으로 내용을 엮기로 하였다. 다음은 워크숍에 참여한 한 마을교사의 이야기다.

처음 마을수업이라고 뛰어들었을 때는 목표가 명확했어요. 내 아이가 행복하기 위해서는 내 아이의 친구도 행복해야 한다. 그러기 위해서는 마을이 아이들을 품어야 한다. 그러자면 마을의 품을 키워야 하는데 마을이 마을의 가치를 인정하지 않고 있었어요. 사회적으로, 정책적으로 소외되고 낙후된 지역이라는 인식이 마을을 위축시켜 오다 보니 아이들은 자연스럽게 우리 마을, 우리 학교, 우리 지역을 그렇게 초라하게 인식하고 있었어요.

마을에서 살고 있는 사람들 스스로 당당해져야 우리 아이들도 당당해질 수 있지 않을까요? 그래서 마을 수업은 현재 나의 삶을 기본으로 하여 마을의 자랑거리를 찾아내는 즐거운 보물찾기 같으면 어떨까요? 우리 지역의 아름다운 환경과 농업, 사람들의 보편적인 삶을 기반으로요. 농사꾼으로서 내가 꾸는 꿈을 아이들도 당당하게 꿀 수 있도록, 언제 어느 곳에 있어도 내가 살아온 내 터전을 귀하고 아름답게 당당하게 말하고 소개할 수 있는 것이면 될 것 같아요.

- 마을교사 OOO의 이야기 중에서 -

우리 마을의 자랑거리에 초점을 맞춘 주제 중심의 교육과정을 설계하고자 내용 수준을 학생의 발달에 맞게 위계화하고, 공간도 확장해 나갔으며, 교육과정을 함께 운영할 마을교사도 배정하였다. 이렇게 차년도에 운영할, 마을과 학교가 함께 설계한 청천마을교과 교육과정이 완성되었다.

우리 마을의 자랑거리를 담은 **청천 마을교과**

	1학년	2학년	3학년
주제	우리 마을이 좋아요	마을 사람들 멋져요	구룡천이 좋아요
목표	내가 사는 마을을 좋아한다.	우리 마을 사람들을 자랑스러워한다.	구룡천에서 자랑거리를 찾는다.
주요 활동	- 내가 살고 있는 마을을 찾아가서 둘러보기 - 우리 마을 이름과 좋아하는 것 소개하기 - 다녀온 마을에 대해 다양하게 표현하기	- 마을 사람들을 만나서 하는 일 알아보기 - 마을 사람들의 생활 모습 살펴보기 - 내가 만난 마을 사람의 자랑거리 찾기 - 마을 사람들의 자랑거리 공유하기	- 구룡천에서 할 수 있는 활동 계획하기 - 구룡천에서 할 수 있는 활동 체험하기 - 구룡천에서 찾은 자랑거리 발표하기 - 소감 나누기
마을의 역할	함께 찾아보아요.		

	4학년	5학년	6학년
주제	청천의 문화재를 자랑해요.	산을 즐겨요	아픔 없는 캠핑을 떠나요
목표	우리 지역의 문화재를 자랑스럽게 생각한다.	산이 주는 이로움을 찾아 경험하고 즐긴다.	아름다운 청천의 자연을 존중하며 즐기는 캠핑을 한다.
주요 활동	- 청천 문화재 탐색하기 - 문화재 답사계획을 세우고 답사하기 - 문화재 답사보고서 작성하기 - 문화재를 홍보하기 위한 표현활동	- 산의 이로움을 탐색한다. - 산 체험 일정과 장소를 계획한다. - 산의 이로움을 체험하고 표현한다.	- 청천이 캠핑 성지가 된 이유 찾기 - 실제 캠핑하고 문제점 찾기 (간단히) - 자연을 존중하며 즐기는 캠핑 방법 알기 - 친환경 캠핑하기(1박) - 친환경 캠핑 제안하기
마을의 역할	함께 찾아보아요.		

마을과 함께하는 워크숍 4차 - 청천마을교육과정 함께 수정, 보완하기

공동체와 함께 성장하는 교사들

일 년 동안 마을 교육과정 워크숍이라는 형식으로 마을과 학교가 학습공동체를 운영하여 마을 교육과정을 만들어가며 운영해보았다.

학교 교사들에게도 마찬가지지만 마을교사들에게 교육과정이란 참 어려운 영역이 아닐 수 없었다. 더군다나, 마을교육과정을 설계하며 개발하는 것에 대한 부담감은 상당했다. 교육과정 총론을 펴놓고 읽어가며 공부를 하기도 했고, 전문가를 모셔다 강연을 듣기도 했다. 함께하는 워크숍을 준비하며, 함께 이야기를 나누며, 워크숍을 평가하며 동료애를 다져 나갔다. 목표를 함께하는 사람들의 집단지성의 힘이 얼마나

큰지도 경험하면서, 학생들의 삶의 터전에서 여러 주체가 함께 아이를 키워간다는 것은 중요한 의미가 있음을 느끼게 되었다. 무엇보다 교사로서의 성장을 볼 수 있었다.

마을과 함께 할 수 있을까?

앞으로도 우리는 이 일을 계속할 것이다. 마을 교육과정이 지속가능하고 발전할 수 있기를 바라며 우리가 계속 생각하고 해결해 나가야 할 몇 가지 과제를 적어본다.

첫째, 마을교육과정은 학교와 마을이 함께 설계하고 개발해야 한다는 사실이다. 무척 당연한 사실이지만, 실제로 마을교육과정이 운영되는 실재를 보면 이렇지 않은 경우가 많다. 학교 중심의 설계로 마을교사들이 수동적으로 결합하는 경우도 있고, 마을교사 중심의 교육과정 운영으로 교사들은 자칫 교육과정 운영에서 적절한 역할을 하지 못하는 경우도 많았다. 마을교육과정은 내용이나 방법 면에서 마을과 학교가 협업해야 하고, 함께 실행할 때 제대로 작동할 수 있다. 이를 위해서는 무엇보다 학교와 마을교사들이 교육과정의 공동 주체라는 인식을 가져야 하고, 공동체로서 함께 협의하여 운영하고, 평가해 나가야 한다.

둘째, 마을교육과정을 운영하기 위해서는 학교와 마을교사들이 함게하는 공동체가 있어야 한다. 교육과정뿐만 아니라 학교의 운영과 관련된 여러 가지 일들을 함께 협의할 수 있는 협의체로서, 마을의 문제를 함께 풀어나갈 수 있는 거버넌스의 시스템이 필요하다. 학교 교사와 마을교사가 함께 하고자 하는 의지는 있으나, 실제 교육과정 운영 속에서는 세밀하게 풀어나가는 데는 소통의 어려움이 생긴다. 이를 해결하려면 정기적인 모임이 필요하다. 워크숍의 형식이어도 좋고, 협의회의 형식이어도 좋다. 전문적 학습공동체의 공부 모임이면 더할 나위 없을 것이다. 정기적인 모임을 함께 준비하고, 협의하고 기록으로 남기고 공유하면서 역사를 만들어가는 과정이 중요하다.

셋째, 마을교육과정으로 만들어가기 위해서는 서로의 전문성에 대한 존중을 바탕으로 함께하는 공부(연수)가 필요하다. 국가 교육과정뿐 아니라 지역 교육과정, 지역 연계 교육과정에 대한 연수 및 전문성 향상을 위한 노력이 필요하다고 본다. 교사들의 교육과정 문해력에 차이를 극복 또는 합의하기 위해 무엇이 더 필요할까를 고민해야 한다. 또, 마을의 고유한 특성과 가치는 무엇인지 함께 공부해야 한다. 교사들이 먼저 이 가치를 발견하고 이해할 때 교육과정으로, 수업 활동으로 마을교육이 펼쳐질 수 있다.

넷째, 학교교육과정 운영에서도 마찬가지지만, 특히 마을교육과정 운영에서 학생들의 요구를 담은 교육과정을 운영하기 위해서는 어떻게 해야 하는가에 대해 고민해야 한다. 학생들의 능동적 참여를 통해 학생들이 학습에서의 효능감을 느낄 수 있도록 '마을의 주인은 나', 더 나아가서 '내 삶의 주인은 나'라고 깨닫게 할 수 있는 방안을 꾸준히 고민해야 한다. 그래야 마을교육과정이 지속가능한 교육과정이 될 수 있을 것이다.

참고문헌

청천초등학교(2021). 마을과 함께 만들어가는 청천마을교육과정 개발 연구
청천초등학교(2021). 학교교육계획
청천초등학교(2021). 2021학년도 교육과정 운영평가 자료집

이경하 (옥천 안남초등학교 교사)

"사랑하면 알게 되고 알게 되면 보이나니, 그때 보이는 것은 전과 같지 않으리라."

우리 아이들이 살아가는 마을을 알아가기 전에는 아이들만의 마을이었다. 마을과 함께하는 수업을 준비하고 실행해 가며 아이들의 마을이 우리 마을이 되었고, 더 나아가 나의 교실이 되었다.

학교의 작은 교실을 넘어 마을의 큰 교실을 무대 삼아 마을의 주인공들과 함께 살아가고 있다.

CHAPTER 2

마을과 함께 교육과정 그리기

마을을 위한 안남 교육과정을 꿈꾸다

안남과 아이들

안남면은 인구수가 1400명(옥천군 홈페이지, 2021)으로 옥천군 9개의 읍면 중에서 가장 작은 마을이다.

옥천읍에서 안남으로 들어가는 길을 따라 들어가다 보면 안남의 명소인 '화인수목원', 안남 주민 자치의 산물로 자랑거리 중 하나인 '배바우작은도서관'과 '산수화권역(배바우 도농교류센터)'[4]이 있다. 이를 지나 마

---

4 안남면 연주리에 있는 도농교류센터. (영)안남배바우공동체가 운영하고 있으며 도농교류(두부가공) 체험장 및 숙박시설, 로컬푸드 식당, 교육장 등을 운영하고 있다.

[안남 친구들의 마을 사랑방 배바우작은도서관]

을의 중심지로 향하는 작은 도로를 따라가면 안남 잔디광장을 배경으로 깔끔하게 정돈된 마을의 중심지가 자리잡고 있다. 처음 이 마을을 방문하는 사람이라면 이 작은 마을에 도서관이 있음에 한번 놀라고 넓게 정돈된 마을의 잔디 광장과 아늑하고 깨끗한 마을의 풍경에 두 번 놀라게 된다. 그 아늑하고 정돈된 풍경 속에 안남초등학교가 한 켠에 자리 잡고 있다. 이 마을이 이렇게 정돈되고 아름다울 수 있는 이유는 지난 2006년 면 단위 최초로 지역발전위원회가 출범하고 이를 시작으로 외부의 힘에 기대지 않고 안남 주민이 스스로가 중심이 되어 마을을 살려나가겠다는 주민들의 주민 자치 의식에서 비롯된 것이라고 한다.

앞서 소개한 '배바우작은도서관'은 안남 사람들의 공동체 철학이 담긴 산물이다. '도서관은 단순히 책 읽는 곳을 넘어 안남의 미래를 기르는 일'이라는 공감대를 형성하고 안남면 작은도서관 설립 추진 위원회를 중심으로 주민들의 자발적인 참여와 추진으로 생겨난 것이 바로 배바우작은도서관이다(정순영, 2018). 안남의 '배바우작은도서관'은 다른 마을에서 볼 수 있는 마을의 작은 도서관 이상의 의미가 있다. 우리 안남초등학교 친구들은 학교에서 모든 수업을 마치면 그 도서관에 모여 마을의 보살핌을 받으며 학교에서 받지 못한 또 다른 사랑과 가르침으로 하루 하루 성장해 나가고 있다. 마을의 도서관이 책을 읽고 빌리는 장소 이상의 마을의 사랑방 역할을 하고 있는 것이다.

이렇게 작게는 도서관, 크게는 마을의 보살핌과 사랑으로 살아가는 안남 친구들에게 마을은 제2의 가정이고 휴식처이다. 그래서인지 우리 친구들은 학교보다 마을에 더 친숙했고 학교 교사보다 마을 선생님과 더 친밀한 관계를 맺고 있었다. 지난 2017년부터 옥천교육지원청은 옥천행복교육지구사업으로 학교와 마을의 연계교육과정 운영을 지원하였는데 당시 안남초등학교의 마을연계교육과정의 기틀을 마련했던 A교사는 이 학교를 처음 발령 받아왔을 당시 아이들과의 관계를 이렇게 회고하였다.

> 그때 교사로서 자존심이 상했지요. 왜 아이들은 학교에 오는 것보다 마을로 들어갔을 때 더 행복해 할까? 왜 거기서 더 많은 것을 배우고 있다고 생각이 드는걸까? 하는 생각에 약간 자괴감도 들었고 자존심도 상하

기도 했죠. 그래서 더욱 교사가 마을로 다가가 마을에 대해 알아보면서 아이들의 삶을 이해하는 교육과정을 짜야겠다는 생각을 시작했어요.

- A 교사 인터뷰 중 -

교사, 마을과 아이들 중심에 서다

성공적인 학교 교육의 결실로 아이들이 사는 마을에 애착을 갖고 학교가 그 속에 있음을 느끼며 자신의 삶의 터전으로 자리 잡은 그 이상의 가치를 느낀다면 그것으로 성공한 학교 교육이 아닐까?

성공적인 학교 교육을 위해 열정만으로 해결할 수 있는 문제가 아니라면 적극적으로 해낼 수 있는 방법을 찾아가는 것이 우리가 추구하는 교육을 실천해 내는 길일 것이다. 그 실천의 노력 중 하나가 바로 학교 교사와 마을이 함께 교육에 대한 공동 권한과 책임을 지고 교육에 참여하고 실천하는 것이다. 학교는 아이들의 삶을 둘러싼 마을을 교육공동체로서 함께 교육의 비전을 공유하고 방향을 설정하여 이를 실천해 나감으로써 아이들의 삶에 더욱 가깝게 다가가 학교 교육만으로는 이뤄낼 수 없는 더욱 다채롭고 풍요로운 배움이 있는 교육을 실천해 나갈 수 있을 것이다.

학교와 마을의 협력의 가치와 그 필요성을 느끼고 있었던 안남초등학교 교사들은 아이들의 삶 속에 더 다가가기 위해 학교의 담을 허물고 마을을 찾아 아이들과 함께 숨 쉬고 있는 마을 선생님들을 찾아 손을 내밀게 되었다. 당시 학교의 지역 연계를 위해 2017년부터 추진된

배바우작은도서관 모내기행사 체험 프로그램

옥천교육지원청 함추름교육과정[5] 사업의 예산 지원은 아이들의 삶 속에서 배움을 실천하고자 했던 안남초등학교 교사들의 마을연계교육과정 밑그림을 그리는데 기회와 원동력이 되었다. 이렇게 시작된 안남의 마을연계교육과정은 2017년~2019년 동안 마을의 인적, 물적 자원[6]을 활용하여 교육과정을 재구성하고 지역, 마을 주민과의 소통과 참여

---

5 2) 옥천교육지원청의 지역교육과정 브랜드, 정지용의 시 '향수'의 한 구절 흠뻑 이라는 뜻의 고어 '함추름'을 따서 지역에 대해 흠뻑 배울 수 있는 교육이라는 뜻으로 지어졌다.

6 배바우작은도서관, 산수화권역과 덕실농부이야기(영농조합법인)에서 실시하는 체험 프로그램 등을 활용하여 마을 선생님과 함께 마을 연계교육과정을 운영했다. 이 중 덕실농부이야기는 도덕리 마을주민이 세운 마을기업으로 농산물직거래를 통해 도농교류사업 및 농촌체험활동 프로그램 운영을 운영하고 있는 체험마을이다. 또한 2020년부터 안남초등학교와 함추름교육교육과정 운영 위한 MOU를 체결하여 안남초등학교의 마을연계교육과정 설계에 많은 역할을 하고 있는 곳이다.

배바우마을 산수화권역
농촌체험프로그램 '고추모종심기',

덕실농부이야기 체험마을
농촌체험프로그램 '두부 만들기'

를 통해 마을의 교육자원을 활용함으로써 배움과 삶을 연결하는 노력이 이루어졌다.

이러한 노력은 이미 학교와 손을 잡고 함께 교육해 나가길 준비하고 있었던 마을과, 그들과 손을 잡고 함께 학교 교육을 이끌어 나가야 겠다는 교장 선생님의 철학, 그리고 교직원들의 공감대 형성이 있었기에 꽃을 피울 수 있었다.

'마을의 아이들은 주민 스스로가 책임지고 교육해야 한다'는 주민 자치의 힘은 학교의 마을연계 교육과정 운영의 기폭제가 되어 마을과 학교의 협력 체계를 형성함으로써 마을연계교육과정을 꾸려나갈 수 있었다. 2017년부터 2019년까지 안남초등학교의 마을연계교육과정 운영은 아이들이 살아가는 마을과 학교가 만나고 마을 선생님과 함께 아이들이 살아가는 마을을 알아가고 탐구해 가는 형식의 연계 수업을 그려왔다. 그 당시 앞서 말한 옥천교육지원청의 함추름교육과정 사업 예산 배부 방식은 일부 학교 공모를 통해 배분하다가 2020년부터 학교공모가 완전히 없어지고 민간공모 방식으로 전환하여 예산의 집행 책임과 사업운영의 중심이 민간으로 이전되었다(노한나, 2021). 이는 마을연계교육과정 설계 및 운영 방법에 큰 영향을 미치게 되었다. 학교의 예산집행 부분의 행정처리과정이 다소 줄어들어 업무의 부담은 덜었지만 운영 주체가 지역의 기관이다 보니 학교교육과정과 긴밀하게 설계하여 교과와 연결되지 못하고 마을에서 제공하는 체험활동으로만 그치고 말았다. 때마침 2020년에 찾아온 코로나19로 인해 외부활동이 자유롭지 못했던 것도 그 원인 중 하나였다.

마을을 위한 수업을 꿈꾸다

마을을 기반으로 하는 교육공동체의 목표는 학생들에게 그 지역에 대한 다양한 내용을 실천적 방법으로 가르치고, 그들의 학습 역량과 정의적 발달을 도모하여, 학습과 성장의 결과가 다시 지역사회로 환원되는 선순환 구조의 지역공동체를 구성하는 것에 있다. 결국 마을교육공동체의 궁극적인 목표는 지역 아이들을 그 지역의 민주적인 시민으로 키우는 것이다(이경석, 2016). 그러나 단순 마을 선생님의 주도하에 이루어진 체험 위주의 마을 탐구는 마을의 일원으로서 민주적 시민 의식을 기르는데 역부족이었다. 이러한 생각은 마을을 알아가는 교육과정, 마을을 통한 교육을 넘어 학생들의 필요와 계획으로 추진되는 프로젝트의 과정으로서 마을과 연계한 수업 필요성이 대두되는 계기가 되었다. 우리 아이들이 마을의 보살핌과 도움만 받는 존재가 아닌 그들도 마을을 도울 수 있는 방법을 생각해 보면서 마을의 일원으로 그 역할을 다할 수 있는 수업을 계획해 보기로 했다.

2017년부터 마을의 인적, 물적 자원을 활용하여 마을과 손을 잡고 삶과 배움이 함께 하는 교육을 꿈꿔왔던 안남 초등학교 교사와 아이들은 '마을을 통해' '마을에 의한 수업'을 넘어 '마을을 위한 수업'을 꿈꾸기 시작한 것이다.

마을을 통해, 마을에 관한 안남 교육과정을 그리다

교육과정에서 마을 찾기

코로나19로 도시의 많은 학교가 전면등교의 어려움을 겪고 있던 2021년 안남초등학교의 교사들은 2017년-2019년까지 실시한 마을연계교육과정 실행을 통해 이루어진 학교와 마을의 협력 체계를 바탕으로 마을의 일원으로서 마을에 기여할 수 있는 새로운 교육과정을 설계하기 시작했다. '마을을 위한' 프로젝트를 설계하기 위해 가장 먼저 해야 할 것은 수업 시수의 확보였다. 2021년 새학기가 시작되기 이전 2월 각 학년별 교과의 성취기준을 분석하고 프로젝트 학습 목표와 연관된 교과별 '자율탐구과정' 시수로 확보함으로서 '마을을 위한' 프로젝트 학습을 교과와 연결 짓고자 하였다.

[자율탐구과정 시수 계획 통한 마을연계교육과정 시수 확보(3-6학년)]

교과별 확보 시수									창체 연계 시수	합계
국어	도덕	사회	수학	과학	체육	음악	미술	영어	소계	자율 (창의주제활동)	
20	4	11	·	5	·	·	·	·	20	8	48

각 학년별 프로젝트 수업 시수를 계획하고 공통된 수업 의도를 설정한 후 구체적인 수업 설계를 시작했다. 함께 설정한 수업의 의도는 앞으로 진행될 프로젝트의 수업의 방향이고 목표가 될 수 있기에 수업을 진행하는 교사들 간 공동의 수업 의도를 설정하는 것은 프로젝트 수업에 있어 중요한 시작이다.

당시 3-6학년 4명의 교사가 함께 설정한 공동의 수업의 의도는 다음과 같다.

> 출산율 저하로 인한 인구절벽 현상과 농촌 지역의 인구 감소 현상으로 해마다 입학생의 수가 줄어들어 작은 학교의 존폐 위기, 나아가 농촌 마을의 소멸 가능성이 거론되는 가운데 우리 마을 또한 이 위기감에서 자유로울 수 없는 것이 현실이다. 우리 마을의 인구 문제를 우리의 힘으로 당장 해결하기는 어렵지만 우리가 당면한 문제에 대한 관심을 갖는 것만으로도 해결하려는 의지와 욕구를 불러일으킬 수 있을 것이다.

우리 마을만의 특색과 장점을 찾아보고 널리 알리는 활동을 통해 찾아가고 싶은 마을, 머무르고 싶은 마을로 알리는 것부터 시작하면 어떨까?

학생 스스로도 마을에 대한 깊은 이해를 통해 마을에 대한 자긍심을 갖게 될 것이고 더 나아가 마을을 널리 알리는 활동을 통해 다른 지역의 사람들이 관심을 갖게 된다면 마을을 지킬 수 있는 원동력이 될 것이다.

따라서 우리는 이번 수업을 통해 마을의 역사, 문화, 경제, 생태 등에 대해 주도적으로 탐구해보고 우리 마을의 주인공으로서 우리 마을을 널리 알리고 유지하기 위해 어떤 노력을 해야 할지 토의해보고자 한다. 또한 다른 지역의 관광상품을 조사 탐구해봄으로써 우리 마을을 다른 도시 및 마을 사람들에게 알리기 위한 관광상품을 기획하며 우리 마을에 대한 사랑과 관심을 갖는 마음을 다져보고자 한다.

농촌인구의 감소 문제를 사회적 문제로만 여기지 않고 우리 마을의 문제임을 인식하고 이를 해결하기 위해 우리가 할 수 있는 방법을 찾아 실행해 봄으로써 마을의 문제 해결에 기여할 수 있는 '마을을 위한' 마을연계수업의 시도였다. 이러한 수업 의도를 가지고 선정된 프로젝트의 주제는 「우리는 마을 홍보대사! -우리 마을을 알려요..」였다. 먼저 마을을 탐색하고 그 마을을 널리 알릴 수 있는 관광 상품을 기획함으로써 우리 마을에 대한 사랑과 관심을 갖도록 하는 것이 이 프로젝트 수업의 가장 최종 목표였다. 이를 위해 마을을 깊이 있게 들여다보고 마을의 특징을 담아낼 수 있는 홍보물을 제작하고 이를 활용하여 홍보하는 활동이 프로젝트의 수행 과제이며 핵심 활동이었다.

따라서 마을을 위한 작업을 위해 가장 먼저 마을을 자세히 들여다보고 탐색하는 일부터 시작해야 했다. 마을 탐색을 위해 마을과 역사 문화, 마을과 경제공동체, 마을과 지역 공동체, 마을과 생태라는 4가지 주제를 중심으로 주요 프로젝트 활동을 계획해 보았다. 수업은 소규모 학교의 특성과 장점을 살려 발달 단계에 따라 학생들 간에 서로 상호 작용 할 수 있도록 돕고 교사 간 팀티칭이 이루어질 수 있도록 무학년제(3-6학년 통합 수업) 수업으로 계획하였다.

프로젝트 절차	관련 교과/ 학년 및 관련 단원			시수	핵심 프로젝트 활동	비고
다가가기	국3 도2	4	국어/3. 바르고 공손하게 도덕/4. 힘과 마음을 모아서	5	• 우리 마을의 특징 살펴보기 　- 촌락의 문제점 • 우리 마을의 문제 해결을 위한 학습 계획 세우기 　- 학습 주제망 짜기 • 다른 지역의 마을 알리기 사례 살펴보기 • 모둠 구성 및 비전 세우기	
		5	국어/1. 마음을 나누며 화해요			
		6	국어/3. 타당한 근거로 글을 써요			
알아보기	사5 국1	4	사회/1. 촌락과 도시의 생활 모습	6	**마을과 역사 문화** • 마을 선생님과 함께 마을 탐방 다녀오기 • 마을 선생님과 함께 마을의 자연환경, 마을의 문화유적 및 문화재 살펴보기(경율당, 독락정, 덕양서당, 표충사(조헌 묘소) 등)	- 마을교육 활동가 (　　　　) - 학교버스 이용 -전교생 대상
		5	사회/1. 옛 사람들의 삶과 문화			
		6	사회/1. 세계 여러 나라의 자연과 문화			

프로젝트 절차	관련 교과/ 학년 및 관련 단원			시수	핵심 프로젝트 활동	비고
알아보기	국5	4	국어/3. 바르고 공손하게	5	• 마을 탐방 후 알게 된 점 정리하기 - 마을에 대해 관공서 누리집 및 책을 통해 더 조사 탐구하기 - 마을 특징 및 조사한 내용 정리하기(역할극, 역사지도, 역사 신문 등 다양한 방법으로 정리하기) - 마을 조사한 내용 발표 및 공유하기	
		5	국어/2. 지식이나 경험을 활용해요			
		6	국어/3. 타당한 근거로 글을 써요			
알아보기	창4 사2	4	사회/1. 촌락과 도시의 생활 모습 창체(마을자율탐구학습)	6	마을과 경제 • 마을 로컬매장 방문하여 우리 마을의 특산물, 농산물 살펴보기 • 마을의 경제 흐름 살펴보기 - 우리 마을의 경제 상황, 로컬매장의 현주소 등 • 우리 지역 특산물을 이용한 요리체험 - 마을의 농산물 특산물을 이용한 요리 레시피 구상해보기 "마을 요리 연구가" 되어보기 • 우리 마을 사회적 협동조합 알아보기 (목공소, 뷁)	- 함추름교육 연계 - 마을교육활동가 ( )
		5	창체(마을자율탐구학습)			
		6	사회/1. 세계 여러 나라의 자연과 문화 창체(마을자율탐구학습)			
알아보기	사3 국2	4	사회/1. 촌락과 도시의 생활 모습 국어/3. 바르고 공손하게	5	마을과 기관 • 우리 마을이 품은 대표적인 마을 기관 살펴보기(배바우작은 도서관, 배바우 마을, 덕실 농부 등) - 우리 마을만이 가진 기관에서 하는 일, 마을에서의 역할 알아보기	- 인터뷰
		5	국어/5. 여러 가지 매체 자료			
		6	국어/6. 정보와 표현 판단하기			

프로젝트 절차	관련 교과/ 학년 및 관련 단원			시수	핵심 프로젝트 활동	비고

알아보기	과5	4	과학/1. 식물의 생활	5	**마을과 생태**
					• 마을의 생태 환경 둘러보기 - 화인삼림욕장, 둔주봉 등
					  - 우리 마을 생태 환경의 특징 알아보기
					  - 조성 배경 및 생태를 통한 마을의 관광자원 알아보기
					• 화인삼림욕장 탐방 후 알게 된 점 정리하기
						- 마을교육 활동가
						( )
						- 학교버스 이용
						- 전교생 대상

		5	과학/2. 생물과 환경			
		6	과학/2. 계절의 변화			

알아보기	창4 사1	4	사회/1. 촌락과 도시의 생활 모습, 창체(마을자율탐구학습)	5	• 마을 이장님께 들어보는 우리 마을 이야기
					  - 이장님과 함께 우리가 알지 못하는 마을 구석 구석 살펴보기
					  - 마을 지명의 유래, 마을의 역사, 전설 등 우리가 더 알고 싶은 이야기 나누기
						- 함추름교육 연계
						- 마을교육 활동가
						( )

		5	창체(마을자율탐구학습)			
		6	사회/1. 세계 여러 나라의 자연과 문화, 창체(마을자율탐구학습)			

표현하기	도2 국3	4	국어/3. 바르고 공손하게
			도덕/4. 힘과 마음을 모아서
				5	• 마을을 홍보할 수 있는 다양한 방법 계획하기
					  - 남매별 홍보방법 토의하고 구체적 실현 방법 조사하기
					  - 홍보물 디자인 및 제작하기 (우리 마을 미션 리플렛, 홍보 동영상, 홍보 판촉물, 책자 등)
						- 프로젝트수업 지원비 신청 완료
						- 전문 업체에 제작 의뢰 예정
						- 미디어강사 협조

		5	국어/2. 지식이나 경험을 활용해요			
		6	국어/4. 정보와 표현 판단하기 도덕/6. 함께 살아가는 지구촌			
표현하기	국6	4	국어/3. 바르고 공손하게	6	• 마을 홍보 발표 자료 제작하기 • 마을 홍보물 공유 및 홍보 • 프로젝트수업 성찰 및 활동소감 나누기	- 홍보물 전시, 배부 등 협조 요청(면사무소, 각 기관 등)
		5	국어/3. 의견을 조정하며 토의해요 국어/5. 여러 가지 매체 자료			
		6	국어/4. 정보와 표현 판단하기			

※ 음영으로 표시한 부분은 마을 선생님과의 공동 기획과 협조가 필요한 부분이었다.

그러나 마을에 살지 않는 교사들은 마을에 대해 잘 알지 못했고 문헌이나 방문 체험에 의존하여 탐구한다고 해도 마을을 위한 홍보물을 제작하기에는 교사들의 힘만으로는 부족함이 많았다. 그동안 실시해 왔던 체험 위주의 마을연계에서 벗어나 마을의 역사와 문화, 생태 등에 대한 깊이 있는 안내와 지도를 위해 학교와 마을이 함께 기획하고 작업해 나가는 수업 계획이 필요했다.

마을과 학교가 수업을 위해 만나다.

2021. 9. 24 저녁 6시 '배바우작은도서관'에서 학교 교사와 마을 선생님과의 수업 협의회가 열렸다. 처음 이 모임의 시작은 수업 협의 및 기획이 주 목적은 아니었다. 마을 사람들끼리 모여 마을의 현안에 대해 이야기 나누고자 자리를 마련한 것이었는데 그 모임에 학교가 함께 참석하게 되었다. 여러 마을 분들이 함께 한 자리에서 우리가 그려낸 프로젝트 계획을 펼쳐 놓았다. 이날 학교는 마을 선생님과 수업 과정 협의 통해 학교-마을교사의 기획 참여라는 값진 경험을 할 수 있었고 마을 선생님의 수업 아이디어를 얻고 정보를 제공 받아 알차고 깊이 있는 프로젝트 활동을 계획할 수 있었다.

아래 표는 협의 전 수업 계획과 협의 후 수업 계획을 비교한 것이다.

[학교와 마을의 공동 수업 설계]

학교 교사들 간 수업 계획	학교- 마을 선생님 참여 공동 계획
마을과 역사 문화 • 마을 선생님과 함께 마을 탐방 다녀오기 • 마을 선생님과 함께 마을의 자연환경, 마을의 문화유적 및 문화재 살펴보기(경율당, 독락정, 덕양서당, 표충사(조헌 묘소) 등)	**마을과 역사 문화** • 마을 선생님과 함께 마을 탐방 다녀오기 • 마을 선생님과 함께 마을의 자연환경, 마을의 문화유적 및 문화재 살펴보기(경율당, 독락정, 덕양서당, 표충사(조헌 묘소) 등)

• 마을 탐방 후 알게 된 점 정리하기
  - 마을에 대해 관공서 누리집 및 책을 통해 더 조사 탐구하기
  - 마을 특징 및 조사한 내용 정리하기(역할극, 역사지도, 역사 신문 등 다양한 방법으로 정리하기)
  - 마을 조사한 내용 발표 및 공유하기
	• 마을 탐방 후 알게 된 점 정리하기
	  - 마을에 대해 관공서 누리집 및 책을 통해 더 조사 탐구하기
	  - 마을 특징 및 조사한 내용 정리하기 (역할극, 역사지도, 역사 신문 등 다양한 방법으로 정리하기)
	  - 마을 조사한 내용 발표 및 공유하기

마을과 경제
- 마을 로컬매장 방문하여 우리 마을의 특산물, 농산물 살펴보기
- 마을의 경제 흐름 살펴보기
  - 우리 마을의 경제 상황, 로컬매장의 현주소 등
- 우리 지역 특산물을 이용한 요리체험
  - 마을의 농산물 특산물을 이용한 요리 레시피 구상해보기
  - "마을 요리 연구가" 되어보기
- 우리 마을 사회적 협동조합 알아보기(목공소, 뿩)

마을과 경제공동체
- 마을 로컬매장 방문하여 우리 마을의 특산물, 농산물 살펴보기
- 마을의 경제 흐름 이해하기
  - 우리 마을의 경제공동체 활동 이해, 로컬푸드 생산 방식 이해 등
  - 경제공동체 견학(덕실농부, 목공소, 뿩, 로컬매장, 배우공동체)
- 우리 지역 특산물을 이용한 요리체험
  - 마을의 농산물 특산물을 이용한 요리 레시피 구상해보기
  - "마을 요리 연구가" 되어보기, 밀키트 만들기
- 우리 마을 사회적 협동조합 알아보기 (목공소, 뿩)

마을과 기관
- 우리 마을이 품은 대표적인 마을 기관 살펴보기(배바우작은도서관, 배바우 마을, 덕실 농부 등)
우리 마을만이 가진 기관에서 하는 일, 마을에서의 역할 알아보기

마을과 지역공동체
- 우리 마을이 품은 대표적인 마을 공동체 살펴보기(배바우작은도서관, 배바우 마을, 덕실 농부 등)
우리 마을만이 가진 기관에서 하는 일, 마을에서의 역할 알아보기

마을과 생태
- 마을의 생태 환경 둘러보기 - 화인삼림욕장, 둔주봉 등
  - 우리 마을 생태 환경의 특징 알아보기
  - 조성 배경 및 생태를 통한 마을의 관광자원 알아보기
- 화인삼림욕장 탐방 후 알게 된 점 정리하기

마을과 생태
- 마을의 생태 환경 둘러보기 - 화인삼림욕장, 둔주봉 등
  - 우리 마을 생태 환경의 특징 알아보기
  - 조성 배경 및 생태를 통한 마을의 관광자원 알아보기
- 화인삼림욕장 탐방 후 알게 된 점 정리하기

- 마을 이장님께 들어보는 우리 마을 이야기 ★
  - 이장님과 함께 우리가 알지 못하는 마을 구석 구석 살펴보기
  - 마을 지명의 유래, 마을의 역사, 전설 등 우리가 더 알고 싶은 이야기 나누기

마을 이야기
- 마을 이장님께 들어보는 우리 마을 이야기
  - 이장님과 함께 우리가 알지 못하는 마을 구석 구석 살펴보기
  - 마을 지명의 유래, 마을의 역사, 전설 등 우리가 더 알고 싶은 이야기 나누기

학교와 마을의 협의를 통해 학교가 알지 못하는 그리고 할 수 없는

영역을 마을 선생님의 도움으로 수업의 내용을 좀 더 풍부하게 계획할 수 있었다. '마을과 경제', '마을과 기관'이라는 주제는 안남면의 자립 경제와 주민 자치 특성을 반영하여 '경제공동체'와 '지역공동체'로 유목화되어 나뉘었다. 또한 수업을 마무리하며 이장님 한 분을 초대하여 못다한 이야기를 나누어 보자는 의미로 설계된 수업(★차시)활동은 '마을 이야기'라는 수업 주제로 변신하여 더 많은 이장님을 모시고 마을의 이야기를 들어보는 기회를 마련할 수 있었다.

그로부터 2주 뒤 지난 9월에 기획한 수업 계획을 바탕으로 수업에 직접 참여해 주실 마을 선생님과 학교 교사들이 '산수화 권역(배바우 도농교류센터)'으로 다시 한자리에 모였다. 마을 선생님들과의 구체적인 협력 수업 계획을 위해 2차 학교와 마을의 수업 협의가 이루어졌다. 이날은 주제별 구체적인 활동 내용과 방법을 협의하고 마을 선생님들 역할과 교육활동 시간 등을 논의하였다.

그러나 가을철 바쁜 농촌 마을의 현실과 맞부딪혀 마을 선생님 섭외에 많은 차질과 어려움이 있었다. 다행히 지난해까지 학교와 MOU를 맺고 마을연계교육과정 운영에 큰 힘이 되어 주었던 '덕실농부이야기' 마을 선생님을 중심으로 수시로 소통하며 수업 활동 계획을 수정하고 보완해 나갔다. 2차 협의회 때 정한 주제별 흐름을 중심으로 구체적인 교육 활동 장소나 변경 사항 등을 점검하고 학교에서 준비해야 할 것들과 마을이 준비하여 함께 나누어야 할 정보 등을 SNS를

[학교와 마을의 수업 계획]

통해 수시로 소통하였다. 이러한 소통이 없었다면 아이들과 마을 선생님들과의 만남은 이루어지지 못했을 것이다. 이렇게 마을 선생님과 함께 기획한 공동 수업 계획을 바탕으로 학교는 아이들과 함께 프로젝트 활동을 계획하였다. 마을 탐색을 위해 마을과 역사 문화, 마을과 경제공동체, 마을과 지역 공동체, 마을과 생태, 마을 이야기라는 5가지 주제를 중심으로 함께 탐구하고 공부할 내용을 계획하고 배운 내용을 공유하기 위해 마을 홍보를 위한 어떤 산출물을 기획하고 제작할 것인지 계획해보며 프로젝트 활동을 시작할 수 있게 되었다.

드디어 「우리는 마을 홍보대사! -우리 마을을 알려요.」프로젝트가 시작된 것이다.

마을을 위한 안남 교육과정을 펼치다

수업으로 만나는 마을

 동네에서 마주치던 동네 어른분이 우리 마을 역사학자가 되어 마을 지명과 그 속에 담긴 교과서에서는 볼 수 없는 마을의 역사 이야기를 펼쳐주신다. 안남초 30회 졸업생이시며 10년 넘게 우리 마을 분들의 발이 되어 주신 마을 버스 기사님은 우리 마을 역사의 산증인이 되어 오늘날 마을버스가 마을을 순회하기까지는 주민들의 자치로 이뤄낸 노력과 땀이 있었음을 이야기 해주신다. 마을의 이장님은 재미있는 이야기꾼이 되어 우리 마을에 전해져 오고 있는 이야기를 감칠맛 나게 해주신다. 마을 수업이 이루어지는 동안 안남의 어르신과 마을 주민들은 안남 친구들의 선생님이 되어 마을에 대한 배움과 자부심을 선사해 주셨다. 지역과 관련된 활동과 특수성을 학교 교육과 연결하면 학생들의 동기를 유발하고 학습을 촉진할 수 있다(이윤영, 2021). 아이들은 좁은 교실에서 벗어나 마을 선생님들이 전해주는 마을에 대한 다양한 지식과 정보를 통해 배움의 즐거움을 느끼고 마을의 주인으로서 성장해 가는 역량을 기를 수 있었다. 들리는 이야기로는 수업에 섭외된 마을 선생님들은 짧은 15분의 수업을 위해 엄청 고민이 많으셨다고 한다. 마을 선생님들은 이날 수업을 위해 얼마나 밤잠을 설치셨을까? 당시 아이들에게 하나라도 더 이야기 해주겠노라고 깨알 같은 글씨로 메모해온 달력 종이뭉치를 손에 들고 열심히 설명하시던 모습, 우리 마을 자랑거리를 하나라도 더 보여주시겠다고 아이들 하나 하나 눈맞춤 하시며 안내하시던 마을 선생님들의 모습들을 잊을 수 없다. 마을 선생님들의 수고와 노고로 우리 안남 친구들은 마을에 대해 더 깊게 알고 마을에 대한 자부심을 가져보는 값진 시간을 보낼 수 있었다.

나는야, 마을 홍보대사!

7일간 마을 선생님과 함께 하는 긴 프로젝트 활동을 마치고 학습 결과를 배움에 그치지 않고 이를 공유함으로써 마을의 소중함과 마을에 대한 자긍심을 내면화할 수 있는 작업이 필요했다. 그것은 프로젝트 수업 마지막 단계인 표현하기 단계이다.

그동안 마을을 통해 마을에 관한 수업이 이루어졌다면 이제 드디어 마을을 위해 우리가 나서야 할 차례다. 그동안 마을 선생님들을 통해 알게 된 마을에 대한 다양한 사실과 정보를 바탕으로 마을에 기여할

마을과 역사 문화
경율당에 대해 소개하는 마을 선생님

마을과 지역 공동체
마을의 지역 공동체에 대해 설명해 주신 마을 선생님

마을 이야기 청정리 마을에서 전해져오는 전설과 보존이 필요한 문화유산에 대해 설명하는 마을 선생님

  수 있는 홍보물을 제작하여 표현해 보도록 하였다. 아이들은 리플릿, 홍보송, 드라마, 보드게임, 그립톡, 열쇠고리 등 각자의 소질과 재능에 따라 계획한 다양한 홍보물을 제작하였다.

  홍보물 중 리플릿에 담겨진 마을 상징 캐릭터는 프로젝트 활동 주제에 따라 배운 내용을 충분히 담아 마을의 특징을 잘 드러낼 수 있는 이야기가 있는 캐릭터가 만들어질 수 있도록 심혈을 기울였다. 이 작업 시 마을의 웹툰 전문가이신 마을 선생님은 또 한번 학교를 찾아 아이들의 캐릭터 제작 작업에 손을 보태주시고 마을의 상징으로 손색이 없을 멋진 캐릭터를 탄생시키는데 조력해 주셨다.

아이들이 제작한 홍보물이 마을 주민들에게는 마을의 소중함을, 다른 마을 주민들에게는 안남면을 널리 알리는 값진 보물이 되기를 바랬다.

프로젝트 수업이 끝난 후 면사무소와 안남을 찾는 관광객들이 자주 들르는 마을 두 곳의 카페에서는 아이들의 프로젝트 학습 결과로 제작된 홍보 리플렛 산출물을 전시해 주셨다. 소규모 학교에 관한 핀란드의 연구 결과에 따르면 학교는 학생들을 가르치기 위한 장소 이상의 의미를 가지며 사회 자본을 만들어 내고 유지 시킴으로써 지역 사회의 삶의 질에 영향을 미친다는 것이 밝혀졌다고 한다(이윤영, 2021). 안남 친구들의 프로젝트 산출물이 마을을 찾는 이들에게 새로운 볼거리를 제공하고 마을을 홍보함으로써 마을에 기여할 수 있는 자원이 되기를 기

[안남 홍보 리플릿]

[안남 홍보 굿즈]

대해 본다.

학교와 마을의 만남을 정리하며

　10월 3주~4주까지 2주간의 마을연계 프로젝트 수업을 마치고 학교와 마을 선생님이 다시 한자리에 모였다. 수업의 공동 설계와 참여를 통해 우리가 얻은 것은 무엇이며 앞으로 우리가 나아갈 방향은 무엇인지 학교와 마을이 함께 모색해 나가기 위한 수업 성찰과 소통의 자리였다. 마을교육에 참여하신 22명의 모든 교사들이 참석하시지는 못했지만 그 중 8분이 참석해 주셨다. 학교 또한 교육청 장학사님을 비롯한 4명의 학교 교사들이 참석하여 함께 진행한 수업에 대해 성찰하고 앞으로 학교와 마을이 서로 협력해야 할 방안에 대하여 협의하였다.

　이 날 협의 시 학교 교사는 교육과정 속에 마을을 녹여내는 데 겪는

[안남 우이당 카페에 전시된 산출물]   [안남 뷁 카페에 전시된 산출물]

어려움을 마을 선생님과 함께 조력할 수 있었음에 감사하였고, 마을 선생님들은 학교와 좀 더 가까워지고 아이들을 위해 도울 수 있었음에 기뻐하였다.

이번 마을 프로젝트 수업 계획을 통해 학교와 마을은 서로 소통하며 우리 아이들을 중심으로 한 교육공동체를 실현해 나갈 수 있음을 확인할 수 있었다. 협의에 참석한 한 마을 선생님은 노인회 대표직을 맡고 계신데 노인들과 아이들이 함께 어울려져 함께 하는 교육과정을 설계했으면 좋겠다는 의견도 내주셨다. '세대공감'이라는 새로운 수업 주제가 떠오른 하루였다.

학교와 마을은 함께 할 수 있을까?

지역과 아무런 관계를 갖지 않는 사람이 민주시민이 될 수는 없다.

[학교와 마을 수업 반성 및 소통회]

알고, 비판하고, 실천하는 시민은 구체적인 시공이라는 조건 속에서 행동하며 그곳에서 함께 사는 사람들과 관계도 만들어 가기 때문이다(백윤애 외, 2020). 따라서 아이들의 삶의 현장을 교육과정에 담고 아이들이 마을에서 살아가는 민주 시민으로 길러내는 일은 앞으로 우리 학교가 나아가야 할 지속 가능하고 미래 지향적인 방향이라고 생각한다. 앞으로 지속 가능하고 미래 지향적인 마을연계교육을 위해서는 가장 기본적으로 마을이 가진 자원을 함께 하겠다는 교사의 의지와 실천이 중요하다. 그러나 대부분의 학교 교사들은 정기적인 전보와 다른 지역에서 출퇴근하며 아이들의 마을을 이해하고 이를 학교 교육에 반영하고 교육과정에 담아내기에는 시·공간적 제약이 많다. 더구나 학교의 모든 교사가 이 가치를 함께 하고 공유하는 것은 아니다. 마을에 살지 않는 교사에게 마을을 알아가는 과정은 낯설고 마을 선생님과 함께 하는 시간은 새로운 적응이 필요한 일이다. 그럼에도 불구하고 안남초등학교 교사들은 2021년 가을 「우리는 마을 홍보대사!」 마을연계프로젝트 수업을 준비하고 실행해 나가면서 '우리가 할 수 있는 교육'과 '우리가 해야 할 교육'에 대해 고민하였다. 이러한 고민을 통해 '우리가 해야 할 교육'을 실천해 내기 위해 '우리가 할 수 없는 교육'을 마을 선생님과의 협력을 통해 '우리가 할 수 있는 교육'으로 변화시켜 성장해 나갈 수 있었다. 마을 선생님과의 협력과 긴밀한 소통은 학교 교사가 해야 하지만 할 수 없는 부분을 채우고 보완해 주었던 것이다.

> 마을 홍보 프로젝트 활동을 학교 내에서만 진행했다면 범위나 내용에 있어서 제한적이었을거에요. 하지만 마을 선생님과 손을 잡고 함께 설계하며 수업을 준비해 가는 과정이 낯설고 힘들기도 했지만 그것이 교사가 가진 한계를 극복할 수 있는 기회가 되었다는 것을 수업이 끝나고 느낄 수 있었어요.
>
> - 프로젝트 수업 참여 B교사 인터뷰 중 -

기존에 이 학교에 있던 선생님의 권유에 의해 마을연계수업을 설계하고 진행하게 되면서 새로운 것을 만들어 내고 짜야한다는 것이 사실 많이 힘들었어요. 처음에는 막막하고 방향성을 잡지 못해 어려웠는데 함께 우리가 정한 목표가 잘 추진되도록 아이디어를 내고 함께 노력하면서 그 의미를 찾을 수 있어서 좋았어요. 마을연계수업을 통해 아이들의 학습 공간이 확대되고 교사의 한계가 보충되면서 아이들도 학습에 참여할 때 더 흥미를 갖고 몰입하는 느낌을 받았어요.

- 프로젝트 수업 참여 C교사 인터뷰 중 -

학교 교사와 함께한 마을 선생님들 또한 학교와 마을이 함께 손을 잡고 협력하여 진행한 마을연계 수업에 대해 이렇게 이야기 한다.

학교 교사들이 학교 자체 내에서만 프로젝트 수업을 진행했다면 사실 학부모나 마을 분들은 전혀 교육과정에 관여하거나 함께할 수 없었을 텐데 학교에서 문을 열고 기회를 주신거라고 생각해요. 전에는 마을 체험장으로서 아이들 체험활동 주로 제공했지만 이번에 학교와 프로젝트 수업을 준비하고 진행하면서 재미있었어요. 그것을 준비하면서 내 스스로가 공부가 되고 제가 하고 있는 일 또는 나의 경험이 더 업그레이드 된다는 생각이 들었어요. 그러다 보니 스스로 더 재미있어졌죠.

- 「덕실 농부이야기 체험 마을」 마을 선생님 인터뷰 중 -

'마을을 위한 교육'을 펼쳐 보고자 실천한 마을연계프로젝트 수업은 학교와 마을의 긴밀한 협력 체계를 조직하고 아이들을 중심으로 한 교육공동체를 형성해 나갈 수 있는 계기가 된 것이다. 학교의 교사 뿐 아니라 마을 선생님들에게도 개인의 성장을 가져올 수 있는 경험이 되기도 했다.

학교와 마을이 함께 하기 위해서는 아이들의 삶의 터전으로서 마을이 갖는 교육적 가치를 인식하고 학교와 마을의 상호 소통을 통한 자발적이고 민주적인 움직임을 통해 비로소 교육공동체로서의 빛을 발할 수 있을 것이다.

2022년에도 함께 새로운 도전을

2022년 올해에는 '마을을 위한 교육'을 하자고 마을에서 먼저 손을 내밀어 함께 기획하고 설계하게 되었다. 안남 마을이 '국가 생태 관광지구'로 선정되면서 해마다 마을을 찾는 제비를 보호하고 이를 활용한 생태관광을 계획하는 사업이 추진되고 있는데 이를 학교와 함께 하면 어떠냐는 것이다. 우리 아이들이 사는 마을이 청정 지역임을 알고 앞으로 자연을 더 보호하고 보존하려는 태도를 함양하려면  이보다 더 좋은 마을연계프로젝트 주제는 없을 것이다.

지난해 마을연계교육과정이 갖는 의미와 교육적 가치를 몸소 깨달은 안남의 학교 교사들은 마을이 내민 손을 함께 잡기로 했다.

지난 4월 8일 안남에 첫 제비가 찾아왔다고 마을 선생님으로부터 연락이 왔다. 학교 선생님들이 마을에 살지 않아 자료를 수집하기 어려운 한계를 마을 선생님이 채워 주고 있는 것이다. 2022년에도 학교와 마을이 함께 소통하며 교육 공동체로서 협력하는 마을연계교육과정을 그리는 도전은 또다시 시작되었고 이미 진행 중이다.

참고문헌

정순영(2018), 안남의미(안남의 美 - 안남 意味), (영)안남배바우공동체.

노한나(2021), 옥천행복지구 함추름교육과정을 중심으로 본 지역연계교육 운영 사례, 충청북도 교육청 충북 학교-마을 연계교육 포럼.

백윤애 외 박현숙·이경숙·이윤정(2020), 혁신교육에서 미래교육까지 마을을 걸어간 교사들, 마을교육과정을 그리다., 살림터, 20p.

이윤영(2021), 핀란드의 소규모 학교 정책 및 사례 -지방학교를 중심으로, 한국교육개발원·교육정책네트워크.

이경석(2016), 마을교육공동체, 삶 속에서 교육이 일어나는 이야기, 우리교육.

마르쿠스 베르센·오연호(2020), 삶을 위한 수업, 오마이북.

2장   소규모 학교, 마을이 답이 될 수 있을까?

박정미 (괴산 청천초등학교 교사)

운 좋게 괴산에서 좋은 분들을 많이 만났다. 유기농을 실천하며 삶에서 생명을 돌보시는 마을 어른, 내 아이뿐 아니라 모두의 아이를 키우는 일에 온 맘을 다해주시는 학부모님, 매일 아침, 아이들의 등굣길에 환한 미소로 맞아주시는 교장, 교감선생님, 언제나 아이들의 이야기로 하루를 시작하는 동료 선생님.
그들과 함께, 괴산의 작은 학교에서 혁신학교를 일궈가며 마을교육을 실천하고 있다.

CHAPTER 1

마을과 함께하는
학교-마을 연계 교육과정 운영

농촌의 작은 학교

청천초등학교는 충북 괴산군에 위치한 전교생 37명의 소규모 학교이다. 작은 학교들이 그렇듯이 학교 살리기가 학교와 마을의 관심사가 되었고, 우리 학교는 교육과정 운영 혁신을 작은 학교 살리기의 출발점으로 보았다. 이를 위해 2016학년도부터 충북형 혁신학교인 행복씨앗학교를 운영하여 민주적 학교 문화를 만들어왔고, 학생 참여·학생 주도 교육과정과 마을과 함께하는 교육과정 운영에 힘을 쏟고 있다.

마을을 지키는 사람들

마을 연계 교육과정은 마을이 아이들을 함께 키워야 한다는 행복교육지구 사업과 함께 「청천엄마랑」이라고 하는 마을활동가들이 공동체를 이루고 함께하기에 가능하였다. 2016년, 학교를 지원하는 학부모들의 재능기부에서 시작한 이 모임은 인문학 공부에서 시작하여 「청천마을학교 생태교사 양성과정」 연수를 거치며 역량을 키워왔고, 「푸른내 살림터 협동조합」이라는 비영리 협동조합을 설립하여 공동체성을 이어가고 있다.

이제는 학부모뿐만 아니라 마을의 어른들로 확장되어, 마을의 구성원들이 아이들을 위한 교사가 되고 친구가 되고 관찰자가 되어 다양한 교육의 현장에 참여하고 있다.

마을과 함께하는 교육활동

학부모와 마을교사들이 학교 교육활동에 참여하여 학교와 마을의 배움의 관계망을 이어나가려는 시도는 벌써 몇 년 전부터 진행되어왔다. 학부모들은 창의적 체험활동 시간을 이용하여 텃밭 수업을, 방과후에는 요리체험 활동을 진행하였다. 아버지회가 주관이 되어 텃밭에서 나온 수확물들을 학교 구성원 전체가 함께 나누는 학교 행사를 마련하기도 하였다. 이런 과정을 통해서 학부모의 학교 참여는 활성화 되어갔고, 학교와 마을 간의 신뢰는 더 깊어져 나갔다.

그러던 중 2019년에 있었던 '마을과 학교의 상생을 위한 주민 대토론회'는 학교와 마을이 별개가 아니라는 인식을 가져오는 중요한 계기가 되었다. 청천초를 졸업하는 학생들이 청천중학교를 선택하지 않고, 도시 중학교로 원서를 쓰는 것이 유행처럼 되어 가던 시점에서, 학교, 마을주민, 면사무소, 군청, 교육지원청 관계자들까지 한자리에 모여, 학교 소멸과 마을 소멸의 위기를 어떻게 극복할 것인가를 주제로 토론회를 가졌다. 이를 계기로 함께 대책을 마련해야 한다는 공감대를 형성할 수 있게 되었다. '작은 학교 살리기 비상대책위원회'에서 출발한 이 날 모임은 이후 마을과 학교의 상생과 발전을 도모하는 '청천마을교육발전소'라는 마을교육협의회로 성장하게 되었다.

작은 학교 지키기를 넘어 지역과 함께 새로움을 만들어 가는 청천교육을 표방하는 청천마을교육발전소에는 중학교와 초등학교의 교장, 교직원 대표, 학부모 대표, 학교운영위원회 대표, 학생 대표뿐만 아니라, 면사무소, 이장단협의회, 주민자치회, 노인회 등 지역의 유관 단체장도 포함되어 있다.

코로나19의 어려움에도 두 번의 정기총회를 열고, 지역교육 발전을 위한 토론회를 개최하는 등 지역의 교육 현안에 대한 협의를 이어가고 있다.

학교교육과정 안에서 마을교육과정을 설계하기까지

마을과 학교의 문턱은 낮아졌고, 협력의 분위기는 조성되었다. 마을 주민들은 마음을 내어 학교 교육활동에 참여하게 되었다. 하지만, 마을 교육 활동이 일회성 행사에 그치거나, 일련의 계획이나 평가가 없이 즉흥적으로 이루어지는 경우가 많았다. 또 마을 교사는 교사들과 깊게 연결되지 못했고, 함께 고민하는 교육과정의 주체로서 권한과 책임을 가지고 있지 못했다.

청천교육계획 중 학교 교육 목표

	함께 살아가며 성장하는 민주 시민 나를 알아가며, 사람과 자연을 존중하고, 함께 살아가는 가치를 실천하는 어린이	
학교 교육 목표	나를 알아가기	사람과 자연을 존중하기
학생상	• 나의 흥미·적성·관심 분야를 찾아 자존감을 형성하는 어린이 • 기초학습능력과 배움의 주도성을 키우고 진로를 설계하는 어린이 • 사회의 구성원으로 권리와 책임을 배우고 실천하는 어린이	• 친구와 이웃, 생명, 환경, 평화의 가치를 존중하는 어린이 • 나눔과 공익을 실천하는 어린이
교사의 역할	• 학생 맞춤형 교육과정을 설계하고, 피드백하는 교사 • 학생 중심 교육과정을 연구하고 협력하는 교사	• 민주적 학교 문화를 유지하고 발전시키는 교사 • 교육과정 속에서 실천을 경험하도록 안내하는 교사
마을 공동체의 역할	• 다양한 경험을 제공하여 학생들의 자기 이해를 돕는 마을 공동체	• 마을의 자연환경과 인적·물적 자원을 학생들의 배움의 장으로 공유하는 마을 공동체 • 학생을 마을의 구성원으로 존중하고 환대하는 마을 공동체

청천마을교육과정 범주

구분	교육활동	대상	시기	내용
자율 탐구 과정	사계절 생태놀이	1~2학년	연중	• 사계절 마을길 걷기 및 생태놀이 • 우리 마을 생태 관찰하기
	마을여행	3~4학년	연중	• 마을 탐방하기 • 역사속 마을이야기 조사하기
	밭마실	전교생 (5~6학년)	연중	• 농사 인문학 • 생태 텃밭 가꾸기
	논마실	전교생 (6학년)	연중	• 볍씨 한 알로부터 시작된 생명 농업 • 볍씨 파종에서 추수까지 경험하기
창체	미술	3-6학년	화, 5-6교시	• 마을예술가와 함께하는 미술 기법 중심 예술 교육
	사진	3-6학년	화, 5-6교시	• 마을예술가와 함께하는 사진 기법 중심 예술 교육
방과후 학교	전래놀이	1-6학년	수, 6-7교시	• 마을선생님과 함께 하는 어우렁더우렁 전래놀이
	미술	1-2학년	화, 7교시	• 창의성 신장 미술 수업
마을 돌봄	마을돌봄	4-6학년	14:30- 16:30	• 4-6학년 오후 돌봄
	버스킹	1-6학년	월, 8교시	• 하굣길 예술공연 체험
자율 동아리	물고기관찰	3-4학년	화, 7-8교시	• 동아리 활동 지원
학교 행사	단오제	학생, 마을교사 학부모, 지역주민	6월	• 우리 문화 체험
	농업인의 날	학생, 마을교사 학부모, 지역주민	11월	• 논마실 수확물 나눔
	마을탐방체험학습	학생, 학부모 지역주민	10월	• 학생 부스 운영

학교교육계획 안에서, 마을교육이 제대로 자리 잡을 필요가 있었다. 학교교육계획에 교사와 마을공동체의 역할을 명시하고 마을과 함께하는 교육활동도 학교교육과정 속으로 가져오는 작업을 하였다.

학부모와 마을의 참여가 교육활동 전반에서 이루어질 수 있도록, 학교 행사와 교과 교육과정뿐만 아니라, 방과후 교육활동과 돌봄에서도 마을과 함께 할 수 있는 방안을 모색하였다. 학생들의 요구나, 마을의 여건에 따라 내용이 변하기도 하고, 방법이 달라지기도 했지만, 교육활동 전반에서 마을과 함께 하려는 시도는 지속해 왔다.

자율탐구과정: 청천마을교육과정을 설계하며

여러 범주의 마을교육 중에서, 교사공동체에서 함께 연구하고 있는 부분은 자율탐구과정[7]이다. 교과와 창체를 아우르며 주제 중심 재구성을 통해 일련의 과정으로 엮어 깊은 배움을 할 수 있도록 설계하고자 하였다.

마을교육의 지속성을 확보할 수 있도록 교육과정을 분석하고 연계하여 아이들의 배움이 깊어지도록 학교교육과정 안에서 마을교육과정

---

7 교과(군)와 창의적 체험활동 시수를 활용한 주제 중심 재구성 교육과정을 일컫는다.

으로 엮어보고자 하였다. 교육공동체가 주체가 되어 주도성을 발휘하고 함께 협력하며 만들어가는 교육과정을 운영하여 학교와 마을의 고유한 가치와 철학을 담고 학생의 배움을 촉진하는 교육과정을 운영해 보고자 하였다.

> 자연은 더이상 개발의 대상이 아닙니다. 우리 아이들이 자연을 소중하게 대하며 자연 그대로의 가치를 존중하는 태도를 경험하도록 하고 싶습니다. 우리 학교 아이들의 삶의 터전은 자연 그대로의 가치가 관광자원이 된 농산촌입니다. 자연과 가까이 살고 있지만 소중함을 느끼지 못한 채 일상적으로 지나치고 있는 편입니다. 우리 학교는 아이들이 살고 있는 청천의 자연환경을 충분히 느끼고 탐구하며, 소중함과 존중을 배우는 기회를 만들어 가려고 합니다.
>
> - 청천교육의 기본방향 중에서-

학교교육과정과 마을교육을 연결하기 위해 교육과정을 분석하고, 교육과정의 목표와 내용을 재구성하였으며, 학년별 위계에 맞게 분배하여 설계하였다. 1, 2학년은 사계절 마을 길 걷기와 생태 놀이를 통해 우리 마을의 생태를 느끼고 체험하는 〈사계절 생태 교실〉로, 3~4학년은 마을을 탐방하고 역사 속 우리 마을의 이야기를 조사하고 표현하는 〈마을 여행〉으로, 5, 6학년은 생태 텃밭을 가꾸고 볍씨 파종에서 추수까지 경험하는 〈밭마실 논마실〉이라는 프로그램으로 농사 인문학에서 생명 농업 이야기까지 일련의 과정으로 구성하였다.

교육과정 재구성을 통한 자율탐구 마을교육과정

학년	교육활동	내용	관련교과 및 창의적체험활동	마을교사
1~2학년	사계절 생태교실	• 사계절 마을길 걷기 및 생태놀이 • 우리 마을 생태 관찰하기	국어, 통합, 창체	신○○
3~4학년	마을 여행	• 마을길 탐방하기 • 역사속 마을이야기 조사하기 • 마을의 역사 연출하기	국어, 사회, 체육, 미술, 창체	박○○ 고○○
5~6학년	밭마실 논마실	• 농사 인문학 • 텃밭 가꾸기 • 볍씨 한 알로부터 시작된 생명 농업	국어, 도덕, 실과, 미술, 창체	김○○ 김○○ 박○○

마을과 함께하는 교육과정이 단단하게 운영될 수 있도록 교사들은 전문적학습공동체에서 일련의 과정을 함께 공동 설계해 나갔다.

자율탐구 마을교육과정 운영 설계 예시 - 3학년

과정명	청천의 문화유산을 찾아서
의도	3학년에는 우리 고장의 옛이야기와 문화유산을 통해 주변의 역사성을 경험하는 단원이 나온다. 괴산과 증평의 옛이야기나, 문화재 소개자료는 있다. 하지만 정작 우리가 사는 청천에 대한 자료는 없다. 심지어 괴산의 관광자료에도 청천에 대한 자료가 별로 없다. 우리가 소중하게 여기는 청천의 문화유산을 찾고 그곳에 담긴 옛이야기를 찾아 소개하는 활동을 통해 우리 고장-청천에 대한 자긍심을 느끼고자 한다. (중략)
목표 (영속적 이해)	우리 고장에서 자랑스럽게 여기는 것을 찾아 소개하며 자긍심을 느낄 수 있다.

핵심 질문	포괄적 질문	우리 고장을 알리면서 무엇을 느끼나요?
	소재적 질문	환경 문화 전시관을 통해 무엇을 알게 되었나요?

평가	과제	환경문화전시관 소개하기		
	기준	꽃	새싹	씨앗
		환경 문화 전시관에 대한 옛이야기와 문화유산으로써 가치를 찾고 자긍심을 가질 수 있다.	환경 문화 전시관에 대한 옛이야기와 문화유산으로써 가치를 찾지 못하나 자긍심을 가질 수 있다.	환경 문화 전시관에 대한 옛이야기와 문화유산으로 가치를 찾지 못하고 자긍심을 느끼지 못한다.
	기록			

관련 성취기준 (개발 성취기준)	우리가 찾은 청천의 유물(장소, 이야기, 문화)에서 가치를 찾을 수 있다. 청천 보물을 알리면서 자긍심을 느낀다. [4국01-05] 내용을 요약하며 듣는다. [4사01-04] 고장에 전해 내려오는 대표적인 문화유산을 살펴보고 고장에 대한 자긍심을 기른다. [4미02-01] 미술의 다양한 표현 주제에 관심을 가질 수 있다.

과정별	흐름
도입	1. 우리 고장의 문화유산은 왜 교과서에 없을까? 2. 우리가 소개하고 싶은 문화유산은 무엇이 있을까?
전개	3. 〈환경문화전시관〉에 대해서 알아보기 4. 〈환경문화 전시관〉을 알리기 위한 계획 세우기 5. 〈환경 문화 전시관〉 홍보자료 조사 답사하기
표현	6. 〈환경문화 전시관〉 홍보 자료 만들기
공유	7. 배운 내용을 몸으로 표현하기
정리	8. 우리 고장의 문화유산 통해 배운 내용 나누기

운영 면에서는 소인수 학급의 한계를 극복하기 위하여 학년군별 활동을 하기도 하고, 공간을 확대하며, 마을활동가들과 함께 수업하기도 하였다.

1학년 열두 달 계절 놀이

2학년 청천의 봄, 여름, 가을, 겨울

3학년 청천의 문화유산을 찾아서

4학년 자랑하고 싶은 화양구곡

5학년 밭마실 논마실

6학년 밭마실 논마실

자율탐구 마을교육과정 운영 모습

　학년별 담임교사가 매 차시 수업에서 교사와 학생의 성장을 함께 기록하기로 하였고, 온라인 시스템으로 공유하고 누적하고 있다.

자율탐구과정 마을교육과정 운영 결과 기록 - 6학년 밭마실 중에서

순	시	교과	학습 활동 계획	마을교사	비고
1	1-2	창체	• 우리가 꿈꾸는 텃밭 상상하기 　-관행농업과 유기농업 비교하여 우리가 실천하는 방법 찾기 　-유기농업을 실천할 수 있는 생태 텃밭 알아보기 　-우리가 꿈꾸는 생태 텃밭 디자인하기	✓	3.29. (월)

- 텃밭 수업 재미있을까?
  - 올해는 선생님들이 다 준비해놓은 텃밭에 가서 작물만 심고 오는 것이 아니라, 텃밭을 준비하는 것부터 학생들이 참여하기로 했다. 새롭게 만들어질 생태 텃밭을 내가 디자인해 보는 것 자체에 흥미로워했다. 시작이 좋다.
- 왜 생태 텃밭이고 유기농업인가?
  - 관행농업과 유기농업을 비교하며 우리는 다양한 생명이 공존하는 생태 텃밭을 만들어 보기로 했다. 생명의 가치를 알아가는데 이만한 텃밭이 없다 싶었다. 다양한 작물을 심고 가꾸며 배우는 생명의 가치는 물론, 텃밭을 찾아오는 곤충들에게도 먹이를 내어주는 착한 텃밭을 보며 또 다른 생명의 가치를 배울 수 있을 것이다.
  - 마을 선생님은 농부들 이야기를 하며 농사의 가치를 얘기했다. 우리가 선택한 유기농업만이 정답이 아니며 지금의 농업 환경에서 관행농업을 선택하는 사람이 비난받을 이유는 없다고 하셨다. 농업 자체에 대한 존중이 필요하다는 것을 아이들도 어렴풋이 느꼈기를 바란다.

〈고민〉 아이디어를 모으고 결정하는 과정이 필요하지 않을까?
- 학생들이 낸 아이디어를 구현해 줄 수 있는지 깊은 고민이 필요하다. 학생들은 수업 시간에 아이디어를 발산하고 공유했지만, 함께 디자인을 결정하고 협업할 기회가 부족했다. 마을 선생님께서 학생들의 의견을 종합하여 텃밭을 디자인했지만, 기술적인 한계에 부딪혀 학생들 스스로 '우리가 디자인한 텃밭'이라고 느끼기 어려웠다. 시간을 더 투자하여 개인의 상상이 우리의 상상으로 바뀌는 작업을 하면 좋았겠다는 아쉬움이 남는다.

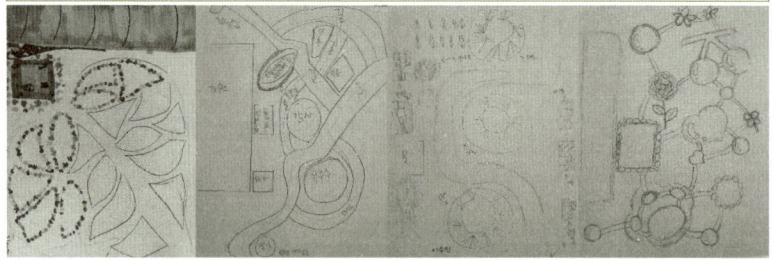

학교 행사를 중심으로 마을교육과정을 운영하며

 자율탐구과정 외에도 학교 행사를 통해 마을교육과정을 운영하였다. 단오제와 마을탐방체험학습이 그 예이다. 단오제는 학생 교육과정 평가회에서 제안된 내용으로 지난해부터 학사 일정에 반영된 행사였다. 하루 동안 진행된 행사였지만, 이를 위해 학년별로 프로젝트로 진행하며 공부하였고, 학부모와 마을 선생님들은 기획위원회를 조직하여 학교 행사를 기획하고 준비하며 운영을 맡아주었다.

 학생들은 우리의 전통문화에 대한 공부를 하고, 체험하고 싶은 활동을 계획한다. 학부모와 마을교사들로 구성된 기획위원회는 학생들의 요구를 어떻게 받을지, 이를 실현하기 위해 학부모와 마을 어른들을 어떻게 배치할지, 어떤 내용을 어떤 방법으로 구성할지를 고민하게 된다.

 학부모님들의 적극적인 참여와 진행 속에 아이들은 즐겁고, 의미 있는 하루를 보냈다고 생각합니다. 각 부스를 맡은 학부모님과 마을선생님들이 서로 소통하고 준비해서 단오제가 성공리에 마칠 거라고 기대했고, 그렇게 되어서 행복합니다. 다양한 활동을 준비해주신 학부모님이 계셔서 든든했고, 마을 목공방에서도 나와주셔서 반가웠어요.

- 단오제 평가회 중 기획위원 OOO 발언 내용 -

단오제 계획 학생다모임

학부모 기획위원회

단오 체험

온마을이 참여하는 단오제

코로나19 상황에서 두 해째 열린 행사였지만, 조금씩 발전해가며, 또 다른 모습으로 진화해 갈 것이다. 무엇보다, 학교 행사의 운영 주체가 학교뿐만이 아니라, 마을 어른들이 될 수도 있다는 인식이 깊어지고, 기획위원으로 참여하는 마을 어른들도 늘어나고 있어 고무적이라고 할 수 있겠다.

우리 아이들 바람처럼, 코로나19 상황이 좋아진다면, 보다 많은 마을 어른들과 함께 마을 축제로서의 청천단오제를 이어갔으면 좋겠다.

마을 탐방 체험학습은 해마다 해오던 '가족과 함께하는 가을 나들이' 행사가 코로나로 인해 어려워지면서 새로 기획된 행사였다. 여럿이 모일 수도 없고, 함께 음식을 나눠 먹을 수도 없는 상황에서도, 공동체가 함께 할 수 있는 의미를 살린 행사였다. 학생들은 차를 타고 멀리 나가는 대신 학교 주변 마을을 돌며 플로깅 행사를 벌였고, 마을 어른들은 마을의 랜드마크에서 아이들을 환대하며, 재미있는 놀이로 아이들이 행복한 시간을 마련해 주셨다.

마을길 걷기

마을 플로깅

마을에서 놀기

마을탐방 체험학습 평가 학생다모임

마을 탐방 체험학습의 평가회에서 학생들은 마을을 위해 애쓴 스스로에 대해 뿌듯함을 가지기도 했고, 마을 구석구석을 돌아보며 아름다운 풍경에 감탄하기도 했다. 또는 그동안 마을에 관심을 가지지 못했던 자신들을 반성하기도 하면서 앞으로도 꾸준히 봉사활동을 펼쳐 가겠다고 다짐하기도 했다. 마을은 우리 아이들에게 삶의 공간이기도 하고, 놀이의 공간이기도 하고, 배움의 공간이기도 함을 직접 확인하는 기회가 되었다.

방과후학교와 마을 돌봄에서도

　교육과정 안에서뿐만 아니라 방과후에도 마을과 함께하는 돌봄을 진행하고 있다. 학교는 공간을 제공하고, 마을에서는 마을교사들이 아이들을 위해 간식을 준비하고, 때로는 틈새 프로그램을 제공하며 아이들을 함께 키우고 있다.

　마을이 비영리 협동조합의 형태 등으로 방과후학교나 돌봄을 위탁하여 운영하는 경우에는 미치지 못하는 수준이지만, 여기저기서 받은 지원금을 가지고, 공교육의 초등돌봄교실이 미치지 못하는 고학년들을 대상으로도 돌봄을 펼치고 있다.

　학생들이 자율동아리 활동으로 마을로 나가 물고기를 관찰하기도 하고, 방과후 활동으로 마을 선생님을 따라 사진을 배우기도 하고, 전래놀이도 하면서, 마을은 배움의 공간으로 확장된다. 코로나로 인해 마을 축제나 마을 행사가 많이 줄어든 것이 아쉽지만, 학교와 마을을 넘나드는 활동들이 더 많아지기를 기대해본다.

마을과 함께하는 교육과정을 운영하며

마을과 함께하는 교육과정은 학교의 요구에 따라, 학생들의 요구와 흥미를 반영하면서, 때로는 마을의 상황에 따라 변화해 왔다. 때로는 예상치 못한 어려움을 겪기도 하고, 서로 간에 오해로 상처를 입기도 했지만, 극복해오며 성장해 왔다. 아이들의 성장을 중심에 두고 마을과 학교가 함께 고민하고 협의한 결과였다. 그 과정에서 마을은 학교를 신뢰하게 되었고, 학교는 새로운 동력을 얻게 되었다.

사실 마을과 함께하는 실천적 노력에도 불구하고, 소멸 위기의 지역에 있는 작은 학교라는 근본적인 조건이 달라지는 것은 아니기 때문에, 지치고 힘이 빠질 때도 있다.

저출산 지방 소멸의 시대, 해마다 줄어가는 학생 수를 보면서, 조급증이 생기는 것도 사실이다. 그렇지만, 마을과 함께하는 교육활동을 통해 다져진 마을교육공동체는 굳건히 크고 작은 위기를 함께 이겨낼 수 있으리라는 믿음을 갖게 한다. 마을과 학교가 함께 상생하며, 마을과 함께하는 교육활동이 지속가능하고 발전할 수 있기를 기대해본다.

사실 지속가능한 교육공동체를 가로막는 많은 애로사항이 있는 것이 현실이다. 몇 년에 한 번씩은 이동해야 하는 공교육의 교원 인사시스템이 그렇고, 보통은 아이가 졸업하면 마을교사의 역할도 끝이라고 생각하는 학부모들의 인식도 그렇다. 하지만 더 많은 사람들이 마을교사로 성장하면 좋겠다. 학교 교사들도 아이들이 살고 있는 마을에 관심을 가지고 함께 하려는 마음을 가지고 다양한 사람들을 만나고, 다양한 생각들을 모아내는 것이 필요하다. 또 지역의 사람들을 연결해주고 공간이 필요하다. 아이들이 모여서 시간과 취미를 공유하는 공간, 어른들이 모여서 무언가를 도모해볼 수 있는 공간이 마을마다 생겨나면 좋겠다.

마을에서 즐겁게 배우며, 좋은 어른들의 관심과 환대로 성장해가는 아이들을 보면서, 학교와 마을을 떠나 끈끈한 동료애가 생기는 우리를 발견할 때가 많다. 학생들의 교육활동에 진심인 마을 선생님들께 감사한 마음을 전한다.

조혜진 (옥천 동이초등학교우산분교장 교사)

자신이 살고 있는 마을 속에서 배우며, 마을과 함께 성장하는 아이들. 이렇게 되기까지 마을과 함께 한 지난 시간들이 떠오른다. 처음이라 좌충우돌한 순간들, 마을과 함께 목표를 공유하며 행복했던 순간들, 서로 다른 입장으로 힘들었던 순간들.
'학교가 살아야 마을이 산다.'라는 같은 꿈을 가지고 마을과 함께 한 많은 순간들을 마을교육을 시작하는 분들과 함께 나누고자 한다.

CHAPTER 2

같은 꿈을 꾸는 학교와 마을

작은 학교가 갖는 의미는 무엇일까. 지난 9월 22일 EBS는 〈미래교육+ 모두 함께 성장하는 작은 학교〉를 방영했다. 해당 방영분에서는 작은 학교에서 '작은'이라는 의미는 맞춤형 개별화 교육이 가능하다는 의미이고 무엇보다도 교사-학생 간 상호작용의 질적 수준이 큰 강점이라고 강조했다. 인구수 감소와 도시화로 인한 부작용처럼 인식되었던 '작은 학교'가 미래교육의 해법이라는 것이다. 우리 고장에도 이런 작은 학교의 강점을 살린 교육과정을 운영하는 학교가 있다. 바로, 동이초등학교이다.

제1569호(2020.12.18.) 〈옥천신문〉 기사 중 발췌

교육부 가이드라인에 따르면 소규모학교를 학생 수 60명 이하 학교로 정의한다. 동이초등학교 또한 2022학년도 본교인 동이초등학교 44명, 분교인 동이초우산분교장 18명으로 구성된 소규모학교이다. '우리 학교의 장점을 극대화하는 교육이 무엇일까?' 끊임없이 교육공동체가 고민한 결과 서두에 나온 것처럼 지역 언론에서 소규모학교의 강점을 살린 학교로 인정받고 있다. 과연 우리의 어떤 점들이 지역 주민들의 관점에 강점으로 인식되었을까?

마을과의 만남

"이장님들과 협의회를 3월 말에 실시할 예정입니다. 담당 마을 확인해주세요."

2018년 새로운 학교로 발령받아 새 학년 준비기간 교육과정 협의회 도중 나온 연구부장 선생님의 공지에 당황스러웠다. '이장님들과 협의회를 한다고?' 내가 살고 있는 마을의 이장님도 잘 모르는데 학교 주변 마을의 이장님들과 만난다니……. 경험해보지 못했던 상황에 어리둥절하고 있는데 더 당황스러운 것은 기존에 근무하시던 선생님들 반응이었다. 아이들이 살고 있는 마을의 이장님들을 잘 알고 있었고, 협의회 때는 자주 만났던 것처럼 친밀감이 있었다. 그러면서 한 학기 동안 진행될 마을교육 프로젝트를 같이 설계하는 모습은 당시에는 이제까지 볼 수 없었던 충격적인 모습이었다.

지금은 동이초등학교를 대표하는 학교-마을연계 교육과정의 2년 차 때의 모습이다.

금강의 맑은 물이 마을을 감싸 흐르고, 반딧불이가 사는 충북 옥천 동이면.

충북 옥천군의 중심부에 위치한 동이면은 옥천군을 흐르는 금강 67.3km 중 절반인 약 33.5km가 흐르고, 반딧불이 서식지가 보존되어 있는 생태환경이 우수한 지역이다.

이런 좋은 환경에 위치한 동이초등학교와 동이면과의 만남은 2017년으로 거슬러 올라간다. 주변의 좋은 마을 교육자원을 가지고 있었지만 학교의 담장을 낮추고 마을과 어떻게 만나야할 지 모를 때, 마을교육에 관심이 많으신 교장 선생님께서 먼저 마을 속으로 들어가시면서 마을과의 만남은 시작되었다.

> 학교와 마을이 함께 꿈꾸는 마을교육을 통해 마을을 알고 사랑하는 마음이 결국 학생들의 문화 자본이 되어 건강한 시민으로 성장하는 밑거름이 되리라 확신합니다. 이러한 마을교육과정이 학교의 벽을 헐고 마을과 지역의 소통의 창구 역할을 톡톡히 할 것으로 기대됩니다.
>
> 조○○ 교장선생님 인터뷰 중에서

이렇게 교장 선생님께서 마을에 먼저 다가서니 학교와의 협력을 바라고 계셨던 면장님, 그리고 갈수록 줄어드는 아이들에 고민이 많으셨던 각 마을 이장님들이 한 마음 한 뜻으로 협조하여 '동이마을교육공동체'의 기틀을 마련하기 시작하였다. 정기적으로 만나며 '학교가 살아야 마을이 산다.'라는 생각을 모두 공유하기 시작하였으며, 마을 분들은 어떻게 하면 학교를 도울 수 있을까 고민을 시작하게 되었다. 선생님들 또한 처음에는 새롭게 시작하는 활동에 부담감을 느꼈지만, 교장선생님께서 적극적으로 나서서 도와주시고 마을 분들도 학교를 위한 마음으로 함께 해 주시니, 모두 힘을 내어 마을 관련 교육 활동을 계획하게 되었다.

아이들도 마을의 소중한 주민입니다.

이 무렵 동이면은 농촌중심지활성화 사업을 진행하기 시작하게 되었다. 교사들에게는 다소 낯선 용어인 농촌중심지활성화 사업은 농림축산식품부의 일반농산어촌개발사업 중 하나로 지역의 잠재력과 고유 테마를 살려 경쟁력을 갖춘 농촌발전거점으로 육성, 농촌 활력을 제고해 나가는 사업을 말한다. 면 소재지의 문화 · 복지 · 경제 등의 중심기능을 강화하고, 주변 배후마을을 연결해 지역생활권 중심 역할을 하도록 돕는 주민 주도의 사업으로 보통 마을의 발전을 위해 실시되는데,

학교와 함께 하기 시작한 동이면에서는 다른 지역에서는 할 수 없는 결단을 내리게 된다.

  그 결단은 바로 '아이들도 마을의 주민이다'라는 생각으로 어린이를 위한 사업을 포함 시키는 것이었다. 마을 주민들의 역량 강화를 위한 사업에 보통은 성인 강좌만 있는데 학생의 역량을 강화할 수 있는 강좌도 만들었다. 또한 학교 내에 마을 어린이들이 즐길 수 있는 어린이 놀이터를 만들고, 지역 주민을 위한 기초 생활기반 시설인 힐링센터에 학생들이 방과후 시간을 보낼 수 있는 어린이 도서관을 조성하는 등 사업 계획서에 어린이 지원 부분을 포함하여 아이들도 지역사회의 소중한 구성원임을 확인시켜주었다.

  사업 추진 과정 중에도 『동이야! 가치(같이) 놀자!』 동이교육 발전 협의회를 조성하여, 마을 주민만 의견을 나누는 것이 아니라 학교, 면사무소, 동이면 중심지활성화사업 추진위원회, 주민 모두 다 함께 관련 사항을 협의하면서 학교와 마을이 함께 아이들을 지원하는 방안을 모색하였다.

동네한바퀴 이모저모 마을 알아보기

  서두에 말한 생소했던 이장님과의 마을교육과정 협의회 또한 2017년도부터 시작된 마을교육 프로젝트에서 시작되었다. 마을에서 '아이들도 주민'으로 인정하며 적극적인 지원을 시작했다면, 학교에서는 아이들의 마을의 구성원으로서 정체성을 찾기 위해 소규모학교의 이점을 살려 마을에서 배움-삶-꿈이 실현되는 마을교육 프로젝트를 시작하게 된 것이다.

2017~2018 동이면 마을교육 학습 계열

2017학년도 1학기	2017학년도 2학기	2018학년도(후속학습)
• 옥천군내 마을교육 - 조직: 학년군별 - 활동내용 *(1,2학년)안터마을 반디체험 *(3,4학년)블루베리 농장체험 *(5,6학년)배바우 농장체험	• 동이면 마을교육(기초) - 조직: 무학년제 - 활동내용 *평산리(동이면 기관탐방) *적하리(올목탐방, 충효탑) *금암리(범양기업, 블루홀스 등) *청마리(솟대장승, 청마분교)	• 동이면 마을교육(심화) - 조직: 무학년제 - 활동내용 *역사탐방(마을별 역사이야기) *인물탐방(우리마을 인물탐색) *생태탐방(금강주변생태학습) *문화탐방(주요문화재 탐색)

2017학년도 1학기에는 학생의 수준에 맞으며, 학생의 흥미를 불러일으킬 수 있는 활동을 선택하여 학년군별로 1·2학년군 '반딧빛 동이 여행', 3·4학년군 '베리굿동이', 5·6학년군 '동이면 위대한 옥천탐험대'로 체험 중심 교과통합 프로젝트 수업을 실시하였다. 아래는 당시 프로젝트 수업의 선정을 알 수 있는 3학년 프로젝트 주제 선정의 배경이다.

우리가 살고 있는 동이면 마을을 생생히 탐색해보는 마을 프로젝트 수업의 일환으로 1,2학년 아이들이 좋아하는 동물관련 주제를 추출해보았다. 통합교과 중 1학년 『여름나라』, 2학년 『초록이의 여

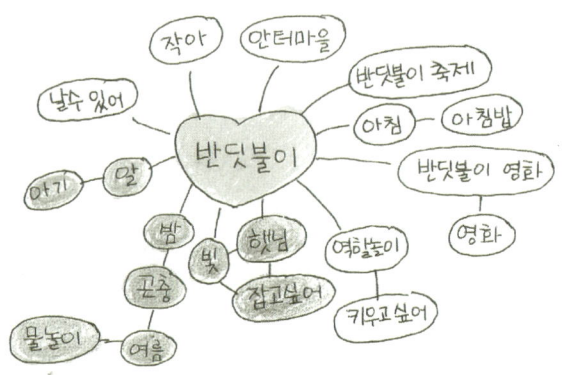

반딧빛 동이여행 주제망

름여행』에서 다루어지는 여름의 동물과 식물 부분에서 아이들이 좋아하는 동물, 특히 곤충에 대한 관심을 가지고 다양한 생명을 소중히 여기는 마을을 기를 수 있는 내용으로 선정하여 보았다. 우리 동이면 안터마을의 반딧불축제와 연계하며 반디 쿠키 만들기, 반딧불이 곤충 아이클레이 만들기, 반디동화나누기 등 실감나고 신나게 즐기는 프로젝트수업이 될 것으로 기대한다.

같은 해 2학기에는 학생들이 직접 살고 있는 마을을 중심으로 몇 마을을 선정하여 각 마을에 위치한 기관과 장소, 기업, 역사 자원 등을 탐방하는 활동들을 설계해 총 22시간을 교과와 연계해 교육과정을 편성했다.

마을탐방 프로젝트의 준비 과정에서는 당시 동이면 이장단 협의회장님의 적극적인 협조와 함께 했다. 이장단 협의회장님과 협의해 탐방할 마을 이장님을 마을 선생님으로 위촉했고, 마을별 담당교사들과 함께 각 마을의 사전 답사를 같이 실시하였다.

마을탐방 프로젝트 준비 과정 내용

순	활동 내용
1	• 동이면 이장단 협의회장님과의 사전 만남
2	• (교사 사전답사) 탐방 마을 이장님과의 만남 및 답사 – 마을별 담당교사가 직접 통화 및 협조 요청 – 마을선생님 위촉장 전달 – 마을별 마을선생님과 마을 담당교사 함께 사전 탐방활동 • (마을 선생님 역할) 마을소개 및 설명, 마을관련 자료 제공 등
3	• 마을 선생님과 마을 담당교사 간 사전 교육활동 – 동이초 마을 교육계획 안내 – 주제망 작성 사전계획 협의 – 각 마을 탐방활동의 주요 내용 미리 협의하기

이렇게 준비된 마을탐방 프로젝트의 첫 시작은 마을별 아이들과의 첫 만남이었다. 처음 만나서 동이면 마을소개, 마을선생님 소개, 모둠 이름 정하기, 각 마을의 유래, 전설이야기 듣기, 주제망 짜기 등의 활동으로 프로젝트 수업의 첫 발걸음을 내딛었다.

그 후 4회에 걸친 학교 밖 마을탐방이 실시되었는데 첫 번째 탐방은 전교생과 함께 동이면 석탄리 안터마을의 생태·역사체험교육을 실시하였고, 두 번째 탐방은 4개 마을팀으로 나뉘어 각 마을 선생님의 댁을 방문하고, 각 마을을 둘러보며 마을의 위치, 현황, 체험처 등을 소개받는 활동을 진행하였다. 세 번째 탐방은 각 마을별 주요 체험서를 직접 방문해 기관탐방, 문화탐방, 기업탐방, 역사탐방 등을 주제로 마을 선생님과 직접 활동하였다. 마지막 활동은 마을에 살고 있는 학생들이 주축이 돼 우리 마을을 다른 친구들에게 마을의 곳곳을 주도적으로 소개해 보았다.

이렇게 실시된 마을탐방 프로젝트는 탐방에서 그치지 않았다. 전교생이 모여 우리 마을 탐방 이야기를 나누고 결과물을 작성하는 마을교육 나눔 활동까지 실시하였다. 학생들은 각 마을의 탐방 결과를 학부모님 및 마을 선생님을 초청하여 프리젠테이션 자료 또는 영상 등 다양한 표현 방법으로 발표하면서 정리하였다.

2017 마을교육 프로젝트 차시별 계획

단계	차시		활동 내용
마을교육 탐방 활동	1~2	마을별 아이들 모임	• 이장단 협의장님의 동이면 전반 소개 듣기 • 각 마을 선생님 소개, 마을 선생님이 들려주시는 우리 마을 이야기 • 활동 주제 및 내용 정해보기(주제망 작성 등) • 마을별 활동 계획 및 마을 대표 문구 제출
	3~6	마을탐방 1	동이면의 희망빛! 석탄리 안터마을(전교생 함께) • 동이면 석탄리 안터마을의 생태 · 역사체험교육
	7~9	마을탐방 2	반가워요, 우리 마을선생님! (마을별 활동) • 각 마을을 찾아가 마을 선생님 만나기 • 우리 마을 소개 듣고 이야기 나누기 / 마을 둘러보기

	9~11 마을탐방 3	우리 마을의 주인은 나야 나! (마을별 활동) • 각 마을별 답사장소를 탐방 　– 관공서, 문화, 기관, 역사 탐방 실시 　– 마을 선생님이 주도적으로 안내함
	12~18 마을탐방 4	또 다른 동이 마을을 찾아 (전교생 함께) • 우리 마을 소개하기
마을 교육 나눔 활동	19~20	• 우리 마을 탐방 이야기 나누고 결과물 작성하기
	21	• 전교생 마을별 발표 및 공유 시간 　– PPT 또는 영상 등 다양한 표현 방법으로 마을별 발표, 　　활동지 및 사진 전시

 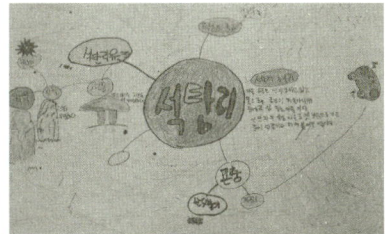

마을탐방 내용 정하기

이렇게 긴 시간의 마을교육 프로젝트를 함께 하면서 학생들은 마을에 대한 애착과 자긍심을 가지는 것은 물론 생활 속 인성교육, 다양한 발표 기회를 통한 표현력 향상 등의 성장을 보였다. 또한 교사와 지역주민은 아이들의 진정한 배움을 위해 노력한다는 같은 목표를 공유함으로써 친밀감을 가지게 되었다. 이는 2018년도 후속학습에도 이어져 나와 같은 전입 교사에게는 충격으로 느껴질 만큼 같은 배를 탄 동반자로 보이게 되었다.

2018학년도는 기존 선생님들의 땀과 열정이 녹아든 노력 덕분에 보다 수월하게 진행되었다. 무학년제로 진행되는 마을교육 프로젝트 특성상 같은 내용으로 진행되기 어려워 2018학년도에는 아이들이 살고 있는 마을 중 2017학년도 탐방하지 못한 마을 중심으로 3개 마을을 선정하였다. 그 후 심화학습으로 산업·관광자원 탐방, 생태탐방, 인물탐방 등 주제에 맞게 내용을 구성하여 프로젝트 학습을 진행하였다. 다음은 생태탐방 활동지 예시 자료이다.

체험 활동지 예시

『버섯농장』 체험 활동지	
♥ 세산리 버섯농장에 잘 다녀왔나요? 활동을 하면서 어떤 생각이 들었는지 이 활동지에 기록하여 봅시다.	
버섯이 잘 크기 위해서는 어떤 환경이 필요한가요?	버섯의 장점은 무엇인가요?
	내가 알고 있는 버섯의 종류를 모두 쓰세요
버섯 캐릭터를 멋지게 그려보세요.	

우리의 생각이 담긴 도서관을 만들어요.

동이면 농촌중심지활성화사업의 기초생활기반확충 관련하여 만들어진 힐링센터는 북카페, 건강관리실, 온실, 강당 등으로 구성되어 있는데, 아이들을 위한 최고의 지원은 단연 작은도서관이었다. 공사를 들어가기 전부터 이 공간만큼은 아이들을 위한 공간으로 만들기 위해, 다른 곳에 잘 운영되고 있는 마을도서관 견학을 지역 주민만 가는 것이 아니라 학생, 학부모, 교사와 함께하였다.

2017년부터 3년간 다양한 마을 도서관 견학을 실시하면서 아이들은 본인들이 원하는 도서관의 모습을 상상해나갔다.

학교에서는 2019년 마지막 도서관 선진지 견학이 끝난 후 학생 다모임을 통해 아이들이 꿈꾸는 도서관의 모습에 대해 의견을 수합하였다. 아래는 당시에 나왔던 학생들의 의견이다.

- 학생의 눈높이에 맞는 도서관이면 좋겠습니다.
- 간섭받지 않는 나만의 공간이 있으면 좋을 것 같아요.
- 원두막 형태의 복층 구조물을 만들어 주세요.
- 다양한 형태(캡슐, 텐트, 해먹, 소파 등)의 책 읽는 공간이 있으면 좋겠어요.
- 부딪혀도 다치지 않게 푹신한 소재로 만들면 좋겠습니다.
- 실내화를 신고 다니고, 겨울에는 온돌이 작동되는 아늑한 공간이었으면 해요.

이를 바탕으로 담당 선생님은 아이들이 원하는 전체적인 인테리어 방안을 아래와 같이 정리하여 마을 측에 전달하였다.

마을도서관 선진지 견학 결과 보고

1. 도서관 벽면+기둥조성
   - 전체적인 도서관 테마를 자연 친화 형태로 구성
   - 자칫 미관을 방해할 수 있는 기둥을 나무로 활용해 숲 속 느낌을 가미
2. 이야기방
   - 도란도란 의견을 나누며 숙제를 하거나 모둠 활동 할 수 있는 공간에 대한 요구
3. 복층 구조물
   - 원두막: 서가 겸 책 읽는 공간
     ※ 원두막 자체에 계단 (계단도 서가나 앉을 수 있는 공간으로 활용) 고정
   - 계단식: 넓은 형태의 계단식 공간
4. 서가 및 독서공간 구성
   가. 서가 – 사다리나 어른의 도움 없이 스스로 책을 꺼낼 수 있는 낮은 높이의 서가
      - 서가+의자, 서가+캡슐형 공간, 서가+계단 등 서가를 다양한 형태로 활용 가능
   나. 독서공간 구성
      - 간섭받지 않는 나만의 독서공간에 대한 수요
      - 캡슐, 캡슐형 의자, 텐트, 해먹, 빈백, 흔들의자, 푹신한 소파 등 재밌으면서 포근한 의자
      - 창가 책상 (풍경을 액자에 담는 프레임)
5. 프로그램 운영
   - 영화 감상 – 함께 관람하는 날 정해서 영화보는 날 운영
   - 체험형 인문소양 프로그램 운영: 책과 관련된 만들기, 요리, 캘리그라피, 책 만들기 프로그램 등 체험형 프로그램 선호

이렇게 전달된 아이들의 의견은 실현 가능한 것은 거의 모두 반영되어 아이들이 꿈꾸던 마을 도서관의 모습으로 완성되어 갔다. 이는 그동안 마을과 학교, 마을과 학생이 함께하는 일이 익숙해졌기 때문일 것이다.

이렇게 마을과 하나가 되어 만든 마을도서관은 책만 읽는 공간이 아니라 마을 돌봄의 공간으로까지 활용되었다.

"학교가 끝나고 친구들과 축구를 하며 놀고 싶은데, 마을에 친구들이 없어서 혼자 놀아야 해요. 그래서 집에 가면 심심해요."

골목마다 아이들이 모여서 놀던 어린 시절. 사람들은 농촌 지역의 아이들은 여전히 그러한 모습으로 놀 것이라 상상하지만, 급격한 인구 감소 속에 마을마다 아이들이 없어서 아이들은 친구끼리 놀 수 없는 상태였다. 특히 동이면은 여러 마을이 넓게 분산되어 있어 다른 마을의 친구와도 함께하기 어려웠다. 이런 문제점을 알고 계셨던 지역 분들은 학교가 끝난 후에도 아이들이 함께할 수 있도록 마을 돌봄을 시작하였다.

마을도서관 돌봄에서는 행복교육지구 돌봄 사업과 연관하여 마당극, 바둑, 곤충과 파충류 등 생태관찰, 독서 치료, 요리 교실까지 등 아이들에게 풍부한 경험을 제공하기 위한 프로그램이 실시되고 있으며, 돌봄이 끝나면 마을 예산으로 구입한 마을 버스를 활용하여 아이들을 일일이 집으로 하교시킨다. 마을돌봄은 6시까지 돌봄이 진행되어 맞벌이 가정 등 학교가 끝난 후 추가 돌봄이 필요한 가정에게 많은 도움이 되고 있다.

동상이利몽? 동상이異몽?

동이초등학교는 '모두가 함께 행복한 동상이(利)몽 프로젝트 활동을 통해 행복학교 만들기'를 운영 목표로 마을교육 활동을 진행하였다. 여기서 '동상이(利)몽'의 '이'는 사전적 뜻인 '다를 이(異)' 대신 '이로울 이(利)'를 사용하여 '같은 곳에 있으면서 서로를 위한 꿈을 꾼다.', 즉 '함께 꿈을 꾸고 꿈을 위해 함께 협력해 나간다.'는 의미이다.

앞에서 말한 여러 가지 다양한 활동을 통해 학교와 마을은 서로 꿈을 공유하며 함께 하는 교육 환경을 조성하여 모두 이롭게 학생들의 성장을 위해 노력해왔다.

하지만 이렇게 모범 사례로 보여도 서로 다른 입장 차이 때문에 원래 우리가 아는 고사성어처럼 서로 다른 꿈을 꾸는 경우도 있었다.

대표적인 내용으로 마을 분들은 좋은 프로그램이 생기면 당장 아이들이 했으면 하는 마음에서 빨리 추진되길 바라시지만, 학교는 연간 학사운영 계획에 의해 정해진 교육과정이 있고, 활동이 갑자기 들어오면 관련된 성취기준을 찾아 교육과정을 재구성해야 하기 때문에 수시로 투입되는 마을의 지원을 모두 포함시킬 수는 없었다.

또한 마을과 함께 하는 체육대회를 추진할 때도 '학교의 담장을 낮추고 마을과 학교가 하나 되는 기회'의 긍정적인 측면도 있었지만, 공동 학구인 동이초등학교 특성과 마을에 거주하지 않는 학부모의 부정적 반응, 상대적으로 아이들만을 위한 시간이 줄어드는 것에 대한 반감 등 어려운 면도 있었기에 마을과의 관계에서 적절한 균형을 찾기 어려울 때가 많았다.

하지만 이렇게 어려울 때마다 그동안의 협력했던 경험을 통해 '아이들'을 중심으로 놓고, 이 과정에서 학부모와 지역 주민이 모여서 함께 문제를 논의하며 여러 갈등을 중재하면서 학교와 마을의 관계를 발전시켜왔다. 이런 과정을 통해 현재는 학교와 마을이 모두 '이롭게' 생각할 수 있도록 서로 배려하고 있다. 갑작스러운 활동이 투입되지 않도록 학사일정이 나오면 마을과 공유하고 있으며, 교장선생님은 주민자치위원회 분과위원으로 참석하셔서 학교의 교육 활동 내용을 마을과 공유한다. 마을에 학생들의 도움이 필요한 행사가 있으면 사전에 충분한 조율을 통하여 협의하며, 반대로 학교가 마을의 도움이 필요한 경우 마을의 적극적 지원 아래 교육 활동을 펼쳐 나가고 있다.

같은 꿈을 꾸는 학교와 마을: 학교와 마을, 같이 성장하기

서두의 지역신문 기사에 나온 『EBS 미래교육＋ 모두 함께 성장하는 작은 학교』에서는 소규모학교의 잠재성을 키우기 위해 소규모학교에 특화된 교육과정, 개개인의 필요와 요구에 맞는 교육과정 운영, 도시에 뒤처지지 않고 더 유리한 교육환경 등이 필요하다고 말하였다. 학생 수가 적은 것을 장점으로 활용하여 큰 학교와는 차별화된 교육이 필요하다는 것이다.

  이를 위해서는 학교만의 노력으로는 부족하다. 마을과의 협력을 통해 소규모학교의 어려운 점을 마을의 인적·물적 자원으로 보완하여, 교육환경을 구축하고 지역의 아이들로 바르게 성장하도록 하는 것이 필요하다.

  동이초등학교와 동이면은 학교와 마을 모두 '학교가 살아야 마을이 산다.'라는 생각을 공유하며, 서로 성장하기 위해 연계하여 지역의 특성을 살린 교육과정을 운영하는 등 다양한 노력을 그동안 해왔다. 그 결과 특색있는 교육과정으로 입소문이 나 외부에서 전입 오는 학생들이 꾸준히 있어서, 지역 내 같은 규모의 다른 학교들보다 학생 수 감소 폭이 작은 편이다. 마을 또한 학교와 함께 마을돌봄을 운영하며 활동을 함께하면서 마을교육공동체가 지속적으로 발전하고 있다.

  당장 학교 학생 수가 급증하거나, 마을의 인구가 늘어나는 것과 같은 눈앞에 보이는 성과는 없을 것이다. 계속되는 인구 감소 속에 앞으로가 더 어려운 길이 될지도 모른다. 하지만 학교와 마을이 서로를 살리겠다는 같은 꿈을 꾸며 함께한 경험들은 귀한 도전으로 남아 서로 성장해 나가는데 도움이 될 것이다.

참고문헌

제1569호(2020. 12. 18.) 〈옥천신문〉 '작은 학교의 가능성을 동이초에서 발견하다'

EBS 미래교육+ 모두 함께 성장하는 작은 학교 1부(2020. 09. 22.), 2부(2020. 09. 29.)

노한나(2021), 옥천행복지구 함추름교육과정을 중심으로 본 지역연계교육 운영 사례, 충청북도 교육청 충북 학교-마을 연계교육 포럼.

김락훈 (옥천 안남초등학교 교사)

"모든 것은 항상 시작이 가장 좋다." - 파스칼

첫 제자, 첫 만남, 첫 수업... 누구에게나 처음은 있다. 때로는 처음이라는 것이 너무 낯설고 무서워 도망치고 싶지만 처음이 주는 떨림과 설레임 그리고 시작하지 않으면 알 수 없는 미래에 대한 희망이 있어 처음에 도전한다. 마을교육과정은 나에게 처음이었다. 아이들과 학교 밖을 벗어나 마을에서 처음으로 수업을 하고, 마을의 제비를 가까이서 처음으로 관찰하고, 학교 교사가 아닌 마을 교사와 함께 처음으로 수업을 했다. 나의 처음이 마을교육과정에 대해 고민하고 있는 사람들의 처음에 도움이 되길 바란다.

CHAPTER 3

인연(人燕)에서 인연(因緣)으로, 마을 속 둥지 짓기

교육 생태계 속 작은 학교로 살아남기

이야기 '흥부와 놀부', '행복한 왕자'하면 한 마리의 작은 새가 떠오른다. 부리 주변의 붉은 털, V자의 꼬리깃을 가진 제비가 그 주인공이다. 제비는 참새목 제비과의 철새로 따뜻한 봄철이 되면 우리나라로 돌아온다. 최근에는 주거지의 도시화와 생태계 파괴로 인해 그 개체 수가 급격하게 줄고 있다.

사회적인 저출산 추세에 따라 아이들이 지속적으로 감소하고 있어 교육 생태계가 위협받고 있다. 특히, 전체 학생 수가 60명 미만인 소규모 학교는 항상 통폐합의 위기 속에서 하루하루 힘겹게 버티고 있다. 안남면에 위치한 안남초등학교의 경우 학생 수가 2019년 28명, 2020년 21명, 2021년 25명, 2022년 현재 21명으로 학급당 학생 수가 5명이 되질 않는다. 단순히 전체 학생 수를 학급수로 나누었을 때는 4~5명이지만 실제로는 학급 학생이 1명뿐인 학급도 있다. 학교장을 비롯한 모든 교직원들이 학생 증원을 위한 방안을 고민하고 있지만 학교 혼자 해결하기에는 역부족이다.

학교 존폐 측면에서의 문제뿐만 아니라 학생들의 교육환경 측면에서도 어려움이 있다. 우선, 교실 내의 적은 학생 수로 또래 집단 간의 교류를 통한 사회성을 습득하기 어렵다. 학생들은 교실이라는 작은 사회 속에서 구성원들과의 교류를 통해 다양한 역할과 기능을 경험한다. 친구들과 어울리는 과정에서 다양한 형태의 관계를 맺고 갈등을 조정하고 해결하는 방법을 배운다. 물론 가정의 부모님이나 형제자매, 학교의 교사 등을 통해 사회적 경험을 얻을 수 있겠지만 그것만으로 사회성을 습득하기에는 한계가 있다고 생각한다. 또, 적은 학생 수로 인해 교육활동의 제약이 생긴다. 토의·토론, 역할놀이, 체육활동이 어렵고 또 자신의 생각을 발표하고 공유하는 활동도 이루어지기 어렵다. 이러한 교육활동의 제약은 학습의 질 저하, 학생들 상호 간 선의의 경쟁심 상실, 학습동기 및 성취의욕의 저하 등의 문제를 가진다.

많은 소규모 학교에서는 이런 소인수 학급의 문제를 해결해 보고자 학년군 간의 통합수업을 진행하거나 무학년 체험·행사 활동 운영한다. 하지만 이런 활동들만으로는 문제를 해결하기엔 다소 어려움이 있다. 우리는 소규모 학교가 가진 문제점을 보완하고 나아가 소규모 학교를 벗어나기 위해 마을로 나가기로 했다. 마을 연계 프로젝트 수업은 학교가 아이들을 지키고 마을과 함께 키우고자 짓는 둥지라 할 수 있다. 우리 학교에서 진행한 '안남 제비 생태 탐구 프로젝트'를 중심으로 작은 학교로 살아남기 위한 답을 찾아보고자 한다.

둥지를 짓기 위한 장소 정하기-프로젝트 수업 주제 선정하기

봄철에 우리나라로 돌아온 제비가 제일 먼저 하는 일은 알을 낳을 둥지를 짓는 일이다. 둥지를 짓기 전 어느 곳이 천적으로부터 안전한지, 먹이를 쉽게 구할 수 있는 곳인지 이곳저곳을 날아다니며 둥지를 지을 곳을 찾는다.

프로젝트 수업을 진행하기 위해 가장 중요한 일은 주제 선정이라고 생각한다. 프로젝트의 주제를 고르기 위해서 여러 가지로 고민해야 했다. 프로젝트의 주제는 학생들이 관심과 흥미를 가지고 있고 실제로 프로젝트의 수행 과정이나 결과를 실천할 수 있는 것이어야 한다. 무엇보다 무학년 프로젝트 수업이기에 학년 간 수준 차이를 고려한 주제여야 했다. 2022학년도 교육과정을 계획할 때 1학기 프로젝트 수업의 주제를 마을과 학교의 세대공감이라는 주제로 선정하였다. 하지만 세대공감이라는 주제가 너무 막연하기도 하고 여러 변수들 예컨대 코로나-19의 재확산으로 인한 활동 제한, 농번기로 인한 참여의 어려움, 마을 어르신들의 참여 여부 등이 문제가 되었다. 이를 대신하는 다른 주제를 고민하던 중에 학교의 학부모이자 마을 활동가 중 한 분의 제안이 있었다. 안남 지역이 생태 관광 지역으로 지정되어서 우리 마을의 생태에 대해 관심을 가져보면 어떨지, 그 시작으로 우리 마을에 많이 서식하고 있는 생태 지표 생물인 제비에 대해 탐구해 보는 것이 어떨까 하는 제안이었다. 마을 연계 프로젝트 수업에서 마을이 먼저 주제를 제안하는 것은 큰 의미를 갖는다고 생각한다. 학교만 원하는 수업이 아닌 마을도 원하는 수업 나아가 학교와 마을 모두를 위한 수업의 첫걸음이라고 생각한다.

　프로젝트 수업의 주제로써 '제비'는 썩 괜찮은 주제였다. 무슨 생뚱맞게 제비냐고 말할 수도 있지만(실제로 그런 의견도 있었다.) 작년에 우리 마을을 알리는 프로젝트 수업에서 우리 마을의 자랑거리로 제비를 뽑은 아이도 있었기에 마을 프로젝트와의 연결성도 있었다. 또 아이들이 제비를 가까이서 관찰하고 제비에 대해 탐구해 보며 생태 감수성을 키울 수 있는 좋은 기회라 생각했다. 무엇보다 1학년부터 6학년까지 전 학년을 아울러 품을 수 있는 주제였다. 그렇게 이런저런 고민들 끝에 프로젝트 수업이라는 둥지를 지을 곳을 찾았다.

안남 5자 홍보 캐릭터 젭이

안남면 잔디광장 제비 조형물

안남초등학교 전교생

다양한 아이들을 품을 수 있는 둥지 짓기
- 프로젝트 수업 활동 계획하기

제비는 주변에서 쉽게 구할 수 있는 지푸라기나 진흙을 조금씩 끊임없이 물어와 둥지를 완성한다. 제비는 자신의 새끼를 보호하기 위해 자신의 몸무게의 100배도 견딜 정도로 튼튼하게 둥지를 짓는다.

프로젝트 수업의 주제를 '제비 생태 탐구'로 정하고 프로젝트 수업을 위한 구체적인 활동을 계획하였다. 처음은 활동에 필요한 시수를 정하는 일부터 시작했다. 이번 프로젝트 수업은 창의적 체험 활동의 자율활동 시수 중 학교 특색 활동과 학급 특색 활동으로 배당되어 있던 시수를 마을 프로젝트 시수로 배정했다. 이후 프로젝트 수업에 요구되는 추가적인 시수는 담임 교사 재량으로 교과 재구성을 통해 수업을 진행하기로 하였다. 이는 교사의 교육과정 운영에 대한 부담감을 줄여 마을 프로젝트 수업이 단발적인 행사처럼 끝나지 않고 오랫동안 지속되길 바라는 마음에서였다. '안남 제비 생태 탐구 프로젝트'는 5일간 집중이수로 운영되고 이후에는 저학년, 고학년으로 나누어 지속 실천 과제를 수행하는 것으로 계획하였다.

시수와 운영방법을 결정한 후 프로젝트 수업 활동을 위한 협의가 진행되었다. 프로젝트 수업의 구체적인 활동은 아이들에게 열어두되 수업의 전체적 흐름을 계획하고 활동 과정에서 학교 교사의 역할과 마을

교사의 역할을 정했다. 전체적인 프로젝트 수업의 진행과 제비의 생태에 대한 기본적인 이해는 학교에서 담당하고 마을 주민들과의 관계 맺기나 구체적인 제비 둥지 탐사는 마을 교사가 담당하기로 하였다. 수업 활동은 기본적으로 전 학년이 함께 참여하되 수준에 따라 고학년과 저학년으로 나누어 수준별 활동을 진행하는 것으로 계획하였다. 프로젝트 수업 공유를 위한 산출물은 팀별로 또는 개인별로 계획하고 수행할 수 있도록 하여 프로젝트 수업에 있어 아이들의 자율성과 책임감을 부여하였다. 소규모 학교는 대규모 학교 못지않게 다양한 개성을 가진 아이들이 존재한다. 그 아이들 하나하나를 품을 수 있는 튼튼한 둥지를 짓기 위해 노력하였다.

안남 제비 생태 탐구 프로젝트 수업 활동 계획

프로젝트 절차	핵심 프로젝트 활동	평가 방법	수업 장소
다가가기 창체(5)	• 마을과 자연의 공존 문제와 관련된 온책 읽기 – 책 「백로마을이 사라졌어요」 살펴보기 ㉑ – 책 「포포 부부의 떠내려간 둥지」 살펴보기 ㉞ 책을 읽고 인상깊은 장면 그림이나 동작으로 표현하기 제비 생태 탐구 프로젝트 문제 파악하기 • 제비와 관련된 신체놀이 활동을 통해 프로젝트 활동 마음 열기 ㉞㉑ 제비 둥지 짓기 놀이, 제비 비행 이어달리기 등 • 종이 제비 접기 활동을 하고 프로젝트 활동을 통해 하고 싶은 것이나 알고 싶은 점 생각해 보기 ㉞㉑	관찰평가 자기평가	도서관 스마트실 안남관

알아보기 창체(5)	• 제비에 대해 궁금하거나 알고 싶은 내용 질문 만들기 ㉠㉣ • 전문가 초청 강연을 통해 제비 프로젝트의 배경, 제비와 마을 생태의 관계, 제비의 생태적 특징 등 알아보기 ㉠㉣ • 강연을 통해 알게 된 내용으로 나만의 제비책 만들기 ㉠ • 제비 생태 탐구를 위한 탐구 계획 세우기 ㉣	관찰평가 보고서 평가	도서관 스마트실
만나기 창체(5)	• 마을 선생님과 함께 우리 마을 제비 둥지 탐사하기 ㉠㉣ 제비 생태 탐구를 위해 알아야 할 점과 주의점 알아보기 우리 마을 흥부네 집(제비 둥지) 위치 파악 및 학생별 매칭하기 • 흥부네 집 문패 디자인하기 ㉠㉣ • 우리 마을 제비 서식 지도 표현하기 ㉠㉣	관찰평가 보고서 평가	안남면 일대 잔디광장
표현하기 고사/도(4) 저통합(4)	• 제비 보호 활동을 위한 홍보 물품(부채) 만들기 ㉠㉣ • 지속적인 제비 생태 탐구 활동을 위한 흥부(마을 주민)와의 관계 맺기 ㉠㉣ 마을 주민과의 간단한 인터뷰 활동 및 제비 둥지 보호 다짐 활동 홍보 물품 전달 및 제비 보호 캠페인 활동	관찰평가 작품평가 자기평가	도서관 안남면 일대
실천하기 지속운영	• 개인별(둥지별) 선정한 탐구과제 해결을 위한 지속적인 관찰 및 답사활동 • 제비 생태 보호 캠페인을 위한 다양한 산출물 제작하기 • 제비의 다양한 생태 모습이 담긴 사진 촬영하고 기록하기 • 우리 마을 제비 서식 지도 완성하기	관찰평가 자기평가	안남면 일대

아이들의 배움을 위한 학교 교사와 마을 교사의 노력
- 프로젝트 수업 활동 전개하기

새끼 제비는 어른 제비로 성장하기 위해 입을 벌리며 부모 제비가 먹이 주기를 기다린다. 부모 제비는 새끼 제비에게 먹이를 주기 위해 하루에 수백 번의 사냥을 나간다.

프로젝트 수업의 전체적인 흐름은 다가가기-알아보기-만나기-

표현하기-실천하기의 순으로 계획하였다. 다가가기 단계에서는 생태와 관련한 온책읽기, 제비 생태 신체놀이, 제비 모형 만들기 등 프로젝트 수업을 본격적으로 진행하기 전 마음 열기 활동을 진행하였다. 알아보기 활동에서는 제비의 생태에 대한 이해를 높이고자 제비에 대한 질문 만들기, 생태 전문가 초청 강연 듣기, 구체적인 탐구 계획 세우기 등의 활동을 진행하였다. 만나기 단계에서는 본격적으로 아이들이 마을로 나가 여러 제비 둥지를 관찰하고 제비 생태를 탐구해 보는 활동을 했다. 이 과정에서 안남 흥부(제비 둥지가 있는 집의 주인)와 아이들의 관계 맺기를 통해 제비 탐구 활동을 지속할 수 있도록 하였다. 표현하기 단계에서는 제비 보호를 다짐하는 홍보 물품을 제작하고 이를 마을 사람들에게 전달하는 캠페인 활동을 전개하였다. 프로젝트 수업의 집중이수 기간 이후에는 학년군별 또는 팀별로 실천하기 단계를 진행하였다. 주기적으로 제비의 생태를 관찰하고 촬영하여 산출물 제작을 위한 자료 수집하였다. 또 안남 흥부와 아이들과의 관계를 강화하고 제비 보호를 촉구하는 제비집 문패를 제작하여 전달하는 활동도 진행하였다. 이러한 프로젝트 수업 활동을 통해 아이들은 소인수 학급이어서 어려웠던 활동들 예를 들어 다른 친구들과 의견 주고받기, 작품 공유하기, 신체활동하기 등을 경험할 수 있었다. 또한 교사들은 함께 수업을 준비하고 이끌어나가면서 프로젝트 수업에 대한 부담감도 줄이고 다른 교사의 수업 노하우를 공유하며 성장할 수 있는 기회를 얻었다.

일련의 프로젝트 수업을 통한 아이들의 배움 속에는 학교 교사와 마을 교사의 노력이 포함되어 있다. 아이들을 지도하는 교사로서 제비의 생태에 대한 이해와 생태 감수성이 없이는 수업이 진행되기 어렵다고 판단하여 학교 전문적 학습공동체에서 이와 관련된 연수를 진행하였다. 또 이미 관련 프로젝트 수업을 진행하고 있는 경남의 환경교육 연구회에서 관련 자료를 수집하기도 하였다. 마을 교사들은 사전에 제비 둥지의 위치를 파악하고 제비 둥지가 지어진 집의 주인들과 만나 수업을 위한 협조를 구하고 마을 주민과 아이들의 관계 맺기를 위한 밑 작업을 해놓았다. 마을 연계 프로젝트 수업을 위해선 학교 교사와 마을 교사 간의 협력이 무엇보다 중요하다. 학교 교사와 마을 교사가 별개의

생태 관련 온책읽기

제비 둥지 관찰하기

제비보호 캠페인하기

흥부네 제비 문패 만들기

수업을 진행하는 것이 아니라 마을 교육과정이라는 공동의 목표를 달성하기 위해 끊임없이 소통하고 공유하는 활동이 필요하다. 아이들은 성장 뒤에는 보이지 않지만 끊임없는 교사들의 노력이 있었다.

저마다의 날갯짓으로 함께 성장하는 아이들
-프로젝트 수업 결과 공유하기

둥지 속에서 무럭무럭 성장한 새끼 제비들은 좁은 둥지를 벗어나 더 큰 세상으로 가기 위해 비행 연습을 하기 시작한다. 처음에는 서툰 날갯짓에 바닥으로 추락할 때도 있지만 새끼 제비들은 저마다의 날갯짓으로 하늘을 향해 날아간다.

제비 생태 탐구 프로젝트 수업 활동을 통해 아이들은 우리 마을의 생태 환경과 제비에 대해 많은 것을 알게 되었다. 그 중에 하나는 많은 사람들이 귀제비[8]를 싫어한다는 것이다. 예로부터 '귀제비가 둥지를 지으면 불행한 일이 생긴다.'라는 말이 있다고 한다. 이러한 잘못된 통념 때문에 귀제비의 둥지를 부수는 마을 주민들도 있었기에 이를 알리기

---

8 제비과의 한 종으로 제비와 비슷하게 생겼지만 배에 세로 줄무늬가 있다. 귀제비는 제비의 둥지에 자신의 둥지를 짓는 특이한 습성이 있고 귀제비의 둥지 형태가 무덤을 닮아서 예로부터 사람들이 싫어했다고 한다.

위한 산출물도 제작하기로 하였다.

다양한 탐구 활동을 통해 알게 된 내용을 다른 사람들, 우리 마을 사람들에게 알리고 공유하는 활동은 프로젝트 수업의 꽃이라고 생각한다. 이번 프로젝트 수업의 목적은 마을 사람들에게 우리 마을의 자랑거리인 제비에 대해 알리고 이를 보호하기 위해 마을의 생태를 보전하자 라는 메시지를 전하는 것이다. 이 메시지를 전하기 위해 우리는 제비 프로젝트 수업 산출물을 공유하는 활동으로 마을 전시회를 열기로 했다.

마을 전시회의 제목은 이번 프로젝트 수업의 의미를 담아 인연(人燕)이라 정했다. 전시회 장소는 마을 사람들의 접근성을 고려하여 학교가 아닌 학교 밖 마을 장터에서 하기로 하였다. 전시회의 주요 전시 작품은 '제비 탐구 사진'과 팀별 프로젝트 수업 산출물이다. '제비 탐구 사진'은 아이들 각자가 제비 탐구 활동 중에 촬영했던 사진 중 한 장을 고르고 그 사진에다 자신의 배움과 제비 보호를 위한 메시지를 담아 마을 사람들에게 알리기 위한 전시물이다. 프로젝트 수업 산출물의 경우, 다양한 아이들의 개성만큼이나 다양한 산출물들이 나왔다. 평소 그리기에 흥미가 있고 재능을 보이던 6학년 아이는 제비의 생태를 알리는 웹툰을 그렸다. 또 안남 제비의 생태와 안남 마을을 홍보하는 내용을 드라마로 제작한 아이들도 있었다. 저학년 친구들은 귀여운 율동으로 제비를 사랑하는 마음을 표현하였다. 어떤 아이들은 제비 탐구 활동 중 촬영한 사진들로 달력과 스티커 등의 기념품을 제작하였다. 수많은 시행착오 끝에 제작된 산출물들이 마을 사람들에게 의미 있는 메시지로 전달되었을 때 아이들은 언제든 날아갈 준비가 되어있는 훌륭한 한 마리의 제비가 되어 있었다.

마을 전시회 〈인연(人燕)〉

| 홍보 드라마 | 홍보 웹툰 | 홍보 율동 |
| 〈제비꽃 필 무렵〉 | 〈제비가 물어다 준 사랑〉 | 〈아기제비와 함께 춤을〉 |

더 멀리 날아가기 위한 고민-프로젝트 수업 성찰하기

날씨가 선선해지기 시작하면 제비들은 다른 지역으로 이동할 준비를 한다. 제비들은 먼 거리를 이동해야 하기 때문에 이동 시기가 되면 전신주에 모여 잠을 자며 체력을 보충한다.

마을 연계 프로젝트 수업이 무사히 마무리 되었지만(아직 완전히 끝난 것은 아니다.) 앞으로의 마을 프로젝트 수업 운영을 위한 고민들이 남아있다.

우선, 마을 연계 프로젝트 수업의 필요성에 대한 교사들 간의 합의의 고민이다. 아이들의 경우 마을에서 태어나고 자랐기 때문에 마을에서 배우고 마을을 배운다는 것이 그리 낯선 일이 아니다. 하지만 교사는 그렇지 않다. 대부분의 교사는 타지에서 거주하며 출퇴근을 하기 때문에 마을에 대한 애정이나 이해도가 떨어질 수밖에 없다. 더구나 소규모 학교이다 보니 개인이 담당하는 업무량도 상당하기에 마을 교육과정을 불필요하고 수고로운 일로 여길 수 있다. 필자 또한 학교 전입 초창기에는 왜 마을 교육과정을 하는 건지에 대한 의문이 있었다. 평범한 학교 교육과정 운영이 아닌 낯설고 어려워 보이는 마을 교육과정을 운영해야 한다는 것이 큰 부담으로 다가왔다. 처음엔 어쩔 수 없이 하게 된 마을 교육과정이었지만 점차 시간이 지날수록 마을과 마을 사람들을 자세히 바라보게 되었고 마을과의 만남을 통해 점차 성장하는 아이들로 인해 마을 교육과정의 필요성을 어렴풋이 느낄 수 있게 되었다. 물론 모든 교사들에게 이런 생각을 강요할 수는 없다. 그저 좀 더 모든 교사들이 공감할 수 있도록 충분한 기다림과 지속적인 소통이 필요하지 않을까 생각한다.

또 다른 고민은 마을 교육과정 운영에 참여하는 마을 교사의 교육 역량이다. 마을 교육과정을 운영하기 위한 마을 교사의 역할은 중요하다. 단순히 학교와 마을을 연결해 주는 역할 뿐만 아니라 직접 교육활동에 참여하여야 하는 경우도 있다. 마을 교사가 적절한 교육철학이나 충분한 교육활동에 대한 이해가 부족하다면 배움의 질은 떨어질 수밖에 없다. 이번 프로젝트 수업에서도 아이들을 위해 교육활동에 열의를 가지고 적절한 수업을 준비해주신 마을 교사 분들도 계셨지만 단순히 장소를 안내해 주거나 아이들의 배움을 위한 충분한 설명을 해주지 못하는 분들도 있었다. 그렇다고 마을 교사를 비난할 생각은 없다. 아이들을 위해 교육활동에 참여해주신 마음만으로도 아이들의 배움에 도움이 된다. 아이들을 위한 마을 교사들의 열의가 좀 더 빛이 날 수 있도록 마을 교사의 역량 지원을 위한 학교나 교육지원청의 노력이 필요하다고 생각한다.

제비와 사람의 상생(相生), 그리고 학교와 마을의 상생(相生)

　다른 새들에 비해 작고 약한 제비는 자신들의 새끼를 천적이나 위험으로부터 보호하기 위해 사람들이 살고 있는 집의 지붕 밑에 자신의 둥지를 짓는다. 제비는 먹이활동을 통해 해충들로부터 사람을 지켜준다.

　아이들은 제비 프로젝트 수업을 통해 자신들이 살고 있는 마을의 생태와 마을 주민들이 우리 마을의 생태 환경을 얼마나 소중히 여기는지 새롭게 알게 되었다. 제비 프로젝트 수업 활동을 통해 제비 보호에 대해서 알리고자 했는데 이미 안남의 주민들은 제비와 함께 살아가고 있었다. 제비와 함께 살기 위해 둥지 아래에 배설물 받침대를 설치한 집도 있고 매년 제비가 돌아오길 기다리며 둥지를 지켜주고 있는 집도 있었다. 이러한 마을 주민들을 보면서 아이들은 생태 보전의 생활화에 대해서 생각해 볼 수 있었다. 제비와 안남 주민들은 마을 속에서 상생(相生)의 방법을 찾기 위해 노력하고 있다.

　학교와 마을 역시 마을 속에서 함께 살아가야 한다. 소규모 학교가 살아남기 위해선 결국 학생 수가 늘어야 한다. 작년에 진행한 마을 연계 프로젝트 수업들과 이번 '안남 제비 생태 탐구 프로젝트' 수업을 통해 학교를 살리기 위한 군(지자체)과 마을의 관심을 얻었다. 마을에서는 안남의 인구를 늘리기 위해 안남씨앗기금을 조성하여 출산축하금, 유치원 및 초등학교 입학졸업 축하금, 귀농인의 집 운영사업을 할 예정이고 군(지자체)에서는 마을에 임대주택 10호를 비롯한 생활시설 구축하는 국토교통부가 주관하는 공모사업에 응모한다고 한다.

  마을 연계 프로젝트 수업은 학교가 살아남기 위한 방법이기도 하지만 마을을 살리기 위한 노력이기도 하다. 옥천군에서 인구가 가장 적은 안남면도 계속해서 마을의 인구가 줄어 소멸의 위험에 놓여 있다. 이를 막기 위해 아이들은 배움을 통한 작은 행동과 실천들로 우리 마을을 가보고 싶은 마을 나아가 살고 싶은 마을로 변화시키려고 한다. 이번 프로젝트 수업의 표면적인 목적은 우리 마을의 제비 보호이지만 최종적인 목적은 우리 안남 마을만이 가지고 있는 깨끗하고 아름다운 생태 환경을 마을 사람들에게 알리고 이를 통해 새로운 마을의 먹거리를 발굴해 내는 것이다. 어른들이 보지 못했던 것들을 아이들의 새로운 시선으로 바라보고 공동체, 관광, 교육, 문화 등의 우리 마을이 발전할 수 있는 새로운 분야를 찾아 제안하는 일 그것이 아이들이 마을을 살리기

안남 씨앗 기금 홍보 포스터   **안남만남 주거플랫폼 구축사업 실사 현장**

위한 노력이다. 마을 연계 프로젝트 수업이 학교와 마을이 함께 살아가기 위한 초석이 되길 바란다.

다시 돌아오고 싶은 마을을 꿈꾸며...

흥부와 놀부 이야기 속에 나오는 제비는 추운 겨울을 나기 위해 따뜻한 강남으로 떠났다가 이듬해 봄 흥부네 집을 다시 찾아서 박씨라는 선물을 준다. 제비는 귀소본능이 있어 아무리 먼 곳으로 여행을 가도 다시 자신이 살던 곳으로 돌아올 수 있다고 한다.

마을에서 태어나 성장한 우리 아이들은 자신의 꿈을 찾아 마을을 떠난다. 마을을 벗어나 새로운 환경에 정착하여 자신의 삶을 살아간다. 극소수의 아이들만이 마을에 남거나 마을로 다시 돌아올 것이다. 다양한 이유가 있겠지만 서울을 비롯한 도시 지역이 가지고 있는 성장성, 발전적인 미래, 다양한 기회 등이 아이들의 삶에 있어서 중요한 부분을 차지하기 때문일 것이다. 마을을 발전시키고 마을을 위해 일할 수 있는 유능한 인재들은 꿈을 위해 잠시 머물기 위해 간 도시에 정착해 새로운 보금자리를 만드는 것이다. 그렇다면 우리 아이들이 다시 마을로 돌아오게 하기 위해서는 어떻게 해야 할까? 마을의 환경적인 변화도 필요하겠지만 무엇보다 아이들이 마을에 대한 주인의식을 갖는 것이 필요하다. 마을이 나를 키웠듯이 내가 마을을 키운다라는 경험, 비록 지금은 작은 경험이지만 먼 훗날 그 경험들이 내 마을을 변화시켜보겠다는 의지로 돌아올 것이다.

마을에 대한 주인의식이 하루아침에 생겨나지는 않을 것이다. 지금 당장은 마을에서의 배움을 통한 행복한 기억 정도면 충분하지 않을까 생각한다. 학교 친구들과 함께 제비를 관찰했던 기억, 마을 사람들에게서 배웠던 우리 마을의 역사에 대한 기억, 마을 사람들과 맺었던 따뜻한 관계에 대한 기억 이런 기억들이 모여 '내가 마을의 주인이다'라는 생각으로 바뀌었을 때 잠깐 머물다 가는 마을이 아니라 언젠가 다시 돌아가야 하는 마을로 변화하지 않을까 한다. 다시 돌아가고 싶은 마을을 위해 우리는 오늘도 마을과 함께 배우고, 마을을 마음에 품으며, 마을에서 답을 찾는다.

3장 큰 학교도 마을과 함께 꿈꿀 수 있을까?

오혜영 (옥천여자중학교 교사)

우리 사회의 무한경쟁과 개인화 속에서 극심한 스트레스와 우울을 달고 다니는 아이들의 꿈이 꺾이지 않고 무사하게 꽃피기를 바라는 마음이 크다. 인간은 위기 상황을 인식하고 해결할 수 있는 존재이며, 연대하는 존재라는 사실에서 희망을 본다. 서로의 숨과 온기가 살아 숨쉬고 온 마음을 부대끼며 살아가는 마을과 함께할 때 그 희망이 실현된다는 증거를 나누고 싶다.

CHAPTER 1
함께 꾸는 꿈은 꿈이 아니라 현실이다

새콤달콤한 자두의 맛처럼

뜨거운 여름, 둥근 싸리 채반에 앙증맞게 들어 앉아 탱글탱글 매끈한 껍질에 싸여서 농익은 자주색 색깔로 유혹하는 자두를 한 입 베어 문다. 자두의 단단하고 찰지며 껍질에 담긴 강한 신맛은 먹을수록 달콤한 맛으로 변하는 마법을 보여준다. 시원하고 청량감 넘치는 수박과 상큼 달달한 복숭아도 맛있지만 자두는 향이 진하고 입안 가득 퍼지는 시디신 맛과 달콤한 맛이 절묘해서 미감이 풍요롭다. 침샘을 자극하는 새콤달콤한 자두의 맛에 몸을 움찔하며 '아, 맛있다!!'하는 탄성이라도 내지르면 세상에서 가장 행복한 사람이 된다.

어쩌면 아이들의 앎을 삶으로 연결 짓고 삶의 주인으로 살아갈 수 있도록 지원했던 마을과 함께하는 꿈 찾기 활동들은 새콤달콤한 자두 맛이 아닐까? 아이들의 꿈을 찾아 주기 위해 마을 기관과의 연계가 필요한 것을 알지만 실천에서는 소극적인 교사들, 학교 문턱이 높다고 힘들어하는 마을활동가, 아이들을 마주할 준비와 내용이 부족한 마을 기관들은 아린 신맛이다.

그러나 마지막 단맛이 자두맛을 결정하듯 아이들이 마을 안에서 온전하게 성장하고 마을과 함께 꿈꾸어야 꿈이 현실이 된다는 단맛에 대한 믿음이 없었다면 아마도 교사의 자리에서 내려왔을 것이다.

마을, 연대와 참여로 만나다

"넓은 벌 동쪽 끝으로/ 옛이야기 지줄대는 실개천이 휘돌아 나가고 /얼룩백이 황소가 금빛 게으른 울음을 우는 곳"(정지용, 1927)의 고장 옥천에 자리한 옥천여중[9]은 학생수가 480여명 되는 가장 큰 규모의 공립 중학교이다. 전체적인 군 단위 인구 감소와 함께 학령 인구가 감소하면서 학생 수가 조금씩 줄고 있기는 하지만 오랫동안 지역의 중심 학교로 자리 잡아왔다.

---

[9] 옥천여자중학교가 정식 명칭이지만 글의 원활한 가독성을 위해 '옥천여중'으로 통일하여 표기한다.

옥천 이원면과 안내면의 중학교를 제외하면 남학생들이 다니는 옥천중학교와 여학생들이 다니는 옥천여중이 가장 큰 학교이다. 규모가 큰 옥천여중의 장점이라면 다양한 진로 활동을 하기 위한 인적, 물적 자원이 많다는 것이다. 그러나 학교는 마을을 향해 문을 크게 열지 못하고 있고, 마을은 학교와 함께할 수 있는 자원과 내용이 부족하다. 큰 학교 아이들이 각자의 선택에 따라 미래를 꿈꿀 수 있는 실제적 체험, 유의미한 체험이 모든 영역에 걸쳐 마음껏 전개되고 있지 않다는 것도 안타까운 현실이다.

그럼에도 옥천여중이 펼친 마을 기관과의 연대로 이루어진 학교 차원의 노력과 마을 기관 활동에 주도적으로 참여한 아이들의 이야기는 함께 꾸는 꿈을 현실로 만드는 데 부족함이 없을 것이다.

마을과 연대하기

마을을 여행하다

고래실은 정지용 시인, 정순철 동요 작곡가, 의병장 조헌, 동학농민운동 등 옥천이 가진 풍부한 문화적 콘텐츠를 발전시키기 위한 사회적 기업이다. 2017년부터 옥천여중은 고래실과 함께 학년별로 군북, 안남, 안내 마을을 찾아가 비누, 고추장, 두부, 떡 등의 마을농산물을 체험하는 마을교육여행을 진행했다. 2018년 3학년 학생들이 옥천의 자연환경, 역사, 문학 등의 다양한 주제 중 청산면 한곡리에 살아 숨 쉬고 있는 동학농민운동의 역사를 돌아보는 동학 순례길에 함께 했다.

대부분의 학생들이 읍내에 거주하고 청산면의 동학 역사를 모르는 상황에서 마을활동가의 얘기는 어려웠으나 동학기념공원, 문바위 유적, 청산공원 등에서 인간다운 세상, 새 세상을 꿈꾸었던 그들의 정신을 되새겨보는 시간을 가졌다.

코로나19 유행 상황이 되면서 마을 여행은 잠시 멈추었지만 2022

[2017. 마을교육여행]

[2018. 동학순례길 여행]

년 2학기에 옥천문화원과 함께 옥천의 다양한 문화재를 탐방하는 문화체험 프로그램을 추진할 예정이다. 오래 전부터 자신과 가까운 사람들이 삶을 살아가고 있고 어려운 상황일수록 서로 도우며 살아가야 하는 곳이 '마을'이라는 배움은 멈추지 않을 것이다.

지역 복지기관에서 봉사하다

옥천여중은 지역 복지기관인 ○○○에서 2015년부터 2018년까지 매주 1회 전교생이 학급별로 봉사활동을 실천했다. 업무협약을 맺은 지역 복지기관에서의 봉사는 옥천행복교육지구가 운영하는 OK현장체험버스와의 연계로 이루어져 아이들의 활동이 좀 더 수월하게 진행되었다.

2018년, 3학년 담임 교사로 동행했을 때 입학 후 마지막 봉사활동과 공감과 소통의 시간을 마치고 학교로 돌아올 때 아쉬움에 함께 우는 원생분들과 아이들이 많았다. 학교 차원의 방문 외에 개인적으로 찾아가서 꾸준히 봉사활동을 하던 아이들 중에는 소외되고 외면받는 어

[지역 복지기관에서의 봉사활동]

려운 이웃을 돕는 꿈을 꾸는 아이들도 있었을 것이다.

마을기관과 함께 수업하다

2020년 옥천의 전통 문화를 공유하며 전통문화의 맥을 이어나가기 위한 전통문화체험관의 개관과 함께 1학년 자유학기 주제 수업이 진행되었다. 주제 수업을 신청한 아이들은 매주 1회 옥천행복교육지구에서 지원한 OK체험버스로 이동해서 수업에 참여하였다. 2020년 전통요리, 2021년 한지공예, 낙화공예, 염색공예 2022년도 도자공예, 한지공예 등 평소 접하기 어려운 전통문화를 배울 수 있다는 매력 때문에 주제 수업 신청에서 늘 인기가 많았다.

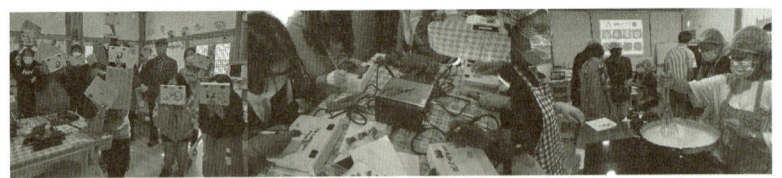

[전통문화체험관에서의 다양한 활동]

[도자공예 활동지]

또한 옥천신문과 협력하여 2020년-2021년 자유학기 주제 수업으로 마을기자단 '라온'을 운영하고 있다. '즐거운'이라는 뜻의 순우리말 '라온'의 기사들을 보면 아이들이 느끼는 지역 생활의 불편함을 지적하는 내용부터 친구들에게 추천하는 지역 카페와 롤러스케이트장 이야기까지 아이들이 느끼는 일상 속 생각들이 소소하게 담겨 있다.

[옥수수 기고] 제이마트 사거리에 신호등을
2021.10.29.
1학년 곽○○

나의 기상시간은 새벽 6시 10분이다. 그때 일어나서 씻고 학교 갈 준비를 한 후, 버스를 7시 30분에 타서 시내 도착하면 7시 40분 정도가 되고, 하차하는 버스정류장은 교육청 앞이다. 거기서부터 걸어서 학교까지 가야 한다. 매일 정류장에서 학교를 향할때마다 늘 불안감과 두려움이 밀려오는 순간이 있다.
바로 제이마트 사거리이다. 제이마트 사거리는 늘 전쟁터 같다. 직진하는 차, 우회전하려는 차, 회전하려는 차, 횡단보도를 건너는 학생들이 뒤섞인다. 신호등이 없다보니, 차든 사람이든 큰마음을 먹어야 한다. 겁이 많고 소심한 사람들은 시간이 한참 걸려야 그 곳을 벗어날 수 있다. 횡단보도에 서 있으면 대부분의 차들은 그냥 지나간다. 아주 가끔 아주 아주 가끔 멈춰주는 차가 있지만, 손에 꼽는다.

> 나처럼 소심하고 마음이 약한 사람들은 차사고가 날까봐 늘 불안하고 두렵다. 안전하게 건너려다보면 한참을 기다리고 눈치를 살피다가 겨우 건너곤 한다. 그러다 지각한 적도 종종 있다. 지각할까봐 무리해서 건넌 적도 있다. 사고 위험이 증가한다. 한마디로 나는 아침마다 큰 위험을 안고 학교에 가고 있다.
> 나처럼 사람뿐 아니라 차를 운전해서 제이마트 사거리를 다니는 사람들도 불편하기는 마찬가지인 것같다. 직진, 우회전, 좌회전차가 뒤섞여서 빵빵거리고 멈춰서는 경우를 많이 본다. 시끄럽고 곁에서 볼 때 사고가 날까 봐 불안하고 걱정스럽다. 서로서로 양보하고 노력하면 될 일 같지만 그게 가능하다면 지금 이 상황까지 오지는 않았을 것이다.
> 나의 이 두려움과 불안한 여정은 학교가 끝나고 집으로 돌아가는 길에도 또 한 번 반복된다. 하교할 때는 차가 더 많다. 그래서 제이마트사거리를 건너는 일이 두세 배 더 힘들고 시간이 많이 지체된다.
> 나는 제이마트 사거리에 신호등을 마련해 주기를 군청에 건의하고 싶다. 만약 사거리에 신호등이 설치가 되면 사고 날 확률이 낮아지고 사람들도 안심하고 안전하게 다닐 수 있을 것 같다. 그래서 제이마트 사거리에 신호등을 설치했으면 좋겠다. 만약 설치가 안 된다면 이 상황은 계속 발생할 것 같다.

아이들은 기사 발굴과 취재 방법, 기사쓰는 법 등을 지역 신문 기자로부터 배운 후 주간지 옥천신문과 함께 발간되는 '옥수수'[10]에 기사를 쓰고 소정의 원고료를 받는 등 기자 활동과 경제활동을 마음껏 수행한다.

또한 옥천 미디어 사회적 협동조합을 통해 꾸준하게 영상 제작 방법을 배울 수 있었다. 청소년 영화 제작 활동, 마을 홍보 영상제 준비 등이 그 성과이다. 2022년에도 마을 활동가의 지원을 받아 연극 수업이

---

10 청소년신문으로 시작해서 청소년을 포함한 지역의 소수자를 다루는 신문으로 폭넓게 개편되었다.

진행되고 있고, 2학기에는 지역 마을 활동가를 통한 환경 생태수업도 진행할 예정이다.

진로를 탐색하다

2018년 진로탐색 활동이 강화된 자유학년제가 시작되자마자 마을과 함께하는 진로체험이 학교마다 꾸준히 진행되어왔으나 일회성 체험으로 그친다는 비판이 많이 제기되어왔다. 옥천여중도 체험마을에서 감자 캐기 체험을 하거나 음식만들기, 숲체험, 공동체 놀이 등을 진행했으나 여전히 아이들은 구체적인 진로과의 관련성을 찾는 것을 어려워했다. 2021년 진로 교과 교사가 주관한 옥천 충북도립대와의 학과 연계는 이런 한계를 벗어나고자 하는 시도라고 할 수 있다.

1학년 자유학년제 진로 탐색 학과체험 계획

1. 목적
지역사회에 있는 대학연계 학과체험을 통하여 전공에 대한 정보를 제공하고 앞으로 진로와 직업을 탐색할 수 있는 진로 역량을 강화한다.

2. 세부 내용
  가. 일시: 1차 2021. 11. 12.(금) 1교시~3교시(1-4반)
           2차 2021. 11. 19.(금) 1교시~3교시(5-7반)
  나. 대상: 1학년 전체
  다. 장소: 충북도립대학교
  라. 학생인솔: 진로 교사, 담임

마. 학과체험 일정

날짜	시간	체험학과	학년/반	체험인원	프로그램명
11/12 (금)	오전 (09:00~12:00)	소방행정과	1-1	23명	3D 프린터와 레이저 커팅 실습
		융합디자인과	1-2	23명	4차산업과 드론 체험
		컴퓨터드론과	1-3	22명	나도 요리사
		조리제빵과	1-4	22명	소방안전ㆍ소방관 체험
11/19 (금)	오전 (09:00~12:00)	융합디자인과	1-5	22명	3D 프린터와 레이저 커팅 실습
		조리제빵과	1-6	22명	나도 요리사
		소방행정과	1-7	22명	소방안전ㆍ소방관 체험

바. 안전교육 : 각 반 담임

3. 기대 효과
 가. 학생들의 소질과 적성에 맞춘 다양한 대학학과체험으로 진로 탐색 및 진로 설계 능력 함양
 나. 지역사회와 연계한 프로그램 운영을 통한 진로 교육 내실화

아이들은 지역 소재 대학의 전공학과 학생들이 멘토가 된 다양한 학과 체험을 통해 자신의 관심과 흥미를 알고 직업 세계를 이해할 수 있었다.

2022년에는 옥천진로체험지원센터의 위탁 운영기관이 충북도립대 산학협력단에서 사회적협동조합 '꿈꾸는배낭'으로 바뀌었다. 이에 따라 진로 체험활동이 단순한 직업체험교육을 넘어서 자신을 보다 정확히 이해하는 자기 주도성을 높이는 방향으로 나아갈 것으로 보인다.

옥천진로체험지원센터 연계 플로리스트 체험 계획

1. 목적
옥천진로체험지원센터를 통해 매칭된 직업체험을 제공함으로써 직업에 대한 깊이 있는 이해를 돕고 직업의식 함양 및 긍정적인 자아개념을 형성한다.

2. 추진 계획
  • 운영기간: 2022. 7. 6, 7. 7, 7.8
  • 장 소: 각 반 교실
  • 대 상: 1학년 전체학급
  • 체험분야: 플로리스트
  • 지 원: 옥천진로체험지원센터

3. 체험 일정 및 내용

체험 일자		7월 6일	7월 7일	7월 8일
체험 학급		1반, 2반	3반, 4반	5반, 6반, 7반
체험 내용 (계절꽃을 활용한 재활용 캐리어 꽃박스 만들기)	1교시	직업 설명: 플로리스트의 이해		
	2교시	꽃 컨디셔닝(다듬기 및 물 올리는 방법 익히기)		
	3교시	나만의 독창적 꽃꽂이(계절꽃), 재활용 캐리어 꽃박스 만들기 완성		
	4교시	소감문 작성 및 발표		
	5교시	진로 멘토링(담임과의 대화)		

4. 기대 효과
  ○ 진로 직업 정보를 얻으며 체험을 통해 진로 마인드 함양
  ○ 멘토링 및 실습 체험을 통해 플로리스트에 대한 활동 이해
  ○ 체험 중심의 맞춤형 진로 직업교육으로 자기주도적 진로개발 능력 향상

옥천진로체험센터에서 팀장으로 일하는 오○○ 활동가는 이렇게 말한다.

이전에는 일회성 진로 체험이 예쁜 쓰레기를 만들고 진로에 크게 도움이 안 된다는 생각에 동의하는 편이었습니다. 그러나 옥천여중에 진로체험 프로그램을 매칭한 후 교실 현장에서 진로 체험 프로그램 진행 상황을 모니터링한 결과 '일회성 진로체험도 다양하게 필요하다'는 입장입니다. 직접 무언가를 해보는 체험은 아이들에게 자기효능감을 주며, 다양한 체험을 통해 자신의 재능을 발견할 수 있는 기회가 주어져야 하기 때문입니다. 또한 체험활동 전에 이루어지는 멘토분들의 살아있는 직업 현장 경험이 녹아있는 진로 강의는 아이들에게 자기 삶을 풀어가는 방법에 대한 가능성을 배울 수 있는 교육의 기회라고 생각합니다.

지역사회 체험처에서 지역의 아이들을 위해 기꺼이 아이들을 품어주시겠다는 분들을 많이 만났습니다. 그분들의 헌신에 감사드립니다. 많은 체험처 멘토분들의 아이들에게 체험을 제공하기 위한 준비시간과 노고를 생각하면 강사비가 너무 적은 편이고 그분들은 흔쾌히 아이들을 위해 나서주셨지만, 저는 그분들에게 개인적으로 빚지는 느낌입니다. 강사비나 재료비는 현실화해야 한다고 생각합니다.

방과 후 강사비를 기준으로 강사비가 적게 지급되는 문제와 일회성 체험이라도 경험이 쌓이면서 아이들이 자신을 이해하고 성찰할 수 있다는 이야기는 곱씹어볼 만한 지점이 많다. 그러나 학교의 많은 예산과 마을의 인적 자원을 많이 투입하는 진로활동이 한 가지 활동과 일회성 체험에서 더 나아가지 못한 점은 아쉽다.

  교사 평가회에서도 한 명 한 명 아이들의 흥미와 관심이 다르기에 최대한 다양한 직업군 체험을 할 수 있는 기회가 있어야 한다는 지적이 있었다. 진로 체험 활동이 단순 직업 훈련이 되지 않으려면 직업인의 삶의 가치와 철학에 집중할 수 있는 시간이 필요하다. 무엇보다 아이들의 삶에 대한 고민을 가진 직업인과의 유기적 결합으로 이루어지는 체험활동이 되어야 한다. 오○○ 활동가가 함께 보내준 평가지를 살펴보며 올바른 진로체험의 방향과 내용에 대해 토의하는 시간을 가져보면 좋겠다.

[2022. 1학년 플로리스트 체험 만족도 조사 결과]

체험 프로그램: 플로리스트 체험 옥천여중 1학년

이번 체험 참여 소감은? (좋은점, 보완점, 건의할 점 등 자유롭게 서술해 주세요)

- 꽃꽂이하는 게 재미있고, 이론 수업을 하면서 진로에 대해서도 자세히 알아서 유익한 시간이었다.
- 꽃이 향기가 나면서 꽃을 만지니까 기분이 좋았다.
- 예쁜 꽃을 보고 기분이 평화로워졌다. 근데 가시가 너무 많아 다음에는 손질을 했으면 좋겠다.
- 장미가시에 찔려서 좀 따갑긴 했지만 다 만들고 나니 뿌듯하고 정말 예뻤다.
- 꽃을 자르고 심고 매우 재미있음. 시간이 너무 빨리 감.
- 재활용을 해서 꽃꽂이 하는게 재미있었다.
- 생각보다 꽃을 다루는 거도 괜찮구나.
- 선생님이 설명도 잘해주시고 친절하시고 착하셔서 엄청 좋았다.
- 꽃들의 종류를 몰랐는데, 오늘활동을 통해 알 수 있었다. 장미 가시 때문에 따가웠지만 재밌고 즐거운 추억을 남긴 것 같다.
- 꽃꽂이가 지루할 것 같았는데, 생각보다 즐거웠고, 원하는대로 꽃을 수 있는 게 매력이었다.
- 너무 예쁜 꽃들이 많았고, 그런 꽃들, 꽃잎들 모두 세세하게 자세히 만지고 느껴볼 수 있어서 좋았다.
- 향이 나는 잎들을 직접 맡아보고 꽂아보는 과정이 너무 재미있었다.

- 꽃꽂이 결과물도 이뻐서 좋았다.
- 꽃을 꽂을 때 생각하며 꽂았는데 너무 신기하고 재미있었다.
- 플로리스트라는 직업에 대해 알게 되었다
- 꽃에 대해 알 수 있었다.
- 화기에 그림을 그리는 것도 좋았다
- 내가 좋아하는 것도 그림으로 그리고 예쁜 꽃꽂이를 해서 재밌고 좋았다.
- 너무 재미있었다.
- 꽃을 다루는 것을 잘 안해보았는데, 이번에 해봐서 새로웠다.
- 나중에 또 체험해 보고 싶다.
- 시원한 교실에서 해서 좋았다
- 교실에서 실습해서 치우기 힘들었다.
- 하지만 체험하는 곳이 교실이라서 불편했다.
- 다음엔 체험처에 가서 해보고 싶다.

올해 참여한 체험 중 기억에 남는 체험과 이유는?

- 플로리스트 체험을 인상깊어 하는 학생들이 다수였고 다시 해 보고 싶어했다. 직접 무언가를 해보는 것에 대해 만족해 했다
- 다육이: 알려주시는 선생님이 재미있어서, 고무신에 다육이를 심을 수 있다는 시도가 창의적이어서.
- 영어체험
- 공룡만들기
- 세계시민교육: 선생님들이 너무 재밌었고 이런저런 체험을 많이 할 수 있어서 좋았다
- 수생식물원: 이동도 하고 친구들과 놀러 가는 기분이 들었다.
- 메타버스: 제페토를 통해 메타버스를 좀 더 알게 되었습니다

다음에 참여해 보고 싶은 체험은?

요리19, 음식(빵, 피자), 만들기4, 바리스타4, 메이크업 2, 제과제빵17, 플로리스트27(화관,꽃다발), 꽃차, 크리에이터1, 군인, 디자인(시각디자인, 패션 등)4, 메이크업4, 체험관에서의 다양한 진로체험, 네일아트, 예술계열(그림그리기), 도자기4, 물리치료, 번지점프, 댄스2, 우드 아트, VR체험7, 페이스페인팅3, 조향사2, 성우(더빙)체험, 컴퓨터, 전자기기 구조원리, 꽃다발 만들기2, 일러스트레이트2, 로봇체험1, 악기연주, 헤어디자이너, 식물심기(강낭콩,꽃)2, 승마, 소풍가기

- 선생님에 대한 평이 좋았다: 설명을 잘해주신다. 친절하시다. 리액션이 좋고 수업내용이 좋았다. 자유롭게 만들 수 있어서 좋았다.
- 플로리스트란 직업을 알게 돼서 유익했고, 꽃꽂이 경험이 처음이었는데, 재밌고 새로웠다.
- 꽃꽂이 체험과 함께 화기로 사용한 커피 캐리어에 그림을 그리는 것을 결합한 수업내용에 재밌어하는 학생들이 다수 있었고, 환경을 위해 재활용하는 것을 인상 깊어 했다. 직접 만들어낸 결과물에 만족하는 학생들이 많았다
- 예쁘고 다양한 꽃을 보고 향기를 맡으며 꽃을 꽂는 것에 힐링이 된다는 의견도 다수 있었다.
- 교실 말고 다른 곳에서 체험하길 원했다

[플로리스트 체험 활동]

마을에서 내 꿈 찾기

지역 사회 행사를 빛내다

2018년 7월, 3학년 한 학급 아이들이 10회 옥천 안내면 '옥수수 감자 축제'에 화음과 율동을 곁들인 합창곡으로 찬조 출연하여 많은 갈채를 받았다. 교내 합창제를 앞두고 있는 상황에서 지역 주민들이 기획하고 추진하는 축제에 초대받은 것이라 무대 곡을 따로 준비하지 않고 합창제용 합창곡 가사를 조금 개사해서 불렀다. 학교가 지역의 일부분이고 학교와 지역의 관계망이 좀 더 넓어지고 깊어지기를 바라는 마음으로 학생들을 인솔했는데 더운 날씨에 고생도 많았지만 보람도 컸다.

코로나19 유행 시기에도 지역 사회 행사에 참여하는 열정적인 아이들은 존재했고 2021년 34회 지용제[11]에 옥천여중 아이들의 활약이

---

[11] 한국 현대시의 선구자 정지용 시인의 시문학 정신을 발전시키기 위한 문학축제. 1988년에 시작되었다.

[2018. 안내면 지역축제 참여]   [2021. 지용제에서의 공연]

컸다. 청소년 문학캠프가 초청한 이문재 시인과의 대화에 질문자로 참석하거나 진행요원, 자발적인 봉사활동으로 축제의 원활한 개최를 돕는 학생들이 많았다. 문화예술인한마당 대회에 나가서 그동안 갈고 닦은 끼와 재능을 댄스 공연으로 펼쳐서 값진 수상의 기쁨도 누렸다.

지역 사회 행사에의 참여는 협조 사항이고 권장 사항이라 학교에서도 홍보하지만 적극적으로 학생들을 참여시키기는 어렵다. 학생들도 학교 홍보보다는 SNS에서 접하고 친구들끼리 참여하는 경우가 많다. 학급 아이들의 참가 정보를 듣고 담임 교사가 응원하기 위해 찾아가는 경우도 드물다.

지역 사회에서 학교가 해야 할 역할이라면 지역 사회 행사를 적극적으로 안내하고 참여시켜 아이들이 지역 사회의 일원이고 지역 사회의 주인이라는 인식을 가질 수 있도록 해야 한다.

무더운 날씨와 주말인데도 교복을 입고 안내면까지 찾아온 그때의 아이들이 즉석에서 개사한 노래 가사처럼 '[12]사랑 찾아 인생 찾아 하루 종일 숨이 차게 뛰어다닌다.

'옥천 하늘 아래서 내 꿈도 가까이 온다'가 가능하도록 지역과 학교가 같은 꿈을 꾸려면 어떤 고민과 실천이 필요할까??

그래! 결심했어! 청소년 기자단

옥천을 대표하는 지역 언론은 옥천신문으로 옥천 지역 사람들은 옥천 신문에 대한 자부심이 크다. 지역 공공성을 지키는 풀뿌리 언론을 표방하는 옥천신문은 1989년 주민이 직접 주인이 되는 '군민주'로 창간되어 옥천의 목소리를 대변하는 미디어로 자리매김하고 있다. 지역 여론의 지표가 되는 옥천신문은 지역의 문제를 청소년의 눈으로 바라보면서 건강한 지역 사회로 만들어내는 청소년 기자단을 자체적으로 모집해서 운영하고 있다.

옥천신문 청소년기자단은 2001년 운영을 시작했다. 2006년 중단됐으나 2014년 창간 25주년 기념 '청소년 탐사보도 대회'를 통해 '청소년 탐사보도단'이 활동하며 청소년기자단 부활의 물꼬를 텄다. 2015년 다시 꾸려진 청소년기자단은 현재까지 매주 모여 신문 읽기와 토론을 병행하고 있다.(출처:옥천신문사 청소년 기사단 소개글)

2022년에는 충북교육청의 전환기 교육 프로그램으로 청소년기자

---

12 가수 조항조의 노래 '사랑찾아 인생찾아'의 가사 일부분이다.

단과 함께 다양한 프로젝트를 통해 진로를 설계해 나갈 수 있도록 직접 기사를 써서 신문을 만드는 과정도 운영 중이다.

2021년 옥천여중 2학년부터 활동해서 3학년이 된 오○○ 씨의 면담 내용이다.

> 2학년 때 학교종이[13]에서 청소년 기자단 모집 공고를 보게 되었습니다. 기자단을 하면 글도 잘 쓸 수 있을 것 같고 재밌을 것 같아 신청하게 되었습니다. 예전에 카페를 소개하는 기사를 쓴 적이 있었는데 기사가 신문에 나가고 그 카페 사장님께서 알아 주신 것이 뿌듯했습니다.
>
> 아직 꿈이 없어서 청소년기자단 활동과 제 진로가 직접적인 연결은 없지만 활동하면서 기사를 쓰는 사람인 기자에 대한 편견을 깰 수 있었던 것 같습니다. 기자들은 어떤 문제를 억지로 비판해서 기사를 쓴다는 편견이 있었는데 활동하면서 만난 기자분들은 누구보다 진실을 중요시하는 분들이었습니다.
>
> 학교와 지역 사회에서도 청소년들을 위해 노력을 해 주고 계시지만 아직 청소년들의 의견을 받아주는 것이 아쉽게 느껴집니다. 지역 사회에서 청소년들이 의견을 내는 것도 힘듭니다. 저는 옥천의 청소년기자단이 청소년들을 대변하여 청소년들의 의견을 말할 수 있는 도구가 되어주었으면 좋겠습니다.

---

13 학생들과 학부모에게 알림장 역할을 하는 어플리케이션

지역에서 아이들이 목소리를 낼 수 없는 상황이 안타깝다. 나이가 적다고 아이들이 느끼는 문제가 가치가 없고 의미가 없는 문제로 치부되어서는 안 된다. 아이들은 말로만 '교복 입은 시민'이 아니라 자신이 살고 있는 지역의 긍정적 변화를 위해 행동할 수 있는 권리를 가진 독립적인 시민이다. 지역에서 청소년 시민인 이 아이들의 생각에 힘을 실어줄 수 있도록 학교와 지역 사회가 좀 더 협력해야 한다고 생각한다.

면담에 응했던 오○○ 씨의 기사도 살펴 보자.

[옥수수 기고]
옥천 로드킬 당한 동물에 마음만 아파 말고, 대처방법을 따라해봐요!

(2021. 10. 29.)

등교하는 길에 로드킬을 당한 아기고양이를 본 적이 있다. '로드킬'은 외진 국도나 고속도로처럼 차 속도가 시내에 비해 빠른 곳에서 고라니 같은 동물이 차에 치이는 것이라고만 생각했다. 하지만 시내 주차장 한 가운데 피를 흘리고 쓰러져있는 아기 고양이를 보니 '로드킬'이 시내에서도 일어난다는 걸 알게됐다. 한편으로는 무섭고 미안했다.

로드킬 사고 예방의 첫걸음, 운전자의 안전운행
로드킬 예방에 가장 중요한 것은 운전자의 조심운전이다. 운전자가 교통 규칙을 준수하고 주행을 안전하게만 해도 로드킬사고를 예방할 수 있다. 하지만 새벽이나, 외진 곳, 차가 드문 곳에서 운전자가 빠른 속도로 운전하는 경우가 있다. 실제로 국토교통부가 발표한 교통문화지수 실태조사에 따르면 국민 2명 중 1명 꼴로 과속운전을 하고 있다. 과속의 이유로는 외부 스트레스나 내면의 열등감, 과시욕, 분노, 운전하는 시간을 낭비라고 여기는 생각, 정체구간을 겪은 후 느끼는 보상심리 등이 있다. 하지만 운전자는 빠른 속도로 운전을 하면서 잠깐 기분을 내는 사이에 생명이 죽어나간다. 국립생태원 로드킬 정보시스템에 의하면 매년 1만에서 2만마리의 동물들이 로드킬로 죽는다. 1위는 고라니, 2위는 고양이, 3위는 너구리, 4위는 개, 5위는 노루, 6위는 멧돼지이며, 해마다 로드킬로 죽는 동물의 수가 증가하고 있다.

옥천 로드킬 사고, 죽었다면 043-730-3452 살았다면 043-732-8844
로드킬 신고는 장소와 생사여부에 따라 신고 할 곳이 달라진다. 옥천에서 '로드킬 사고'가 발생한다면 어떻게 해결해야 할까? 우선 사고로 동물이 죽었거나, 로드킬 당해 죽은 동물을 발견했을 시, 043-730-3452(옥천군 환경과)로 전화하면 사체처리가 진행된다. 늦은 야간에 전화하면 다음날 오전에 처리가 진행되기도 한다. 만약, 동물이 죽지 않고 살아있는 상태라면, 043-732-8844(옥천동물병원)로 바로 전화하면 구조가 진행된다. 043-730-3684(옥천군 친환경농축산과)로 전화해도 된다. 그럼 친환경농춘산과에서 옥천동물병원으로 연결을 하는데, 2단계를 거치는 것보다 옥천동물병원으로 바로 전화하면 빠른조치가 가능하다.

(중략)

동물과 공존하는 세상을 위해 로드킬 사고 대처를 알아두는 것은 필수가 되어야한다. 생명을 지키는 것도 중요하지만, 로드킬 당한 시체를 보고 운전자가 놀라 2차,3차 사고가 일어날 수 있기 때문에 대처가 중요하다. 만약의 상황을 대비하여 로드킬 대처방법을 알고 있는 것이 동물의 대한 마지막 인사이자 더 큰 사고를 예방하는 방법이다.

아이들은 청소년 기자단 활동을 통해 지역에 더 관심을 가지게 되고 지역도 기자단 활동을 통해 청소년에게 눈길을 더 많이 주게 되었다. 아이들의 활발한 움직임과 목소리가 지역 사회를 더 건강하고 유의미하게 변화시킬 수 있다.

청소년자치배움터로 모이자!!

　2020년에 시작한 청소년자치배움터 징검다리 학교는 옥천주민들의 힘으로 구성된 전환기 교육활동을 하는 곳이다. 2021년부터 아이들이 직접 프로그램을 기획하고 참여하며 배움과 진로를 자유롭게 탐구한다. 지역의 10대 아이들이 손수 요리를 하는 골목식당 프로그램과 바리스타 활용 과정인 자립카페, 여행을 디자인하는 프로그램이 가장 활발하다. 앞으로 자립카페 운영을 맡을 청소년 협동조합도 준비하고 있다. 2022년부터 사회적협동조합 '꿈꾸는배낭'이 운영하며 징검다리 학교의 40여명 중 옥천여중 아이들은 과반수가 훨씬 넘는 30여명이 활동하고 있다. 옥천여중 아이들이 많은 수를 차지하는 것은 학교에서부터 스스로 결정하고 책임지는 자치와 자율을 경험한 것이 징검다리 학교에서도 두드러진 활동으로 연결된 것이다.

　옥천여중 3학년부터 징검다리 학교에서 활동하다가 여행 프로그램의 보조 강사로 활약중인 고등학교 2학년 고○○ 씨의 얘기에 귀기울여 본다.

　　우연히 친구와 둠벙[14]에 갔는데 친구가 '나 이거 신청했는데.. 너도 같이 할래'라고 해서 모집 포스터를 보고 신청했어요, 활동을 하기 전에는 소심한 성격에 리더십도 없고 스스로 무엇을 잘하는지 몰랐는데 친구들,

---

14　옥천 읍내에 자리한 지역문화창작공간이면서 청소년들의 만화 카페

선후배들을 만나면서 점차 소심했던 제 성격이 적극적인 성격으로 변했고 금거북이길 축제[15]를 기획, 운영해보고 여행, 카페 프로그램 등에 참여하면서 저도 몰랐던 리더십 능력을 발견하게 됐어요.

토요일에 운영하는 청소년 자립 카페에서 저렴한 가격으로 청소년이 즐길 수 있고 쉴 수 있다는 것과 여행팀에서 청소년이 아닌 분이 만들어 놓은 것에 참여한 것이 아니라 계획, 예약, 길 찾기 등을 직접 했고 여행 계획대로 잘 이루어졌을 때 보람을 느껴요. 평소에도 바라스타에 관심이 있는데 자립 카페 활동을 통해 방과 후 활동이나 학원에서 배울 수 없는 신메뉴 개발, 카페 실무를 배우게 되어 앞으로의 진로를 결정할 때 도움이 될 것 같습니다.

[자립카페 활동 모습]

한편 징검다리 학교의 전 운영자이면서 지금은 사회적 협동조합 '꿈

---

15 옥천신문사에서 옥천교회까지의 골목에서 벌어지는 주민들이 함께 만든 문화축제

꾸는배낭' 이사인 장○○ 활동가는 이렇게 말한다.

Q: 징검다리학교를 운영하면서 학교에 지원과 요청하고 싶은 것이 있다면?

A: 교육의 관점이 달라져야 합니다. 학교 교육이 아이들의 성장과 배움의 전부가 아니라는 것을 인정해야 합니다. 아이들은 학교 안에서도 배우고, 학교 밖에서도 배우고 성장합니다. 가정은 물론이고 학교 밖에서 만나는 다양한 친구와 어른들 모두 서로에게 영향을 주고받는 관계입니다. 이 관계를 통해서 아이들은 성장합니다. 학교는 학교 밖 마을 학교를 보완재가 아닌 아이들의 교육을 책임지는 또 다른 주체로써 이해하고, 아이들이 다양한 학교 밖 마을학교에서 활동할 수 있도록 적극 안내 및 연결하는 역할을 해주셨으면 합니다. 이런 구조가 가능하려면 모집 시기를 넘어 평소에 학교와 마을학교 사이에 상시 논의할 수 있는 협의 체계가 마련되면 좋을 것 같습니다.

Q: 징검다리 학교가 추구하는 목표가 어느 정도 달성되었다고 생각하시나요?

A: 청소년들이 배움의 자발성을 회복할 수 있으면 좋겠다고 생각하며 활동을 시작했습니다. 교과 중심의 국가 교육과정을 넘어 삶 속에서 배움이 일어날 수 있기를 기대했습니다. 청소년이 삶의 주인으

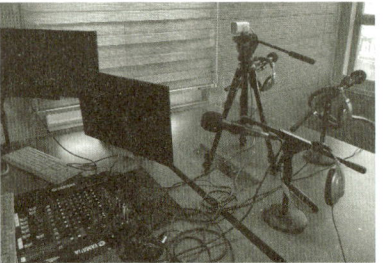

[청라반하나 진행자와의 면담]　　　　[옥천FM공동체 진행방]

로서 성장하는 건 단시간에 이룰 수 없고 긴 시간과 많은 노력이 필요합니다. 징검다리학교는 건강한 환경 속에서 아이들이 삶의 주인으로 성장할 수 있도록 꾸준히 노력하고 있는 중입니다. 활동에 참여한 아이들은 저마다의 수준에서 조금씩 자라고 있고, 일부 청소년들은 '청소년 공간'과 '청소년 문화'를 스스로 지키고 만들기 위해 청소년 협동조합을 설립하는 과정 중에 있기도 합니다. 앞으로도 아이들을 믿고 기다려주는 시간이 중요하다고 생각합니다.

A: 앞으로 해결하고 싶은 활동 과제는?

B: 지역 청소년과 '자치 배움터' 활동을 계속하기 위해서는 이를 운영할 수 있는 지속가능한 운영 구조를 만들어 나가는 일이 과제입니다. 3년째이지만 1년 단위 공모사업을 받아, 늘 내년을 기약하기 어려운 구조입니다. 청소년 자치배움터 징검다리 학교 활동이 청소년들의 성장과 배움에 유의미한 역할을 한다면, 지역 안에서 정착할 수 있는 토대를 지역 사회 안에서 만들 수 있도록 많은 분들의

편성표

시간		월	화	수	목	금	토	일
오전	05:00~09:00	음 악 시 간						
	09:00~10:00	옥천에 살어리랏다					(재)문학청춘의 오픈마음	(재)옥천역에서 동기동기
	10:00~11:00	(재)이웃소식과 과학상상	플레트 연합 제작단 (※원자녀유소체이다고, 속초 대평 이야기대 행운 /T화)	(재)뷰-포인트	우리동네 이야기	(재)풍요로 만나는 세상	(재)정화된 마니	(재)우리의 이후
	11:00~12:00							
오후	12:00~13:00	음 악 시 간						
	13:00~14:00							
	14:00~15:00	신버전 10대 사전	(재)청치판마니	GN라디오	문학청춘들의 오픈마음	알찬알찬 옥천	(재)GN라디오	(재)설치고말하고생각하라
	15:00~16:00	(재)찾아라 맛도둑	케이팝 요다쿠박과	오후의 시 뭔 스풀	할머니들과 수다수다	골든뮤직	(재)K-고딩 Life	(재)마음 여행 시
	16:00~17:00	사람 실은 멜로디	이웃소식과 과학상상	지우팩	찾아라 맛도둑	뷰-포인트	고민먹는 하마	(재)수어를 배웁시다
	17:00~18:00	우리동네 음악수다2	이통령의 경상충만	(재)케이팝 요다쿠박과	공존공생	욕동사	(재)사람 실은 멜로디	(재)꿈꾸는 이야기
	18:00~19:00	(재)우리가 꿇하는 우리이야기	자립 이야기	(재)청변상이	(재)설치고, 말짜고, 생각하라	옥천은 세계로, 세계는 옥천으로	우리의 이후	(재)옥연들 돗 빌리아
	19:00~20:00	(재)오늘도 우리는 '동행'	(특집)할머니고민상담소	영화의 은밀한 매력	풍요로 만나는 세상	무카의 요키요키댄스	친리궁리 여행이야기	(재)옥천을 세계로, 세계를 옥천으로
	20:00~21:00	아자씨과 놀다보면	오늘도 우리는 '동행'	수어를 배웁시다	옥연들 돗 빌리아	꿈꾸는 이야기	(재)지우팩	책 읽는 소굴모양
	21:00~24:00	음 악 시 간						

[라디오 편성표]

관심과 지원이 절실합니다.

아이들은 학교뿐만 아니라 모든 공간에서 만나는 사람들과의 관계에서 성장한다. 그리고 아이들의 진로 의식은 아이들을 둘러싼 다양한 지역 사람들의 세심한 관찰과 배려, 대화를 통해서 자라난다(군산청소년자치연구소, 2021). 아이들의 삶을 지원하고 성장을 지원하기 위해 학교와 교사의 역할이 무엇인지 골똘히 생각하게 만든 면담이었다.

옥천FM공동체 라디오

공동체라디오방송은 소규모 지역을 대상으로 운영되는 소출력 라디오 방송을 가리킨다. 2022년 초 만들어진 옥천FM공동체 라디오(OBN)은 지역주민이 모금으로 만든 지역주민에 의한 지역 주민을 위한 방송이다. 지역 사회의 모든 영역을 포괄하는 40여개의 방송 프로그램을 자체 제작하여 송출하는데 프로그램 진행과 출연진 대부분이 옥천 사람이다. 지역 주민의 삶의 애환과 희로애락을 더 가깝게 느낄 수 있는 새로운 소통의 공간에서 마을 주민들은 누구나 방송의 주인공이 될 수 있다.

'중학생들의 모든뭐든'의 진행자는 옥천여중 2학년 아이들이, '청라반하나'는 옥천여중 3학년 아이들이 진행한다. '청라반하나'는 '청소년이 반하는 라디오 시간'이라는 의미처럼 청소년이 공감할 수 있는 영화, 노래 등을 추천하거나 누구에게도 말 못하는 고민 상담, 계절에 맞는 이야기 소재를 찾아 열정적인 활동을 펼치고 있다. 또래 친구들에게 옥천에 대한 정겨운 매력을 들려주기 위해 애쓰는 '청라반하나'의 진행자이자 톡톡튀는 청소년방송활동가 아이들의 솔직발랄한 얘기를 들어보자.

워니: 학교종이에 라디오 참가를 신청하는게 올라왔는데 초등학교때 아나운서를 해본 경험을 바탕으로 아나운서를 해보고 싶어서 활동하게 되었습니다.

조히: 워니가 먼저 해 보는 게 어떠냐고 제안하여 활동을 시작하게 되었습니다.

워니: 대본 주제를 정할때 청라반하나의 주제인 10대와 공감하는 주제를 찾기에는 너무 제한적이어서 힘들고, 보람될 때는 청취자 분들이 우리 라디오를 듣고 재밌다고 해줄 때입니다

조희: 아침 일찍 일어 나는 게 가장 힘들더라구요.. 하지만 대본을 다 쓰고 난 후에는 그때의 힘듦이 다 사라지고 보람이 많이 느껴져요! 요번 라디오 대본도 무사히 잘 마쳤다~ 오늘도 내가 해냈구나! 하는 생각이 들어서요 ㅋㅋ 그런데 신기하게도 라디오 녹음을 다 끝낸 후에는 보람보다는 허무함?이 느껴지더라구요. 그래도 라디오가 송출되면서 저희 청라반하나 시그니처 노래가 나오는 순간 짜릿한 감정이 느껴집니다!

워니: 학교에서 옥천 라디오에 대해 더 설명해주고 알려주었으면 좋겠습니다. 아직 진로를 정확히 정하지 않았지만 글 쓰는 능력이 향상되고 사람들 앞에서 얼버무리지 않고 순발력 있게 대답할 수 있도록 도움을 받았습니다.

조희: 진로에 대한 확신을 가지지는 못했지만 라디오를 하면서 제가 글쓰는 것을 좋아한다는 걸 알게 되었어요! 라디오를 하기 이전까지는 글에 대한 관심이 없었거든요. 그런데 라디오에서는 평소에 해보지 못하는 경험을 직접 느끼고 해볼 수 있어서 자신의 장점과 흥미를 찾을 수 있게 되더라구요! 라디오 대본을 쓰게 되니까 글에 대한 흥미도가 점점 올라가고 주변 분들도 저에게 '오늘 라디오 내용 너무 좋았어!' '글 잘 쓰는 거 같아!' 등 글에 대한

칭찬을 해주셔서서 더욱 자신감을 얻게 된 거 같아요.

-청라반하나 진행자 조○○, 정○○ 학생의 면담 중에서-

면담에서도 알 수 있듯 아이들은 진로에 대한 확신은 가지지 못했지만 활동을 하면서 자신의 장점과 흥미를 찾고 자신감과 꿈을 꿀 수 있는 기회를 가질 수 있었다. 많은 아이들이 '난 꿈이 없어'라고 대답하지만 사실은 그 누구보다 진로에 관심이 많고 자신이 관심 있는 곳에서의 다양한 체험을 꿈꾸는 아이들에게 이 아이들의 활동은 꿈을 찾아 나서는 작은 나침판이 되었으리라.

다시 꿈꾸기를 제안하며

마을에 대해 공부하고 마을을 통해 배우고 마을을 위해 자신의 배움을 펼치며 우리 아이들은 마을에서 과연 꿈꿀 수 있을까? 아직까지는 부족하다는 생각이 든다. 아이들의 배움의 장소가 좀 더 직접적으로 마을일 필요가 있다. 즉 마을에서 실질적 삶과 미래가 가능함을 아이들이 직접 생각해 볼 수 있는 기회가 있어야 한다. 우리 학교처럼 큰 학교의 경우 아이들의 직접적인 진로 체험은 소수가 참여하는 구조이고 실제 소수만이 참여하고 있다.

이를 극복하기 위해 마을의 다양한 기관이나 단체, 교육청, 지자체가 힘을 합치는 TF팀(특별 전담 조직)이나 네트워크가 필요하다. 여기에 동참할 수 있는 기관과 단체를 모으고 엄선하여야 한다. 마을의 여러 기관과 단체에서 삶의 현장 속에서 실제적 삶과 직업, 방향을 공부하고 아이들은 이를 통해 삶을 알고, 마을에서 꿈을 꾸고 마을에서 살아갈 미래를 꿈꾸게 해야 한다. 어떤 경우는 마을에서 작은 규모로 경험하고 더 큰 경험을 위해 마을을 떠날 수도 있다. 그러나 마을 속에서 더 큰 꿈을 꾸는 것이기에 그 또한 마을에서 꿈꾸는 일이 된다.

우선 아이들의 배움의 현장을 발굴하고 협의를 통해 엄선하고 배움의 장이 될 마을 기관과 단체의 전체적인 커리큘럼을 짜야 한다. 그것이 확실해질 때 큰 학교도 마을 곳곳에서 삶의 미래를 꿈꾸고 마을을 발판으로 더 큰 꿈도 꿀 수 있을 것이다.

옥천여중에서 교무 기획 업무를 맡고 있는 안○○ 교사의 이야기이다. 이처럼 큰 학교에서 아이들의 꿈을 위해 마을을 배움터로 활용하는 것은 작은 학교 이상의 어려움이 있다. 아이들에게 필요한 다양하고 직접적인 체험과 정보 제공이 부족하다는 공통적인 문제와 깊이 있는 경험에 참여하는 아이들이 적다는 문제가 크다.

대규모로 이루어지는 일회성 진로 체험, 지역 대학에서의 학과 체험 등은 아이들로 하여금 살짝 살짝 곁눈질만 하게 만드는 직업 훈련으로 끝날 수 있다. 많은 아이들에게 깊이 있는 다양한 경험과 의미 있는 만남을 통해 자신의 꿈을 찾아서 앞으로 나아갈 수 있게 하려면 학교는 마을과 더욱 연대하고 마을은 학교와 더 많이 협력해야 한다.

학교 교육과정이 아이들의 현실과 유리되지 않고 철저하게 현실에 맞닿은 수업이 되기 위해서는 마을 기관과의 활동 시간을 늘리고 장소와 운영을 보다 탄력적으로 운영할 수 있어야 한다. 큰 학교일수록 지자체와 교육청의 유기적인 지원과 꾸준한 예산 편성이 필요하다. 예컨대 마을연계수업으로 전통문화체험관에서의 전통문화체험과 옥천 주민이 만드는 동네 라디오인 옥천공동체라디오 체험이 모든 학생들에게 이루어졌으면 좋겠다.

또한 지역의 모든 기관, 단체가 협력하여 지역 자원을 활용한 다양한 진로 탐색 계획을 짜고 실행하는 것이 필요하다. 올해 진로체험진로센터에서 옥천고등학교 2학년 학생들에게 '청소년마을일터체험 프로젝트'를 시범적으로 실시하고 있다. 중학생들에게도 체험 내용을 가다듬어 지역을 알아가고 삶의 중요한 멘토를 만날 수 있도록 기회를 확대해야 한다. 그리고 활동 과정에서 학교와 마을이 의사 소통이 원활하지 못하거나 서로의 입장과 활동 내용에 대한 이해의 차이로 갈등할 때 영향력 있는 마을 기관이나 단체가 중재 역할을 해 주어야 한다.

그리고 학교에서는 교과 교육과정의 짜임새 있는 설계와 마을 기관과의 직접적 연계에 대한 교사들의 적극적인 인식과 실천이 필요하다. 이제는 학교에서만 아이들이 꿈꿀 수 없다는 사실을 받아들이고 학교 문을 활짝 열어서 학교와 마을을, 배움과 삶을 연결해야 한다.

교과 간의 경계가, 교과 교육과 진로 교육 경계가 사라지고 학교와 마을 간의 경계가 흐려지면 흐려질수록, 미래 사회의 우리 아이들은 다르게 꿈꾸고, 창조적인 꿈을 꿀 수 있다. 이를 위해 학교와 마을이 하나 되어 아이들을 품어주어야 한다.

아이들이 타인과 함께 행복하게 살아갈 수 있고 자신의 삶과 타인의 삶을 통합하면서 삶의 여정을 즐길 수 있으려면, 학교와 마을이 함께 꾸는 꿈이 필요하다. 그래야 아이들의 진정한 삶과 성장을 위한 교육이 꿈이 아니라 현실이 될 수 있으니까 말이다.

자두는 시큼하면서 달다.
자두는 톡 쏘지만 달콤한 깊은 맛이다.
마을과 함께하는 아이들의 꿈 찾기가 그런 자두 맛이었으면 좋겠다.

참고문헌

이재용 외 강환욱·김은범·심진규·원강희·이대섭·이세중·전병호 (2020), 마을, 공감으로 잇다, 옥천행복교육지구 마을연계교육자료, 충청북도옥천교육지원청

이승훈·공릉청소년문화정보센터, 우리가 사는 마을, 학교도서관 저널.

〈굿모닝충청〉(2022.06.22.) '청소년에서 성인으로, 충북교육청 전환기 프로그램 순항.

제1620호(2021.12.24.), 〈옥천신문〉'코로나19 위기의 시대, 미래교육은 어디를 향해야 하는가'

제1642호(2022.06.03.), 〈옥천신문〉'지역 16개 단체 옥천청소년 멘토 준비 완료'

송현조 (충주남산초등학교 교사)

우연한 기회에 마을로 들어서게 된 겁쟁이 교사
마을로 나가는 한 걸음부터 마을에서 느끼고 배운점을 함께 나누고 싶은 마음
별 것아닌 경험에서부터 학교에서 실천하기 위해 겪은 어려움들...
많은 사람들과 함께 걷기 위해 용기를 냅니다.

CHAPTER 2

마을로 나아가는 열 걸음

한 걸음, 시작을 알리는 적절한 한 마디

처음은 많은 사람이 그렇듯 '우연'이 모여 만들어졌다. 하루하루, 한 달 한 달, 일 년 일 년이 비슷한 학교생활 속에서 적당히 한가로운 날, 적당한 시간에 적절한 한 마디…

"선생님! 우리 시내에 가면 안 돼요?"

정말 뜬금없는 이야기였지만 그 순간 흘러나온 대답이 모든 일의 시작이었다.

"그래! 언제 갈까?"

내가 다니던 학교는 시골의 작은 학교였다. 아이들은 이미 시내에 자주 나가 보았지만 언제나 시내에 가고 싶어 했고, 여느 날처럼 시내를 가자고 이야기하고 있었다. 다만 그 순간 이전까지 없었던 용기가 샘솟아 갈 수 있을 것 같았고 가야 할 것 같았다.

당시 나에게 학생들과 함께 학교 밖으로 나가는 것은 매우 큰 일이었다. 학생들과 함께 학교 밖을 나가 본 경험은 각종 대회에 출전하는 학생들을 인솔하였거나, 업무 담당자를 중심으로 계획을 세워 일정을 짜고 장소를 섭외하고 차를 타고 멀리 떠났던 체험학습이 전부였었다. 그런데 이번엔 내가 우리 반 아이들만 데리고 홀로 학교 밖을 나서야 했다.

다른 선생님의 도움 없이 홀로 학생들과 학교를 나오는 것에 대한 두려움은 처음 준비하는 과정에서 누구나 겪어야 할 일일 것이다. 무엇을, 어떻게 해야 하는지 아무것도 모르는 상황에서 고민만 하다가 우선 체험학습을 진행하고 싶다고 선배 선생님과 교감 선생님, 교장 선생님께 말씀드렸다. 큰 걱정과 우려, 그리고 반대를 할 것이라 걱정했지만 모두 흔쾌히 그러라고 이야기해 주셨다. 그리고 체험학습을 실행하기 위한 절차에 대해 알려주셨고, 주의할 점과 다양한 Tip을 알려주셨다.

'왜 걱정하고 있었을까?'

나의 고민과 걱정이 무색하고 체험학습은 빠르게 진행되었다. 거창한 계획이나 준비에 시간을 쏟기보다 우리 반 아이들과 함께 무엇을 보고 무엇을 체험할지 어떻게 이동할지를 계획하고 준비했다. 그리고 창의적체험활동을 위한 간단한 체험학습 계획서와 안전 계획을 세우고 우리는 '시내 체험'을 위한 나들이를 떠나게 되었다.

두 걸음, 아이들의 체험길 = 나의 배움길

체험학습은 학교를 나서는 것부터가 시작이었다. 학교 통학버스를 이용할 수 있었지만 우리는 시내버스를 이용하기로 했다. 하루에 5번만 들어오는 차량이라 돌아오는 차량은 학교 통학버스를 이용하기로 하고 시내버스에 올랐다. 버스가 출발하면서 학생들은 동네 어른들을 만났고 다른 친구들을 어른들에게 소개하기 바빴다. 인사만 한 것뿐인데 무엇이 그리 신났는지 모르겠지만 쉬지 않고 웃으며 인사하기 바빴다. 잠시 버스가 달려 학구 내 중학교와 고등학교가 있는 곳을 지나자 아이들은 앞다투어 나에게 이야기를 하기 시작했다.

"선생님 저기 저 학교에 누구 다니는지 알아요?"
"선생님 우리 집에서 여기 학교까지 오면 버스로 30분이 걸려요."
"전 중학생이 되면 열심히 공부해서 돈을 많이 벌 거예요."
"전 나중에 커서 디자이너가 될 거예요. 게임 개발자도 좋고요."

해당 학교의 특징, 학교에 누구의 형제자매가 다니는지, 통학하기 위해 타는 시내버스의 시간과 버스 요금, 주변에 맛집이 있는지 등 다양한 정보를 알려주기도 하였고 중학교와 고등학교 이야기를 하며 자신은 무엇을 하고 싶은지 어떤 직업을 가지고 싶은지 꿈을 이야기해 주었다. 6학년인 우리 반 아이들에게 평소 진로 관련 활동을 하거나 상담을 하면서 이미 익숙히 듣던 이야기지만 이렇게 반짝이는 눈으로 즐겁게 이야기하는 모습을 보며 아이들보다 내가 더 많이 보고 듣고 배우고 있다는 것을 알게 되었다.

"애들아, 우리 다음에는 무엇을 해볼까?"

세 걸음, 우리의 배움길

처음의 경험이 용기를 주었을까? 다음 해 2학년 아이들과 함께였다. 2학년 교육과정이 마을을 담고 있었기에 교과와 연계하여 활동을 구성하고 마을로 향했다. 마을을 살펴보고 '마을 지도'를 만들기 위해 간단한 나들이 계획과 점심 도시락을 준비한 우리는 학교를 나섰다.

이번에는 걸어서 마을을 돌아보기로 했다. 생각보다 아이들은 학교 주변에 대해서 잘 알지 못했다. 매일 아침 통학버스를 타고 학교에서 내리고 학교 안에서 지내다 학교가 끝나면 다시 통학버스를 타고 집 앞으로 돌아가는 일상이었다. 자연을 뛰놀며 마을을 돌아다닐 것이라는 예상과는 달랐다.

학교에서 출발하여 학교 주변의 면사무소, 의용소방대, 보건소, 파출소, 우체국 등을 보며 우리는 앞으로, 앞으로 걸어갔다. 한적한 시골 길을 걸으며 꽃도 보고, 논과 밭, 개울, 그리고 우리가 가는 길에 있는 친구의 집을 보며 걸어갔다.

"야! 저기 우리 집이다!"

"오~ 나중에 놀러 가도 돼?"

"그럼~ 오면 우리 저기 놀이터 가자!"

"선생님~ 여기 이 꽃은 뭐에요?"

"선생님~ 여기 방아깨비 있어요."

"사마귀도 있어요~"

도란도란 이야기하며 걷기를 1시간여 어른의 걸음으로 그리 긴 거리는 아니었지만 아이들에겐 길고 힘든 길이었는지 지쳐서 하나, 둘 툴툴거리기 시작했다. 목적지에 도착하고 준비해온 간식을 먹으며 땀이 송글송글 맺힌 아이들의 얼굴을 바라보았다.

'지쳤나 보네. 이제 나오자고 하지 않겠지?'

학교 밖이 주는 에너지는 다른가 보다. 아이들이 마을로 나오지 않으면 어쩌나 하는 걱정은 말 그대로 걱정으로 끝이 났다.

"선생님, 우리 다음에 또 나와요."

"이번에는 오늘 간 길 말고 반대쪽으로 가요. 그쪽에 우리 집 있어요."

"난 그땐 김밥 싸올거야~"

학교 주변을 중심으로 마을 지도를 그리며 이야기를 나누어 보니 처음 단원을 시작하며 교실에서 이야기했던 것보다 많은 이야기가 나왔다. 마을에 무엇이 있고 어떻게 생겼으며, 무엇을 하는 곳인지 이야기할 수 있었다. 친구 집 주변에 꽃이 많이 피었고 예뻤다고 이야기하며 친구를 아끼고 마음을 표현하기도 했다.

아이들과 계절을 느끼며 이야기를 나누다 보니 새로운 학교로 가야 할 시간이 되었다.

네 걸음, 우연은 아닐까?

학교를 이동하면서 많은 것이 변했다. 작은 시골 학교이긴 했지만 학생들은 더욱 많았고 학교 주변도 그 전보다 컸다. 보다 많은 것을 볼 수 있을 것이라는 기대가 있었지만 나는 그 마을을 알지 못했다. 새로운 학교에서의 몇 달간 내가 우선 한 일은 학교와 마을을 돌아다니며 알아보는 것이었다. 어디에 무엇이 있는지, 아이들과 무엇을 함께할 수 있는지, 또 교육활동에 무엇을 적용할 수 있을지 어느 정도 알게 된 이후 6학년 아이들과 함께 마을을 나가 보기로 했다.

이번 체험학습의 목표는 마을 주변의 직업인들과의 인터뷰였다. 간단하게 질문을 하기 위해 학교 앞의 은행을 찾아갔다. 은행 직원분들은 우리를 친절하게 맞이하여 주셨고 아이들의 질문에도 자세히 답해 주셨다. 은행을 나와 다른 곳을 지나는 중 동네 어른들을 만나게 되었다.

"안녕하세요."

"어디 가니? 소풍 가?"

"인터뷰하러 가요. 공부하는 거에요."

"공부하는 거야? 아이구~ 착하네. 열심히 해~"

시키지도 않았는데 아이들이 어른들에게 인사를 했다. 아이들의 인사에 어른들은 웃으며 답해 주셨고 열심히 하도록 응원도 하셨다. 지나는 길에 슈퍼마켓 사장님은 아이들이 이쁘다며 음료수를 나누어 주셨고 아이들은 기뻐하며 신나게 다음 목적지로 향했다. 여러 곳을 지나 학교로 돌아오는 길, 교회 앞마당의 나무 그늘에서 쉬는 동안 교회 목사님을 만나게 되었다. 목사님은 아이들에게 시원한 물을 나누어 주셨고 그 기회에 아이들은 목사님에게 직업에 관해 인터뷰를 할 수 있었다. 감사의 마음을 전하자 오히려 아이들이 이렇게 밖으로 나와 활동하는 것을 볼 수 있어 기쁘다고 하시며 종종 놀러 오라고 하셨다.

마을에서의 인터뷰가 끝나고 우리는 '학교 안전지도 만들기', '마을 만들기' 활동 등을 하기 위해 몇 차례 학교 밖으로 나가게 되었고 그때마다 마을 주민분들은 우리를 환영하고 도와주었다.

"선생님~ 전에 학교 끝나고 지나가는데 어떤 어르신이 인사해주셨어요."

"슈퍼마켓 사장님이 요구르트도 주시고 칭찬해 주셨어요."

아이들은 어느새 마을과 만나고 있었다.

다섯 걸음, 새로운 도전

마을에서 교육활동을 하며 학생 성장 및 교육활동에 많은 도움을 받았다. 다만, 새로운 학교에 갈 때마다 새로운 정보를 탐색하고 교육활동에 적용하기 위해 고민하고 새롭게 계획해야 했으며, 혼자서 모든 것을 하기에는 시간도 자원도 부족했기에 어려움도 많았다.

그리고, 어려움을 느낄 때 행복교육지구(혁신교육지구)를 알게 되었다. 행복교육지구 파견교사로서의 시간은 교사로서 나를 성장시키는데 많은 자극이 되었다. 마을의 자원, 마을교육활동가, 마을 배움터 그리고 같은 고민을 하는 선생님들...

마을을 살펴보기 전의 나에게 수업은 교과서와 교실, 교구 이상을 생각하기 어려웠다. 아이들에게 다양한 체험과 삶과 연계한 교육 경험을 주고 싶다며 학교가 변화하기만을 기다리고 있었다. 하지만 나에게 필요한 것은 이미 학교 밖에 있었다. 내가 몰랐을 뿐.

학교 밖의 사람들, 시설들, 건물들, 장소 모두 수업을 위한 재료, 교구 같았다. 해당 분야의 전문 지식을 가졌거나 직업으로 하는 사람, 교육활동에 필요한 자료 및 기구, 학생들에게 다양한 문화와 사회를 알려주는 건물들과 장소들, 마을은 학생들이 보고 배우고 느끼고 체험하기에 부족함이 없어 보였다.

'마을에 대해 많이 배우고 알게 되었으니 다음 학교에선 더 잘할 거야!'

다음 학교는 학생 수도 800명이 넘어가고 학급 수도 40학급 가까이 되는 큰 학교였다. 학년에 1개 학급이었던 작은 학교들과 달리 큰 학교에서는 여러 동학년 선생님들이 있었고, 함께 학년의 교육과정을 수립하여 교육활동을 하고 있었다. 학교 교육활동 중 마을과 관련된 교육활동들이 주요 활동으로 운영되고 있었던 터라 손쉽게 나의 꿈(?)을 이룰 수 있을 것 같았다.

여섯 걸음, 홀로 감당하기엔 많은 학생 수

마을을 알기 위해 또는 마을의 자원을 활용하기 위해 마을로 직접 나가야 할 때가 있다. 시골의 소규모 학교에서 5~6명 많으면 10명 내외의 학생들과 함께하며 마을로 나갈 때는 한 번도 고민해 본 적 없던 문제였다. 하지만 시내 큰 학교에서는 학급 당 학생 수가 20명을 넘어 25명 가까이 되었고 선생님 혼자 많은 차량들 사이에서 학생들의 안전을 책임지며 마을로 걸어가야 했다.

"아이들 데리고 나가면 길도 건너야 하고 차도 쪽으로 이동하는 학생들 살피고 해야 해서, 아이들과 이야기할 시간이 없어요."

실제로 학교에서 진행되는 마을 관련 활동에 참여하면서 아이들의 안전에 신경을 쓰느라 온전히 주변을 돌아보며 아이들과 이야기할 시간이 없었다. 안전하다 생각되는 목적지에 빠르게 도착하기 위해 이동하며 아이들을 재촉할 수 밖에 없었다.

더구나 아이들과 이야기하기에는 시간도 공간도 많이 부족했다. 시내에 공원으로 지정된 곳을 빼면 20명이 넘는 아이들이 모여 있을 곳이 없었다. 마을의 역사가 담긴 상징물이나 작품, 주변의 모습을 살펴보려 하면 다른 주민이 다니는 인도를 막아버리게 되거나, 인도가 없는 경우 차와 사람이 함께 다니는 이면도로에서 이야기를 듣고 살펴보아야 할 때도 있어 나는 아이들에게 안전사고가 일어나지 않을까에 신경 쓸 수밖에 없었다. 그리곤 지나다니는 차를 보면서 한숨 지을 수 밖에...

'아~ 전에 그 마을에서는 찻길에도 차가 없었는데...'

투덜댄다고 해결될 문제도 아니고 단기간에 해결하기 힘든 문제이기에 새로운 장소나 방법을 찾기 시작했고 이 또한 마을에서 해결해 보기로 하였다.

다행히 학교가 있는 마을의 행정복지센터와 연결되어 도움을 요청하자 마을의 통장님들이 도움을 주실 수 있을 것이라 하였다. 통장님들과 연결을 위해 통장 협의회 회장님께 조심스레 학생들의 나들이에 도움을 줄 수 있느냐 여쭤보았고 너무나도 흔쾌히 도움을 주신다고 하셨다.

학년 선생님들께 알리자 바로 도움을 요청하시는 학년이 있었다.

"우리 학년 나들이에 도움이 필요해요. 인솔하고 교육활동을 하는 동안 학생들 뒤에서 안전하게 도움을 주셨으면 해요."

학년에서 계획한 교육활동 내용을 통장님들께 안내드리고 일정을 말씀드리자 시간 맞추어 통장님들이 오셨다. 담임 선생님 홀로 아이들을 인솔하던 마을 나들이에 1명의 보조자가 생겼다. 나들이가 끝나고 돌아오자 선생님들은 마음 편히 마을 나들이를 할 수 있었다며 매우 고마워하셨고 통장님들은 아이들이 이쁘다며 즐겁게 다녀올 수 있었다고 행복해 하셨다.
'한 고비 넘겼다.'

일곱 걸음, 나도 잘 몰라... 며느리는 알까?

학교의 구조상 일정 기간이 지나면 선생님들은 다른 학교 또는 다른 지역으로 이동하게 된다. 그리고 새로운 지역과 학교에서 다시 교육활동을 시작한다. 그래서 학생들보다 선생님들이 그 학교나 지역, 마을에 대해서 더 모르는 경우가 종종 있게 된다. 선생님들은 그 학교와 마을을 어떻게 알 수 있을까?

우리 학교는 선생님들을 대상으로 마을을 돌아보며 마을을 알아보는 연수를 진행했었다. 짧은 연수를 통해 선생님들은 그나마 학교 주변의 주요 장소를 익히고 마을에 대해서 이해할 수 있었다. 하지만 수업에 마을을 담기 위해서는 한 번의, 하루의 연수는 너무 짧은 시간이었다. 선생님들이 마을을 알아가는데 주어진 시간이 없다. 학교 수업이 끝나면 하루 정리와 내일의 수업 준비를 해야 하는 선생님들이 마을로 나가기에는 부담이 될 수 밖에…

'마을로 나가지 못한 선생님은 무엇을 할 수 있을까?'

마을로 나가지 못해 마을을 알기 어려워진 선생님들은 마을과 교육과정 연결에 어려움을 느끼고 이전 교육활동을 통해 마을을 알고 있는 선생님들의 의견을 따라가거나 이미 만들어진 프로그램을 활용하게 된다. 다양하고 풍부한 교육자원을 활용하기 위한 학교-마을 연계가 학급의 특성이 반영되거나 새로운 아이디어가 없이 기존의 프로그램을 답습하는 교육활동이 되어버리는 것이다.

선생님들이 마을로 나갈 수 있도록 돕기 위해 전문적학습공동체가 필요했다. 학교 주변 마을부터 나아가 지역의 마을에 대한 이해를 위한 학습공동체를 통해 선생님들부터 마을을 알고 마을을 이해하며, 다양한 교육자원을 찾기로 했다.

여덟 걸음, 모르니까 못하지…

잘 모른다는 어려움과 두려움은 선생님들을 소극적으로 만들게 된다. 나 역시 우연히 시작된 체험학습을 통해 마을로 나가는 것이 어렵지 않다는 것을 알게 된 초짜일 뿐이다. 수업을 하다 보면 내가 잘하지 못하거나 잘 모르는 분야가 있을 수도 있고 나보다 더 잘 알고 있는 사람이 있는 것도 있다. 하지만 어디서 도움을 얻어야 할지 모르기에 선생님 혼자서 끙끙 앓으며 고민하고 있다.

행복교육지구(혁신교육지구) 사업이 선생님들의 이러한 고민 해결에 도움을 줄 수 있으나 안타깝게도 많은 선생님들이 행복교육지구에 대해 잘 모르고 있었다. 마을교육활동가와 협력 수업을 진행했던 선생님들도 해당 사업이 무엇인지 기억하지 못하시기도 했다. 마을교육활동가 협력수업 이외에 다양한 프로그램이 있다는 것을 아시는 분들은 보다 적극적으로 해당 사업의 프로그램을 이용하려 하셨지만 여전히 많은 분들은 알지 못하고 있다.

행복교육지구를 통해 알게 된 단체 및 마을교육활동가분들이 교육과정에 어떻게 연결될 수 있는지 안내하고 선생님들은 교육과정에 적용을 하고는 있지만 아직은 단순 협력관계에서만 이루어질 뿐 교육과정 운영에 깊은 협력을 하고 있지는 못하다.

"그런데, 교육과정 수립 전에 알고 있으면 교육과정에 반영할 텐데 보통은 교육과정 수립이 끝나고 알게 되니까…"

사실 행복교육지구의 사업 안내는 학기가 시작되기 전에 이루어지고 있지만 행복교육지구에 대해 잘 모르는 분들이 많은 만큼 그 사실을 잘 알고 계시는 분도 많지 않다.

아홉 걸음, 그런데.. 꼭 해야해?

담임교사의 업무는 보는 것보다, 생각하는 것보다 많다. 하지만 보통의 경우 정규 수업 시간을 제외하면 담임교사의 업무가 없거나 많지 않다고 생각하기도 한다. 수업이 끝나고 그 날을 정리하며 학생들과 상담을 하거나 학부모와 상담을 하기도 하고, 다른 날의 수업을 준비하는 것 이외에도 학년 활동을 위해 협의를 진행하거나 전문적학습공동체 및 연수에 참여하는 등 많은 시간이 필요하다. 더구나 한 학급을 도맡아 홀로 모든 일을 처리하는 선생님들이 마을의 누군가와 아니면 마을의 어딘가와 함께 무엇을 해야 한다는 것도 큰 부담이다.

"지금 교육과정 운영하는 것도 바쁜데, 꼭 마을과 함께 해야해? 대략적인 계획이라도 있으면 시작해 보겠지만 아직은 너무 힘든데…"

이미 우리 학교는 아이들의 성장과 발달을 위해서 많은 것을 하고 있었다. 놀이 교육, 생태교육뿐만 아니라 다양한 자치활동과 연계 활동이 이루어지고 있으며, 학년별로 특색 활동을 하고 나름의 특색있는 학급 운영을 이야기하고 있다.

더해서 학교-마을 연계 교육과정을 운영한다는 것은 그 중요성과 필요성을 인식하고 실행하고자 마음을 먹지 않은 이상 부담스러울 수밖에….

한 해를 보내며 선생님 대상 연수도 하고 요청도 했지만 선생님들 마음은 쉽게 움직이지 않았다. 학기, 학년말이 되어 서로의 교육과정을 나누는 자리에서 마을에서의 교육 활동이 성공적이고 보람찼다는 다른 선생님의 이야기에는 귀 기울이고 계셨다.

마을에서 교육자원을 찾으시는 분들이 생겨나고 도움을 필요하다고 생각되는 선생님들께 지속적으로 마을에서 할 수 있는 교육활동을 이야기하기 시작했다.

4학년 '우리 지역의 공공기관'을 배우기 위해 행정복지센터와 연결을 하였다. 행정복지센터에 방문하기로 결정이 되면서 나머지는 자연스레 주변의 다른 공공기관을 찾아가 보고 그 주변을 살펴보는 것으로 진행이 되었다.

행정복지센터에서는 이전에 진행했던 통장님들과의 활동에 대해 익히 알고 있던 터라 학생들의 방문을 환영했고 학생들이 많은 것을 배우고 느낄 수 있도록 준비해 주셨다. 동장님께서 행정복지센터의 역할과 주민을 위해 하는 일들을 설명하고 학생들이 직접 민원 서류를 발급받아 보도록 체험활동을 준비하였으며 마을의 주민인 학생들의 의견을 듣고자 게시판을 설치하고 학생들의 의견을 받았다. 마을을 아름답게 가꾸고 꾸미는데 학생들도 참여할 수 있도록 꽃 모종을 선물하며 함께 마을 가꾸기에 참여하도록 제안하는 등 단순히 견학학고 바라보는 활동에서 우리가 살고있는 마을에서의 삶을 직접 체험할 수 있는 경험을 제공해 주었다.

해당 경험은 선생님들의 눈빛도 바뀌게 만들어 주었다. 마을의 다양한 자원을 직접 체험하고 아이들과 함께하던 선생님들은 학교로 돌아와 그 경험을 칭찬하고 다른 선생님들께 전달하기에 바빴고 이야기를 전해 들은 선생님들은 각 학년, 학급에 맞는 마을의 다른 교육자원을 찾기 시작했다.

열 걸음, 많지만 없다.

큰 학교로 학교를 옮기며 가장 기대했던 부분은 교육활동을 위한 다양한 공간과 시설이었다. 공간도 많고, 다양한 교육 기자재 및 교구, 시설들이 충분해 학교 내에서의 교육활동도 수월하게 진행할 수 있고 학교의 공간과 시설을 이용해서 마을의 자원을 활용한 교육활동은 좋은 학교-마을연계 교육활동을 할 수 있을 것이라는 기대였다. 하지만 큰 학교는 공간과 시설이 많은 만큼 학생과 학급도 많았다. 기본적인 교실과 특별실도 부족한 상황에서 학생이 학교에서 마을과 함께하기에 학교는 컸지만 좁았다.

학교 밖으로 나가는 활동을 하는데도 어려움이 생겼다. 시골의 작은 학교에서 통학버스를 이용하여 걸어서 가기 어려운 장소도 방문하고 함께 할 수 있었던 것에 비해 큰 학교에서 차량을 이용하기 위해서는 자부담을 이용하는 방법과 학교의 예산을 이용하는 방법을 통해 차량을 계약하고 이용해야 했다. 자부담의 경우 예산 수립 시 반영되어야 하다 보니 사전에 충분히 계획된 활동 위주로 진행되어야 했고 긴 시간이 필요했다. 학교 예산을 이용하는 경우, 동학년이 함께 활동하게 되면 많은 차량이 필요했고 예산도 많이 필요했다. 내가 원하는 것은 커다란 행사가 아니라 필요에 따라 쉽고 간단하게 마을과 함께할 수 있는 활동이었지만 한 번의 움직임이 커다란 행사로 돌아오게 되면서 나는 다시 겁쟁이가 되는 것 같았다.

이 넓은 마을에 내가 갈 곳이 없다. 다양한 직업과 공간들이 학교 주변에서 운영되고 있지만 실제 학생들과 함께 갈 곳이 많지 않았다. 공공기관이나 교육과 관련된 활동을 하는 곳 등을 제외하면 대부분은 학생 체험을 위해 별도의 비용이 필요한 곳들이었으며, 학생들이 활동하는 모습을 반기지 않는 곳도 있었다.

마을교육활동가 분들이 소개되고 있었지만 우리학교 주변의 마을을 알려주고 함께할 분들은 많지 않았고 대부분 특기적성 교육을 위해 특기를 가지고 교육활동을 하시는 분들이라 내가 원하는 교육활동을 함께 해 줄 분들을 만나기도 힘들었다.

결국 내가 원하는 교육활동을 위해선 내가 직접 찾아다녀야 했다. 다행히 행복교육지구를 통해 알게 된 분들을 통해 다른 선생님보다 쉽게 접근할 수 있었지만 실제 행동에 옮기는 것이 쉬운 일은 아니었다.

서울의 어느 지역처럼 학교와 마을을 연계해 주는 것을 전문적으로 하는 코디네이터가 있다면 어떨까? 하는 생각이 머릿속을 맴돌았다.

다시 한 걸음, 느리지만 확실한 한 걸음

내 이야기가 남들에게 자랑할 만한 것은 아니다. 하지만 착실히 한 걸음씩 마을로 향하는 발걸음을 내딛고 있다고 생각한다. 작은 학교에서의 소중한 경험이나 큰 학교에서의 어려움, 모두 나를 마을로 나아가게 하고 있다.

누구에게나 새로운 경험은 두렵고 어렵다. 나이나 경험이 많다고 새로운 것이 두렵지는 않다. 새로운 경험을 앞에 두고 충분히 바라볼 수 있는 시간을 주면 언젠가는 느리지만 확실한 한 걸음을 내딛을 것이라 생각한다.

교육의 흐름은 학교 안을 벗어나 학교 밖을 향하고 있다. 아직 변화하지 않는 학교의 문화나 공간이 준비되어 있지 않은 경우가 많다. 모두가 함께 한 걸음을 내딛는다면 학교도 마을도 바뀌지 않을까?

3부 마을과 살아가기

1장 마을의 현안문제, 학교가 함께 해결할 수 있을까?

CHAPTER 1 마을이 던진 물음표, 아이들과 만나 느낌표가 되다 ——— 주민우

CHAPTER 2 삶과 배움이 함께 하는 수업, 마을에서 그 답을 찾다 ——— 이경하

2장 학습자 주도성, 마을에서 찾을 수 있을까?

CHAPTER 1 자유학년제로 본 학생 중심 마을연계교육 ——————— 오혜영

CHAPTER 2 마을에서 살아가는 학생들의 주인 되기 여행 ————— 조혜진

1장 마을의 현안문제,
학교가 함께 해결할 수 있을까?

주민우 (옥천 동이초등학교우산분교장 교사)

'세렌디피티', 우연한 기회에 중대한 발견을 하거나 깨달음을 얻는 것. 학교 끝나고 친구들에게 배운 두발자전거 타는 법, 동네 어르신께 혼쭐나며 배운 인사 예절, 할머니께 배운 거스름돈 계산 법. 우리가 어린 시절 마을에서 우연한 기회에 배운, 사는 날까지 유효한 삶의 지혜들이다. 아이들은 마을로 걸어 나가 수많은 삶의 세렌디피티를 마주할 수 있다.

CHAPTER 1

마을이 던진 물음표, 아이들과 만나 느낌표가 되다

마을 사람들의 눈으로 바라보면 보이는 것들

보기만 해도 예쁜 마을로 걸어 들어가고 싶다

우산분교는 금강 상류에 자리 잡은 동이면 우산2리 마을 한복판에 자리잡고 있다. 금강을 등진 채 작은 마을 안에 포근하게 안겨 있는 분교의 모습을 보면 어린 시절 동화책에서 보았던 따뜻한 시골 풍경이 떠오른다. 이곳에서 근무를 시작하며 분교 생활에 대해 설렘은 물론 왠지 모를 뿌듯함 또한 느꼈다. 요즘 찾아보기 힘든 단층의 교사(校舍), 자갈밭 사이로 유유히 흐르는 금강, 형형색색의 낮은 지붕들과 이웃하고 있는 분교의 모습 때문이기도 하지만 분교 자체를 잘 찾아볼 수 없는 도시화 된 현대 사회에서 다른 교사들은 흔히 하지 못할 경험이기 때문이기도 하다. 보기만 해도 예쁜 이 마을로 아이들과 함께 걸어 들어가고 싶어졌다. 이것이 내가 교사로서 학교 밖 마을에 대해 처음으로 관심을 갖게 된 계기다. 아이들과 함께 우리가 이 아름다운 마을에서, 마을을 위해 어떤 일을 할 수 있을지 고민하게 되었다.

우리 반 급훈 '분교를 넘어'

"○○아, 너 영어 낱말 잘 알잖아. 발표 좀 해봐, 제발."

본교로 등교한 분교 아이들이 주눅 들어 있다. 잘하던 발표도 하지 않고 대놓고 대답을 요구해도 목소리가 기어들어간다. 분교 아이들은 매주 월요일과 화요일에 본교로 등교해 공부한다. 이것이 바로 분교 아이들의 '우물 안 개구리'화를 막기 위한 연합교육과정이다. 분교 6학년 아이들은 6년째 본교에 오고 있지만 여전히 스스로 손님의 자격을 벗어나지 못한다. 단 한 번도 '남의 집에 왔으니 얌전히 잘 있다가 가.'라고 가르친 적이 없는 담임은 괜히 속이 상한다.

그래서 정해진 우리 반의 급훈은 '분교를 넘어'다. 작은 학교에 다니지만 생각은 크게 하자는 의미에서 아이들과 함께 정한 급훈이다. 급훈 달성을 위해 이 아이들의 자존감이 진정 분교를 넘어서기 위한 트레이닝이 시급했다. 아이들이 '그나마' 불편함을 느끼지 않는 상태에서 맘껏 사람들을 만나고, 대화하고, 웃으며 자신감 트레이닝을 할 만한 곳은 어디일까? 자신의 인생이 펼쳐지고 있는 마을이라면 아이들도 편안하게 무언가를 시도해 볼 수 있지 않을까.

사실 요즘 마을 역시 아이들과 비슷한 문제를 지니고 있다. 작은 학교 아이들의 자존감 하락 모습은 저출산·고령화로 인해 성장 동력을 잃은 우리 농촌의 모습과 닮아있다. 어쩌면 늙어가는 우리 농촌의 모습이 그 안에 있는 학교까지 전이된 결과라고 할 수도 있겠다. 마을에도 아이들의 젊은 활기와 더불어 여러 세대가 함께하는 소란한 웃음소리가 필요하다. 학생들이 마을이라는 교육의 장으로 진출하여 어떠한 문제를 해결하며 자존감을 회복하는 과정은 아이에게도, 마을에게도 새로운 활기와 성장 동력을 찾는 계기가 될 수 있다. 통합된 학교와 마을이 서로의 존재감과 자존감을 높여가는 과정을 경험하며 함께 성장하는 기회를 만들어야 한다.

세렌디피티

요즘 '세렌디피티(Serendipity)'라는 말이 종종 들린다. '우연한 기회에 중대한 발견을 하거나 깨달음을 얻는 것'을 뜻하는 영어 낱말이다. 과학 분야에서 많이 쓰이는 용어이지만 이 낱말을 '우연한 기회에 얻은 깨달음'이라고 규정한다면 금강유원지에서 사제동행 산책을 하던 '그 날'의 우산분교 친구들에게도 적용되는 낱말일 것이다.

'그 날'은 학급 내 작은 다툼 끝에 금강휴게소가 있는 금강유원지로 산책을 나갔다. 금강유원지는 학교에서 도보 20분 거리다. 경치를 감상하고 금강휴게소에서 간식도 사먹으며 기분을 풀기 위함이었다.

금강에는 왜가리, 백로, 민물가마우지 등 많은 새들이 살고 있다. 그 날따라 금강 여울에서는 민물가마우지가 떼를 지어 사냥을 하고 있었고 그들의 둘레에 백로와 왜가리가 유유히 서서 사냥을 즐기고 있었다. 다른 종류의 새들이 '원 팀'으로 서로 어우러진 모습을 보며 아이들도 서로의 다툼을 잊은 지 오래였다. 그렇게 금강휴게소에 거의 다 도착할 즈음 우연히 마을 이장님을 만나게 되며 우리의 프로젝트는 시작됐다.

마을 사람들의 눈으로 바라면 보이는 것들

아이들은 부끄러운 듯 이장님께 여기까지 오게 된 경위를 설명드렸다.

"민물가마우지들 사냥 솜씨를 구경하면서 기분이 다 풀렸어요. 오늘은 저쪽 여울에 떼를 지어있던데요?"

그때 이장님의 표정이 아이들과는 다르게 사뭇 어두워졌고 이내 말씀하셨다.

"저 민물가마우지들은 원래 더운 나라에서 살던 놈들이여. 몇 년 전쯤만 하더라도 여기서는 보이지 않던 놈들이여. 근데 이놈들이 언제부터인가 여기에 눌러 앉더니 물고기도 무한정 잡아먹어서 우리 어부들 피해가

막심해요. 아마 민물가마우지 한 마리가 하루에 물고기를 3kg 정도 잡아 먹는다지?"

순간 우리 얼굴이 굳어졌다. 우리는 민물가마우지가 금강유원지를 대표하는 일종의 마스코트처럼 여겼다. 그런데 이 귀여운 것들이 마을 사람들에게 피해를 주는 생면부지 외래종이었다니. 듣고 보니 동남아 어디 더운 나라에서 전통 방법이라며 민물가마우지를 활용해 낚시하는 사람들의 모습을 본 것 같았다. 잡은 물고기를 삼키지 못하게 민물가마우지의 목을 꽉 묶어놓고 이를 중간에서 낚아채는 사람들의 모습과 함께. 게다가 우리가 봤던 새들의 '원 팀 사냥'은 민물가마우지가 잠수 사냥으로 강 중간의 물고기들을 주변으로 몰아내면 강 주변에서 기다리고 있던 왜가리와 백로가 기다렸다는 듯 그들을 낚아채는 '토끼몰이'식 사냥이란다. 그 구역에 있던 물고기들의 씨가 마르는 것은 당연지사. 이렇듯 마을 사람들은 우리와 전혀 다른 안목으로 가마우지를 바라보고 있었다. 나와 아이들은 마을을 사랑하는 사람으로서, 또 마을의 일원으로서 그들의 걱정거리를 공감하지 못했다는 부끄러움 비슷한 감정을 함께 느끼고 있었다.

마을이 던진 물음표, 우리가 느낌표로 바꿔볼까?

마을이 던진 물음표, 민물가마우지 쇼크

학생들에게 민물가마우지 이야기는 적잖은 충격이었다. 원래 우리 반 아이들은 곤충과 동물에 관해서라면 해박한 생물 박사들. 안그래도 베스, 블루길 등이 우리 금강의 토종 수생 생태계를 위협한다는 것은 잘 알고 있었다. 여기에 갑툭튀한 민물가마우지가 등장하니 꽤나 복잡한 마음인가보다. 한 아이가 말했다.

"원래 더운 나라에 사는 아이들이라면 기후변화 때문에 이곳에 온 것 같아요. 우리나라도 쟤네들이 살던 곳과 같이 더워졌다는 뜻이니까요. 사람이 문제에요. 민물가마우지들은 죄가 없어요."

송곳같이 냉철한 그의 발언에 나도 모르게 교사로서의 직업병이 발동했다. 그야말로 프로젝트의 태동.

"○○이가 우리에게 아주 좋은 질문을 던졌다. 민물가마우지도 죄가 없고, 더욱이 우리는 생명을 존중해야 하니 민물가마우지를 함부로 쫓아낼 수도 없어. 어떻게 토종 물고기와 어부, 민물가마우지가 공존할 것인지 공부해보지 않을래?"

당연히 동물을 사랑하는 우리 반 아이들은 이 프로젝트, 대 찬성이다. 마침 달력을 확인하니 얼마 후 바다의 날과 환경의 날이 다가오고 있었다. 이것이 민물가마우지 쇼크가 일으킨 분교 4~6학년 학생들의 주제 중심 프로젝트 학습의 시작이다.

주제 중심 프로젝트 학습 수업 의도

우리가 살고 있는 충청북도는 우리나라에서 유일하게 바다가 없다. 하지만 우리 마을에는 바다에 버금가는 충청의 젖줄, 금강과 대청호가 있다. 다가오는 바다의 날과 환경의 날을 맞이하여 우리 마을의 바다 환경은 어떤지 궁금해졌다.

〈중략〉

가마우지들의 현란한 사냥 실력을 즐겁게 감상하던 우리들의 표정이 어두워졌다. 그 순간, 우리의 눈에 보이지 않던 것들이 하나 둘 보이기 시작했다. 옆에 있던 한 낚시꾼은 어마어마한 크기의 베스를 낚아 올렸고 낚시꾼의 주변에는 누가 버렸을지 모를 낚시 폐기물들이 즐비했다.

아름다운 줄로만 알았던 '우리의 바다' 금강. 그 안에 마냥 아름답지 못한 것들이 감춰져 있다. 우리는 마을의 일원으로서 마을 사람들의 입장이 되어 그들이 실질적으로 처한 문제에 대해 관심을 가질 필요가 있다. 또한 마을의 문제 해결 과정에 적극적으로 참여하여 해결함은 물론 우리의 활동을 많은 사람들에게 알려 선한 영향력을 전파할 수 있어야 한다. 금강을 찾아오는 가마우지, 낚시꾼 등 생태계 구성원들이 '반가운 손님'이 되려면 어떻게 해야 할까? 생태계 구성원 모두가 공존할 수 있는 방법은 과연 무엇일까?

공든 탑이 무너지랴, '학습 내용 스스로 구성하기'

이번 프로젝트는 이름하여 '주제 중심 프로젝트 학습'이다. 따라서 아이들이 프로젝트 학습에 어울리는 적절한 주제를 선정하고 학습 내용을 스스로 구성해보는 오리엔테이션으로 활동을 시작하였다. 오리엔테이션 활동은 학생들이 어떤 활동을 하고 싶어 하는지 알고 싶어 시작한 것도 있지만 학생들이 왜 이 프로젝트를 시작했고, 왜 해야만 하는지 학습 동기를 스스로 각인할 수 있도록 하는 것도 중요한 의도였다.

학습주제망 구성을 위한 학습지

주제중심 프로젝트 수업	오리엔테이션	
오리엔테이션	프로젝트 학습 활동 구성 및 주제 선정	
학년 - 반	이름	

- 인터넷에서 '바다의 날'과 '환경의 날'을 검색하여 정보를 탐색해봅시다.

기념일	날짜	기념일을 만든 이유
바다의 날		
환경의 날		

- 바다의 날과 환경의 날에 하고 싶은 의미 있는 활동을 생각그물 형태로 적어 봅시다.

기념일	하고 싶은 활동
바다의 날	
환경의 날	

- 우리 마을에서 해보고 싶은 환경 관련 프로젝트의 주제와 내용은 무엇이 있을까요?

프로젝트 활동 주제	프로젝트 내용

- 바다의 날과 환경의 날을 맞아 진행하는 우리의 환경 프로젝트의 이름은 무엇으로 하는 것이 좋을지 제안해봅시다.

프로젝트 이름	
제안 이유	

선생님의 '양념', 필요 없어요.

가열차게 오리엔테이션을 준비하긴 했지만 걱정스러웠다. 아이들이 학습주제망을 작성하여 스스로 학습 내용을 구성한다는 것이 다소 어려울 것이라고 생각했기 때문이다. 그래서 오리엔테이션 활동 중 나의 '양념'은 출격 대기 상태였다. 하지만 내가 주제넘었다. 이 아이들은 동물과 생태계라면 나보다 훨씬 박학다식한 생물 박사들이었다.

"선생님, 민물가마우지가 원래는 겨울에만 간간이 보이는 철새였대요. 그럼 추운 날씨를 좋아한다는 얘기 아닌가요?"

듣고 보니 그렇다. 역시 우리 아이들이다. 추운 날씨를 찾아온 겨울 철새라면 더운 여름이 되었을 때 돌아가야 맞는 것이다. 기후변화가 민물가마우지들의 체질까지 바꿔놓지는 않았을 터.

"선생님도 잘 모르겠다. 나 조류공포증 있어. 우리 정보를 좀 더 찾아보자."

아이들은 정보를 더 찾아보더니 의아한 표정을 지었다. 민물가마우지가 텃새화 되기 시작한 것이 10여 년 남짓. 그러다보니 국내에서 민물가마우지의 번식과 서식에 대한 연구가 거의 없어 모든 정보가 부정확하다는 것이다. 각 지자체나 내수면연구소에서 부랴부랴 민물가마우지의 생태 연구를 시작할 것이며 아직은 이것이 원래 어떤 놈이고, 왜 여기에 정착했는지 누구도 정확하게 알지 못한다는 말씀. 그동안 사람들은 우리처럼 민물가마우지의 노련한 잠수 실력에 감탄이나 하고 있었던 것이다. 어쨌든. 박사님들께서도 잘 모르는 문제를 우리가 어찌 알까. 우리가 민물가마우지와의 공존을 위해 할 수 있는 것은 많지 않아 보였다.

"선생님, 사람들이 아직 민물가마우지에 대한 문제를 모르잖아요. 사람들이 관심을 갖고 연구할 수 있도록 우리가 빨리 알려야 할 것 같아요. 사람들한테 알릴 수 있는 방법을 찾아야 해요!"

도와줘요, 학생자치회!

아이들은 '자료의 황무지'에서 벗어나기 사람들과의 적극적인 연대를 탈출구로 생각하고 있었다. 그때, 후배들을 이끌고 프로젝트 학습의 중추 역할을 하는 6학년, 그중에서도 분교 학생자치회장이 새로운 의견을 제시하였다.

> "선생님, 저희 어차피 학생자치회에서도 올해 마을의 환경문제 해결에 참여하는 것을 목표로 세웠잖아요. 저희랑 비슷한 목표 아닌가요? 학생자치회 활동과 같이 활동하면 좋을 것 같아요!"

본교와 분교가 함께하는 학생자치회에서는 연간 활동 계획 중 하나로 '마을의 환경문제 해결하기'를 선정한 상태였다. 분교의 프로젝트 활동과 학생자치활동이 만나 '누이 좋고 매부 좋은' 풍성한 프로젝트를 이루자는 아이디어. 우리는 프로젝트에 대한 안건을 전교생과 학생자치회의 협의체인 학생다모임에 제시하였다. 학생자치회는 학생다모임을 통해 교내 포스터 공모전 등의 활동을 추진하고 공모작 전시회, 환경정화 활동 등이 마을로 진출할 수 있도록 도와주었다.

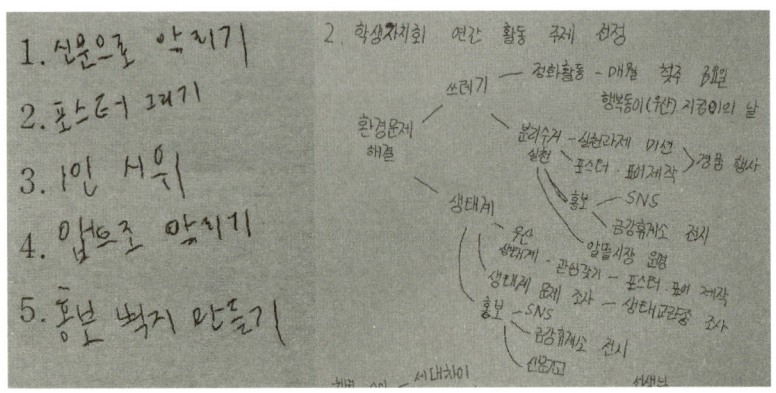

안건 제안 이후 학생자치회에서 구체화한 학습주제망

학생자치회의 도움으로 생태계 교란 문제와 쓰레기, 분리수거, 기후변화 등 환경문제 전반을 아우르는 주제 중심 프로젝트 학습주제망이 완성되었다.

느낌표를 찾기 위한 마을 여행기

출발, 주제중심 프로젝트 학습

우리는 프로젝트를 '금강을 찾아온 반가운 손님이 되어주세요'라고 이름 지었다. 처음에는 민물가마우지와 같은 외래종들을 '금강을 찾아온 반갑지 않은 손님'이라고 규정하여 동일하게 프로젝트 주제를 정하자는 의견이 많았다. 하지만 민물가마우지와 같은 외래종이나 생태 교란종도 기후변화와 인간의 욕심에 의한 피해자라는 ○○이의 의견과 주제가 생태계 교란 문제에 국한된 느낌을 주는 것 같다는 교사 의견, 금강유원지에 놀러와서 쓰레기를 마구 투척하는 '반갑지 않은 손님'인 관광객들을 깨우쳐서 '반가운 손님'이 될 수 있도록 도와야 한다는 다른 아이들의 의견이 반영된 결과였다.

오리엔테이션 이후 완성된 주제중심 프로젝트 학습 계획

학년		활동 내용	핵심 활동
1주 차			
		바다의 날과 환경의 날을 맞이하여 최근 환경 이슈를 인지하고 주제중심 학습주제망 만들기	
창1 사2	4	창체. 학생다모임 사회3. 지역의 공공기관과 주민참여	• 바다의 날과 환경의 날에 하고 싶은 활동을 포스트잇에 적어 선별하기 • 우리 마을에서 할 수 있는 환경 프로젝트 활동 학습주제망 완성하기 • 학생다모임을 통해 환경문제 해결을 위한 프로젝트 활동 학습주제망 보충
	5	창체. 학생다모임 사회1. 국토와 우리 생활	
	6	창체. 학생다모임 사회1. 우리나라의 정치 발전	
2주 차			
		마을과 금강의 환경 문제를 파악하고 문제의 원인을 분석함	
창2 국1	4	창체. 봉사활동/마을교육 국어4. 일에 대한 의견	• 인터넷 검색을 통해 환경 이슈(키워드) 그림 카드를 만들어 '몸으로 말해요' 게임하기 • 마을가심날 활동하며 마을의 환경 문제 포착하기 • 마을 주민들을 인터뷰하여 마을의 환경 문제 보고서 작성하기
	5	창체. 봉사활동/마을교육 국어1. 대화와 공감	
	6	창체. 봉사활동/마을교육 국어8. 인물의 삶을 찾아서	

		3주 차	
		마을과 금강의 환경 문제에 대한 해결 방법을 탐구함	
과2 미2	4	과학1. 재미있는 나의 탐구 미술1-3. 여러 가지 재료와 표현	• 전문가 인터뷰(마을선생님)를 통해 금강 수생 생태계를 관찰하고 토종과 외래종의 생태 특성 파악하기 • 토종 수생 생태계와 생태교란종의 생태 도감 만들기
	5	과학2. 생물과 환경 미술2-1. 그림으로 말해요	
	6	과학1. 과학자처럼 탐구해요 미술1-3. 널리 알리는 디자인	
		4주 차	
		도출된 문제 해결 방법을 실천 및 홍보하여 많은 사람들의 동참을 요구함	
국2 미2 도1 창1	4	국어8. 이런 제안 어때요 미술1-3. 여러 가지 재료와 표현 도덕3. 아름다운 사람이 되는 길 SW	• 신문 기사를 기고하여 생태 교란 문제에 대해 사람들에게 알리기 • 행복한 우산 생태계를 주제로 포스터 그리기 및 표어 공모대회 개최하기 • 프로젝트 학습 결과와 공모대회 입상작을 금강휴게소에 전시하여 캠페인 활동하기
	5	국어6. 토의하여 해결해요 미술2-1. 그림으로 말해요 도덕1. 바르고 떳떳하게 SW	
	6	국어3. 짜임새 있게 구성해요 미술1-3. 널리 알리는 디자인 도덕2. 작은 손길이 모여 따뜻해지는 세상 SW	

기본은 알고 가야지?

우리 마을에서는 어떤 환경문제가 일어나고 있을까? 마을로 나가기 전, 환경문제에 대한 개념 학습을 위해 인터넷에서 최근의 환경 이슈를 탐색해보도록 했다. 자신이 탐색한 환경문제의 개념을 키워드가 담긴 그림 카드로 만들었고 이를 다른 친구들과 공유하는 과정을 통해 개념을 구체화할 수 있도록 '몸으로 말해요' 게임을 활용하였다.

'마을가심날', 청소만 하는 날이 아니에요

아이들이 만든 학습주제망에 매월 첫째 주 금요일 '행복 우산 지킴이의 날'이 있다. 이날은 아이들이 마을로 직접 나가 쓰레기를 주우며 환경 정화에 앞장서는 날이다. 이 특별한 날의 명칭은 4학년과 6학년, 외국어 남용 실태를 비판하는 국어 수업 이후 '마을가심날'로 바뀌었다. '청소하다'의 순우리말인 '가시다'를 활용해 만든 예쁜 한글 이름이다.

마을가심날 활동에 앞서 고민이 있었다. 아이들을 동반하여 학교 밖을 함부로 나갈 수는 없기 때문. 교사 협의체인 교사다모임에 안건을 제시하여 마을가심날을 창의적체험활동의 봉사활동 시수를 활용하는 것으로 문제를 해결하였다.

마을을 청소하며 쓰레기봉투만 두둑해지는 것이 아니었다. 마냥 덥고 귀찮아할 줄 알았던 아이들의 뿌듯함과 자부심도 두둑해졌다. 또한 아이들의 환경을 사랑하는 마음도 두둑해졌다. 마을 청소는 그동안 배운 환경문제가 마을에서도 심심치 않게 벌어지고 있음을 파악하는 기회가 되어주었다.

마을로 나가면 뜻밖의 배움을 마주할 수 있어요

마을은 아름다운 풍경과는 달리 쓰레기 문제를 비롯한 금강의 부유

물로 인한 녹조 문제, 강에 낚싯대를 넣었다 하면 딸려 나오는 생태계 교란종 문제 등이 다양하게 발생하고 있었다. 특히 아이들은 학교 앞 수로에 살고 있는 개구리들을 올챙이 시절부터 사랑 가득한 눈으로 관찰해왔는데 이것들이 어엿한 개구리로 성장하자마자 단체로 폐사하여 충격이 이만저만이 아니었다. 아이들은 원인을 농약 사용 문제로 추정했지만 교실로 돌아와 정보를 막 뒤지더니 개구리들 사이에서 돌고 있는 전염병이 원인일 수도 있다며 떠들었다.

어느 날은 마을가심날 활동 후 학교로 돌아오는 길에 특별한 경험을 했다. 건장한 남자 여러 명이 금강 여울에서 뜰채 낚시를 하기에 그렇게 물 속에서 마구잡이로 낚시를 해도 되는 것인지 견제하려는 차원, 어떤 것들을 잡았는지 구경하려는 다소 양면적인 차원에서 가까이 다가갔다. 알고 보니 이분들은 환경부에서 파견 나와 금강의 생물 측정 후 표본 사진을 찍는 일을 하고 있었다. 환경부 아저씨들은 다정한 목소리로 금강에 살고 있는 여러 토종 물고기들을 소개해주셨다. 이를 통해 금강 생태계에 대한 아이들의 관심이 급격히 높아져 직접 금강 생태계를 관찰할 때가 되었다며 나를 재촉하였다.

생태 관찰, 도와줘요 마을선생님

금강 속 생태계 관찰을 어떻게 해야 할까? 아무래도 낚시, 투망 등의 방법을 써야 할 것 같은데 쏘가리 금어기이다 뭐다 해서 선뜻 낚시에 나서기에 겁이 났다. 그때 생각난 한 사람. 바로 민물가마우지 쇼크를 제공하여 이 프로젝트 학습의 도화선이 되어주신 이장님이다. 이장님은 민물낚시 조업을 합법적으로 해도 되는 '어부 면허'의 소유자이자 우산리에서 나고 자라 이곳에 대해서라면 모르는 것이 없는 분이다. 그렇게 이장님께 마을선생님이 되어 달라 부탁드렸다. '뿌린 대로 거두시라'는 말씀과 함께.

마을선생님께서 물고기 채집을 위해 멋진 투망 쇼를 보여주셨다. 아이들의 감탄과 환호에 마을선생님의 입꼬리는 물론 생태 수업의 질이 매우 올라가고 있었다. 학교 안에서 우리끼리는 절대 할 수 없는 활동들이 마을선생님의 도움으로 수월하게 진행되었다. 마을선생님께서는 각종 토종 물고기들의 식생에 대한 설명은 물론 채취와 포획이 금지된 어종을 함부로 다루면 어떻게 되는지도 설명해주셨다.

우리의 느낌표를 세상에 알리다

우리가 생태계를 기억하는 방법, 생태도감 만들기

아이들이 금강과 앞산에 우리가 지켜줘야 할 소중한 가족들이 있다는 것을 알게 되었다. 기후변화가 우리 바람처럼 빠르게 해결될 문제는 아니기에 앞으로 이 가족들이 어떤 운명에 처하게 될 것인지 아무도 모르는 법. 아이들은 이 소중한 가족들을 기록으로 남기고 싶다고 말했다. 원래 이 아이들은 동물을 사랑하는 것은 물론 쉬는 시간도 온통 스케치북에 낙서를 하면서 보내는데, 이 별난 능력들을 십분 활용하여 금강 생태도감을 만들기로 했다. 아이들은 이 생태도감에 우산리 생태계 구성원들을 사랑하는 마음은 물론 많은 사람들에게 이들을 지켜주고 보호해달라는 메시지를 담았다. 우리의 선한 마음이 추후 열릴 금강휴게소 전시회를 통해 여러 사람들에게 전달되기를 간절히 바라는 마음과 함께.

아이들이 만든 생태도감

보여줄 때가 됐다. 우리의 선한 영향력

일련의 프로젝트 활동을 통해 아이들은 본질적인 프로젝트 학습의 목표를 다시 생각해야 했다. 금강을 찾는 '반갑지 않은 손님'들이 '반가운 손님'으로 변하도록 어떻게 도울 것인지 방법을 찾아봐야 한다는 점. 특히 인간의 잘못과 기후변화로 인해 천덕꾸러기가 된 '반갑지 않은 외래종'들을 어떻게 도와야 할까? 인간의 권리만큼 동물의 권리도 존중받는 현대 사회에서 이들을 무자비하게 포획할 수는 없는 노릇. 그래서 우리는 처음 결심했던 것처럼 갑자기 찾아온 미지의 손님인 민물가마우지는 물론 미래에 찾아올 제2, 제3의 민물가마우지들과 공존할 준비를 할 수 있도록 신문 기사를 기고하기로 했다. 국어 시간에 '논설문 쓰기'와 '인터뷰하기' 시간을 활용하여 기사문을 작성하였다. 그 소식을 들은 신문 기자는 아예 학교로 찾아와 아이들의 프로젝트 과정에 대해 취재하며 아이들의 '선한 영향력' 발휘에 동참했다.

전시회 준비

지역 신문사에 아이들이 기고한 글이 실렸다. 기자분이 대서특필에 가까운 지면을 할애해 주셨다. 아이들은 '엄마, 나 뉴스 나왔어!'라며 좋아한다. 이참에 학생자치회의 도움을 받아 도전해보기로 한 금강휴게소 전시회를 빨리 준비해야겠다. 6월 학생자치회 다모임에서 금강휴게소 전시회를 위한 공모전 안건을 제안하였다. 공모 분야는 표어, 포스터, 디지털드로잉. 학생참여예산을 이용하여 나름 괜찮은 선물도 준비했다. 표어는 국어, 포스터는 미술, 디지털드로잉은 창의적체험활동의 동아리활동을 활용해 시수를 확보하였으나 포스터의 경우 미술 수업시간 만으로는 시간이 촉박해 결국 방과후 미술 시간에 강사 선생님의 도움으로 작품을 겨우 완성했다. 교사작품도 공모했는데, 처음엔 선생님들 반응이 뜨뜻미지근하다가 상품이 걸려있다는 사실에 그래도 꽤 많은 작품이 공모되었다.

더 많은 사람들을 향해, 금강휴게소 전시회로 꽃을 피우다

아이들이 공모전을 통해 많은 '총알'을 준비해주었다. 총알이 준비되었으니 이제 전쟁터로 나가기만 하면 된다. 학교는 금강휴게소 측과 연락하여 전시회 장소 섭외에 돌입했다. 휴게소 내부와 외부, 어느 곳이 전시회에 적절할지 선생님들 사이에서 열띤 논의가 펼쳐졌다. 결국 '상업적인 활동만 아니면 된다'는 휴게소 측의 무한 지원으로 금강이 시원하게 보이는 휴게소 외부 데크 중앙의 무대로 장소가 확정되었다. 우리는 아이들의 프로젝트 활동 보고서와 활동 사진, 생태도감, 기고한 신문기사글 등 프로젝트 활동 전반에 대한 자료를 정리하여 전시를 시작했다. 그동안 '업사이클링'을 모토로 진행해온 학교의 미술 활동도 곁들여 전시했다.

 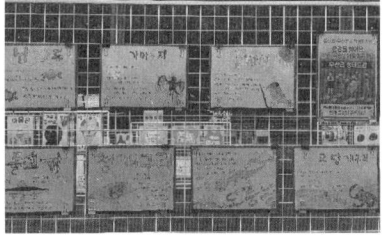

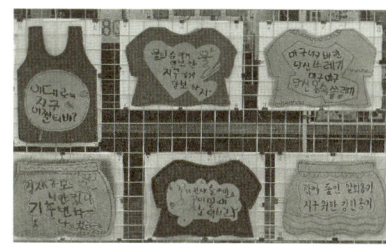 

금강휴게소에서 열린 프로젝트 학습 전시회

마을의 물음표, 느낌표로 바꾸는 것의 의미

주제 중심 프로젝트 학습을 마치며

 이번 프로젝트는 아이들도 나도 충실하게 마무리한 첫 주제 중심 프로젝트 학습이었다. 프로젝트 학습을 운영해 본 경험이 거의 없었지만 우연한 기회에 마을에서 수업 소재를 얻게 되어 거의 반강제, 호기심만 가득한 상태로 즐겁게 시작할 수 있었다. 처음 프로젝트 수업을 시작하며 바랐던 대로 아이들은 마을이 주는 편안함 속에서 당차게 궁금증을 펼치고 해결하며 사람들을 만나 대화하는 모습을 보니 우선 이것만으로 성공이었다. 또한 아이들이 생태계에 관해서라면 이정도로 '청출어람'이라는 것도 감쪽같이 모르고 넘어갈 뻔 했다. 곰곰이 생각해보니 생물 박사 제자들과 학생자치회의 도움이 없었다면 프로젝트 수업이 과연 제대로 진행되었을지 아찔하다. 아니, 힘든 것이 아니라 연구부장님들의 재촉에 못내 주작을 날리며 작성했던 그동안의 프로젝트 학습 계획들처럼 아주 미련 없이 편하게 버려졌겠지. 이 아름다운 분교에서 여느 때와 다름없이 '진도 빼기'만을 목표로 한 학기를 마감했다면 얼마나 아쉬웠을까? 프로젝트 학습 덕분에 '농땡이'라는 오해를 받지 않고 떳떳하게 마을로 나가 마주했던 아름다운 순간들이 떠오른다. 눈부신 자연 속 수업에 녹아든 우리 활동의 의미는 무엇이었을까?

어려웠던 점은요

프로젝트 학습을 진행하면서 가장 어려웠던 점이 한두가지 뿐이랴. 그러나 인생은 늘 그렇듯 지나고 보면 아무것도 아니다. 지금 생각나는 것들만 간단히 적어본다.

첫째, '우리가 마을을 위한답시고 하는 일이 반대로 마을 사람들에게 피해를 주진 않을까?'하는 노심초사이다. 프로젝트 학습의 주제가 환경과 관련되어 있어서 마을 사람들의 생활과 깊게 연관되어 있을 수밖에 없었다. 예를 들면 쓰레기 문제. 마을 사람들이 그동안 관습적으로 쓰레기를 버려온 장소가 우리 눈에는 그렇게 지저분할 수 없었다. '왜 하필 이렇게 사람들 눈에 잘 띄는 장소에 쓰레기장을 만들어 놓았을까?'라는 생각이 절로 들었다. 하지만 그 쓰레기장은 마을 사람들로 하여금 큰 불편감과 옮겨야 할 필요성을 느끼지 못하게 했다. 괜히 '이곳에 살지도 않는 뜨내기 선생 하나가 애꿎은 쓰레기장 가지고 난리친다'라는 말을 들을까 무서웠다. 결국 이 문제는 다음 학기에 아이들과 함께 마을 사람들을 대상으로 쓰레기장 인식 조사와 면담 등 충분한 조사를 거쳐 활동해보는 것으로 미뤄두었다. 다음으로는 농약 사용 문제. 아이들이 사랑을 듬뿍 주었던 학교 앞 수로의 개구리들이 단체로 폐사했을 때, 우리는 가장 먼저 '농약 사용'이 문제의 원인일 것이라고 생각했다. 아이들은 안타까움에 '농약을 사용하면 안 된다'라고 외쳐댔지만 마을 어르신들이 들으면 욕 깨나 먹을 일이다. 여기저기에 드글드글한 개구리들 지키려고 생계와 관련된 농약을 치지 말라니. 사실 우리가 어르신들 생계를 책임질 수도 없지 않은가. 이렇게 환경에 대한 기본 가치와 마을 사람들의 이익이 상충하는 부분에 대한 타협이 어느 선에서 이루어져야 하는지, 혹은 마을에서 실제 거주하지도 않는 우리가 어떤 문제를 제기할 자격이 있는지에 대한 의문 때문에 조금 혼란스러웠다.

둘째, '주제중심 프로젝트 학습의 결과물이 번듯하게 나오지 않으면 어떡하지?'라는 다소 속물적인 고민이 있었다. 내가 그동안 곁눈질한 다른 선생님들의 프로젝트 학습 사례를 돌이켜보면 학습 결과물로 학생들이 연기한 UCC도 나오고 두꺼운 결과보고서도 자랑스레 전시되었다. 하지만 우리가 주제로 삼은 환경문제는 쉽사리 원인을 파악할 수도 없고 눈에 띄는 해결책을 내놓을 수는 더더욱 없었다. 우리가 할 수 있는 것들은 눈에 보이는 쓰레기들을 앞장서 줍는 것, 사라져가는 우리 생태계를 기억하는 것, 외래종들의 생태계 파괴 위협에 맞서 사람들의 관심을 촉구하는 것 등 다소 형체 없는 활동들이었다. 그래서 우리는 활동 과정 안에서 결과물보다 소중한 의미 찾기에 몰두했다. 특히 민물가마우지에 대한 연구 자료가 많지 않다는 사례를 찾고는 큰 위안을 얻었다. 그동안 자기와 관련이 없는 이런 문제에 무관심했던 사람들에게 일말의 관심을 안겨 주었다는 것. 우리의 기고문이 신문에 실리고 몇 주 후, 공중파에서도 민물가마우지 문제를 다룬 뉴스가 보도되었다. 우리의 활동과 연관이 있는지는 모르겠으나 어쨌든 우리 아이들은 자기들의 선한 영향력이 발휘되었다고 굳게 믿고 있다.

마을의 문제 해결보다 큰 느낌표의 의미

하찮지만 우리는 좋았던, 우리 주제중심 프로젝트 학습의 가장 큰 의미는 무엇이었을까? 마을의 현안 문제를 척척박사처럼 해결할 수는 없었다. 하지만 내가 그동안 계획만 했던 다른 프로젝트 학습과 다른 점이 있다면 '우리 마을'의 사람들이 심각하게 생각하는 문제를 '우리 마을'에서 포착하여 문제 해결 과정을 경험했다는 점을 큰 의미로 삼고 싶다. 아이들과 함께 이 마을을 거닐지 않았다면 민물가마우지는 뭐고, 베스가 뭔지 알게 뭐냐. 한낱 새들과 물고기에 지나지 않았을 터. 하지만 이제 우리에게 이것들은 한낱 천덕꾸러기 외래종이 아니라 인간의 탐욕이며, 우리 생존을 위협하는 기후변화가 되었다. 기성세대에게 이러한 환경문제는 성장과 개발에 수반되는 당연한 문제일 수도 있지만 우리 아이들에게는 머지 않은 미래에 당면할 생존 문제이다. 아이들이 마을이라는 작은 세계의 문제를 해결하겠답시고 동분서주했던 경험들이 앞으로 이들이 살아갈 세계를 더 심각하게 대비하고 개척할 수 있는 삶의 양분이 되어주었으면 좋겠다. 아, 그리고 가장 중요한 것. 아이들이 이 모든 과정을 마친 후 큰소리치며 낯선 것에 맞설 수 있는 자심감, '별 거 아니네'라고 말하며 무엇이든 도전할 수 있는 도전정신도 한 뼘 정도 더 성장해 있다면 더할 나위 없이 기쁠 것 같다.

이경하 (옥천 안남초등학교 교사)

평소 교사로서 지속가능한 미래를 위해 내가 할 수 있는 일이 무엇일지 고민하던 중 교직경력 22년차에 옥천에서 가장 작은 마을 안남에서 그 뜻을 펼칠 수 있게 되었다.

21명의 안남의 친구들은 "지구적으로 생각하고 지역적으로 행동하라!"에 담긴 뜻을 되새기며 마을에서 배움을 찾고 실천하면서 더 나은 미래의 주인공으로 살아가고 있다.

CHAPTER 2

삶과 배움이 함께 하는 수업,
마을에서 그 답을 찾다

삶과 배움이 함께하는 교육과정을 꿈꾸며

마을에 무슨 일이 일어난 걸까?

2020년 늦가을 무렵 평화로운 안남마을로 들어가는 길목에 낯선 현수막이 줄지어 늘어졌다.

우리 아이들이 살아가는 마을에 무슨 일이 일어난 걸까?

한 해가 저물어가는 늦가을 풍경이 아름답던 출퇴근 길에 늘어진 현수막은 우리 아이들이 살아가는 마을에 커다란 문제가 생겼음을 말해 주고 있었다.

"안남 마을에 늑대가 나타났어요."

"청정 안남면에 대형 태양광이 웬말이냐, 주민 무시 태양광 당장 물러가라"

"옥천군은 도덕2리 태양광 인허가에 문제 없는지 철저히 조사하고 주민에게 소상히 밝혀라 −안남면 주민자치 일원−"

현수막의 문구를 통해 짐작해 보건대 안남면 도덕2리(덕실 마을)에 신재생에너지 중 하나인 태양광 에너지를 만들어내는 태양광 발전 사업이 펼쳐지는 모양이다. 그런데 그 사업주가 개인의 사유재산을 이유로 환경을 고려하지 않은 채 정부의 허가를 받아 그 사업을 진행하고 있음을 추측할 수 있었다.

그 사업주가 누구인지는 몰라도 화석연료를 대체할 친환경 에너지로 주목 받는 신재생 에너지 중 하나인 태양광 에너지를 만든다는 것인데 왜 이 마을 사람들은 이리도 시끄럽게 반대를 하는 것일까?

태양광 사업장이 생긴다는 덕실 마을은 농촌체험휴양마을[1]로 지정되어 있는 곳으로 건강하고 안전한 먹거리 생산을 자랑하며 맑고 깨끗한 환경을 유지하기 위해 노력하는 마을이다. 이런 마을에 태양광 패널 설치를 위한 공사가 시작되고 아름다운 산허리에 번쩍이는 태양광 패널이 가득 찬 모습을 상상하니 단순히 태양광 사업으로 인해 마을에

---

[1] 도시와 농어촌 간의 교류촉진에 관한 법률」 등에 따라 지방자치단체가 지정하여 농어촌의 자연환경, 전통문화 등 지역자원을 활용하여 도시민에게 생활체험·휴양공간 프로그램을 제공함(출처: 전국농어촌체험휴양마을표준데이터 https://www.data.go.kr/data/15013113/standard.do)

경제적 피해나 손해가 가는 것을 우려한 지역 이기주의에서 생겨난 문제는 아닐 것이었다.

삶과 배움이 함께하는 교육, 마을에서 찾다.

오늘날 지구촌 온난화로 인한 기후위기에 대응하기 위한 환경교육이 중대한 시대적 과제로 강조되고 있다. 환경보호와 보존은 물론 기후 위기에 대응하기 위해 환경문제로 인해 생겨나는 오늘날 다양한 경제 및 사회적 문제까지 그 연관성을 찾아 지속가능한 지구를 만들기 위한 노력이 요구되고 있다.

따라서 환경교육은 기후위기 시대 지속가능한 삶으로의 전환을 위해 환경문제와 그 해결책의 강조에 그치지 않고 우리를 둘러싼 환경에 대한 사고의 전환을 토대로 삶에 대한 변화와 실천을 지향해야 한다.

한편 현재 학교에서 운영되고 있는 2015 개정교육과정의 환경교육은 초등교과목에 포함되어 있지 않고 범교과 학습에 반영되어 있으며, 환경 지속 가능한 발전 교육을 주제로 학교 자율적으로 시수와 학년이 배정될 수 있도록 하고 있다. 환경교육의 목표인 환경 인식, 환경지식, 환경기능, 환경 태도, 환경 참여를 위해서는 관련 교과들과 창의적 체험활동을 재구성해야 하는 실정이다(현종훈, 2022). 따라서 초등학교 학교교육에서의 환경교육은 교사의 환경에 대한 폭넓은 이해와 그 실천 의지에 따라 그 교육의 힘을 발휘할 수 있다.

"지구적으로 생각하고 지역적으로 행동하라."라는 말이 있다.

1992년 브라질 리우에서 열린 기후변화에 대한 유엔 기본 협약 이후 생겨난 환경 캠페인 슬로건으로 지구를 위해 자신이 처한 환경과 지역에 관심을 갖고 그 속에서 환경에 대한 참여와 실천이 이루어질 때 지구 차원의 변화를 이끌어낼 수 있음을 강조한다. 오늘날 기후위기 대응을 위한 환경교육의 방향이 지식과 정보의 습득에서 그치지 않고 삶과 연결되어 일상생활과 주변에서 일어나는 환경문제에 관심을 갖고 그 관심이 삶 속에서 행동으로 옮겨질 때 비로소 환경교육이 삶과 배움이 일치된 교육으로서 그 힘을 발휘할 수 있음을 시사한다.

아이들의 삶과 배움을 연결 짓는 일은 교사의 전문성이며 사명일 것이다. 이런 전문성과 사명감으로 빚어진 학교교육을 통해 아이들이 나와의 수업에서 배우고 느낀 것들이 삶의 중요한 순간에 그 가치가 빛난다면 이보다 교사로서 빛나고 보람된 일이 있을까?

삶과 배움이 함께하는 환경교육을 어떻게 해볼까 고민하던 그 때 안남의 마을 문제가 아이들 눈앞에 나타났다.

아이들이 살아가는 덕실 마을에서 일어난 마을의 문제가 지구환경에 어떤 문제를 일으킬 수 있는지 그 이유와 이를 해결하기 위한 방법을 살펴봄으로써 지구적으로 생각하고, 환경보호 및 기후위기 대응을 위해 우리가 실천해야 할 일들, 우리가 실천할 수 있는 일들에 대한 답을 마을(지역) 속에서 찾아 지역적으로 행동할 수 있을 것 같았다. 우리 아이들이 살아가는 마을 속에서 오늘날 지구에 벌어지고 있는 환경문제가 자신의 삶과 동떨어져 있지 않고 연결되어 있으며 그 해결의 열쇠도 우리들 손에 달려 있음을 느끼게 하고 싶었다.

지난 2021년 초여름 삶과 배움이 함께하는 교육과정을 꿈꾸던 그때, 마을의 환경문제를 배움으로 이끌어 보자는 시도와 함께 그 꿈이 현실로 이루어지는 순간이 다가왔다.

마을에서 찾은 삶과 배움이 함께 하는 수업

무엇을 어떻게 배우게 할까?

마을의 환경문제가 전지구적 문제임을 인지하고 이를 해결하기 위한 방법에 대한 자신의 생각이나 의지를 다른 사람과 공유함으로써 삶과 배움이 함께 하는, 안남만이 실행할 수 있는 환경프로젝트를 구상하기 시작했다.

평소 어른들의 문제라고만 생각했던 마을의 문제를 들여다보고 그 속에서 지구의 환경문제를 읽어내고 그 답을 찾는다면 어떤 배움보다도 값진 결과를 가져올 것이라고 생각했다.

그러나 막상 마을의 문제 탐구만을 환경프로젝트의 목표로 삼기에는 어려움이 있었다. '태양광 난개발' 문제가 환경문제를 야기하는 것 이외에 마을 주민들과 군청과의 논쟁적인 사안이었기에 자칫 중립적이지 못하여 수업이 산으로 갈 것이 우려되었던 것이다.

'태양광 난개발' 문제의 본질적 문제는 무엇이었을까? 마을 주민들은 이를 왜 반대하고 반대할 수밖에 없었는지 좀 더 자세히 알아보고 접근할 필요가 있었다. 마을의 문제는 단순히 환경 보존을 위한 노력에 그치지 않고 다양한 사회적 문제와 얽혀 있어서 이를 논쟁 사안이 아닌 마을의 환경 보존의 필요성과 방법을 알아볼 수 있는 비판적, 논리적 사고를 기르기 위한 사례로서 접목시키는 것이 좋겠다는 의견이 모아졌다.

> A 교사: 마을 사람들과 군청 간에 얽힌 논쟁 사안을 수업에서 다루어지는 건 좀 조심스럽지 않을까요?
>
> B 교사: 그 문제를 수업 주제로 다루기보다 마을 환경문제 사례로 살펴보는 건 어때요? 우리 마을에도 환경문제가 생겼었다. 이 문제가 왜 환경문제와 연결되었는지 살펴보고 이를 해결할 수 있는 방법을 마을 선생님들께 직접 들어보게 하면서 아이들이 스스로 환경문제와 연관 지어 생각해 보게 하는 경험을 주는

것이 의미 있다고 생각해요. 아이들이 사는 마을에서 생긴 환경문제잖아요. 그것이 단지 어른들의 일만이 아니며 아이들도 마을에 관심을 갖게 하고 마을에서 배움을 느껴보게 할 수 있는 좋은 교육 소재라고 생각해요.

C 교사: 좋아요. 마을 사례를 통해 태양 에너지에 대한 부정적인 인식을 갖지 않도록 태양열 조리기를 만들어 보면서 태양열 에너지의 필요성과 그 가치도 느껴 보게 하면 될 것 같아요.

- 프로젝트 참여 교사들 간의 대화 중 -

이렇게 '태양광 난개발' 문제는 "우리 마을 환경문제 알아보기 활동"으로 환경프로젝트의 일부가 되어 삶과 배움을 연결하는 마중물 역할을 할 수 있게 되었다.

우리는 아늑한 마을에서 살아가고 있지만 우리 마을을 둘러싼 주변 환경에 관심이 없는 경우가 많다. 이런 관심 부족은 나와 환경과의 관련성을 파악하기 어렵고 문제 해결을 위한 실천으로 발전하지 못하는 한계를 지닌다. 우리가 마을에서 살아간다는 것은 내가 우리 마을의 일부임을 인식하고 마을의 환경을 생각하며 그것을 일상에서 실천하는 의미를 지닌다.
우리는 이번 수업을 통해 학생이 친숙한 우리 마을의 다양한 환경의 **사진을 찍어 보고** 이를 널리 마을 사람들에게 알리기 위한 **사진전을 계획**하면서 마을의 좋은 환경을 위해 어떤 노력을 해야 할지 토의하고 다양한 세계의 환경보전 사례를 **조사 탐구**해 봄으로써 우리 마을의 깨끗하고 좋은 환경을 위해 노력해야 할 점을 생각해 보도록 한다.

위와 같이 설정한 수업 의도에 따라 아이들이 프로젝트 수업을 통해 수행해야 하는 과제를 다음과 같이 선정하였다.

> 지난 2015년 200여 국가가 파리에서 기후협약을 맺었다. 이는 산업혁명 이전보다 전 지구 평균 기온 상승폭이 1.5도를 넘지 않도록 모든 참여국이 노력하기로 한 협약이다. 전문가들은 현재 지구 온난화를 막지 않으면 2040년에 기온이 1.5도 넘으리라고 전망하고 있다. 온실가스 배출로 전세계 7위를 차지하고 있는 우리나라는 2030년까지 온실가스 감축 목표 달성을 위해 국제사회가 본격적으로 행동을 시작하는 첫해인 올해 지난 5.30 서울에서 P4G(Partnering for Green Growth and the Global Goals 2030)회의를 개최하고 기후위기를 극복하기 위해 적극적으로 동참하고 실천할 것을 약속하였다. 이제 국가적 차원의 적극적인 기후위기대응 노력이 적극적으로 시작된 것이다. 기후 위기는 국가적 차원에서 해결해야 할 많은 문제를 갖고 있지만 개인이 속한 마을을 중심으로 기후위기를 극복하기 위한 문제 해결을 위해 개인과 마을이 함께 노력하는 것이 무엇보다 절실하다.
>
> 따라서 우리 마을 환경 지킴이인 여러분은 오늘날 닥친 기후 위기에 대응하기 위해 마을 사람들에게 우리 마을의 환경 문제와 이를 해결할 수 있는 방법에 대해 알려 줄 수 있는 캠페인을 열어라!
>
> (학생들은 캠페인을 위한 마을환경 사진전을 준비하고 기후 전문가가 되어 이를 마을 사람들에게 알릴 수 있는 홍보활동을 계획하고 실행한다. 캠페인을 위해 학생들이 사진전과 UCC이외에 방법을 제안한다면 수정하여 운영할 수 있다.)

목표	마을의 환경문제를 찾아 이를 해결하기 위한 실천 태도를 갖는다.
역할	마을 환경 지킴이
대상	마을 사람들. 학교 후배들, 선생님
상황	우리 마을의 환경 문제를 알아보고 기후위기에 대응하기 위해 우리 마을과 개인이 해결할 수 있는 있는 방법을 모색하여 이를 널리 알릴 수 있는 캠페인을 열어야 한다.

수행	우리 마을 환경문제를 알리고 다른 나라, 지역의 해결 문제 사례를 조사 탐구하여 우리 마을 환경 문제를 해결하기 위해 마을과 개인이 할 수 있는 일들을 알리는 캠페인을 기획하고 실행한다.
기준	형식 : 캠페인을 위한 마을 환경 사진전, 기후위기 대응을 위한 ucc 만들기

이 프로젝트가 실행되는 동안 안남 친구들은 '배바우 독수리 5형제'가 되어 「마을 환경 지킴이」가 된다. 프로젝트 수행을 통해 아이들이 도달해야 할 수업 목표는 다음과 같다.

지식	기후위기 대응을 위한 우리 마을 환경 문제점을 찾아 이를 해결하기 위해 우리가 실천할 수 있는 방법을 안다. 환경 문제 해결의 다양한 사례를 조사해 보고 우리 마을 문제 해결을 위한 문제 해결력을 기른다.
기능	우리 마을의 환경 문제를 알릴 수 있는 사진을 찍을 수 있다. 기후 대응을 위한 우리 마을 환경을 위해 노력해야 할 점을 토의할 수 있다. 다양한 세계의 환경 보전 사례를 조사 탐구할 수 있다.
태도	우리 마을의 일부임을 인식하고 마을 환경을 보존하기 위해 실천하려는 실천 의지를 기른다. 내 주변의 환경을 지구적 관점으로 바라 볼 수 있는 안목을 키워 환경의 중요성을 인식하고 보존하는 마음을 갖는다.

처음 수업 설계 의도했던 바와 같이 수행과제, 목표에 교육의 중립성을 유지하기 위해 '태양광 난개발'이라는 마을의 문제를 명시하지 않았다. 개발로 인한 환경문제 사례의 하나로 주민들이 반대하는 이유를 탐구해 보면서 신재생에너지의 장단점과 태양광 난개발 사업으로 인

한 환경파괴가 가져오는 환경문제에 대해 알아보는 활동으로 계획하였다. 마을 문제에 대한 관심과 이를 해결하기 위한 노력과 실천이 곧 우리 마을의 환경을 위해 노력하는 일이며 더 나아가 전 지구적인 환경보호의 일환임을 느낄 수 있는 활동으로 연결 짓도록 하였다.

마을 문제 어떻게 보여줄까?

마을의 문제를 환경교육의 일부로 가져오면서 아이들의 삶과 연결 지을 수 있는 설계를 위해 전문적학습공동체 교사들은 함께 머리를 모았다.

크게 우리 마을의 환경문제에 다가가고, 알아보고, 직접 만나보면서 문제 해결을 위한 노력을 표현하고 실천해보는 단계로 수업을 설계하고 만나보는 단계에서 우리 마을의 문제를 직접 체험하고 탐구하는 기회를 제공해 주자고 의견을 모았다. 먼저 학교의 교사들이 프로젝트의 큰 흐름을 설계하고 마을 교사와 협력해야 할 수업 내용과 활동을 협의하기로 했다.

다음은 안남초 교사들이 처음 설계한 수업 흐름을 요약한 것이다.

프로젝트 절차		핵심 프로젝트 활동
1	마음열기	• 학교 주변 둘러보며 우리마을의 좋은 환경 vs 나쁜 환경 사진 담아보기 • 내가 뽑은 우리 마을의 좋은 환경vs나쁜 환경 공유하며 의견 나누기 • 좋은 환경과 나쁜 환경 사진들의 각각의 공통점 찾기 • 좋은 환경에 대한 가치 토의하기 • 우리 마을 환경을 지키기 위해 배울 내용 주제망 짜기

2	둘러보기	• 온책읽기 1 - 오늘날 환경문제 알아보기「지구를 구하는 50가지 방법」 – 함께 책 둘러보기 – 남매별 챕터 나누어 읽고 간추려 발표하기
3	함께하기 1	• 오늘날 환경문제에 대해 생각해보기 • 남매별 환경문제 사례 조사하고 정리하기 • 남매로 환경 문제에 대해 알게 된 점 정리하기 • 환경오염 주제 연극보기 • 재활용을 이용한 만들기 체험
4	함께하기 2★	• 덕실 마을 체험 1 - 우리 마을 환경 문제 알아보기
5	함께하기 3★	• 덕실 마을 체험 2 - 우리 마을 환경 문제 알아보기
6	발전하기	• 체험을 마치고 알게 된 우리 마을 환경문제 나누기 • 우리 마을 환경 문제 과학적으로 접근하기 • 신재생 에너지 체험하기(태양 에너지 모으기-태양열 조리기 만들기)
7	발전하기	• 온책읽기 2 - 다른 지역의 문제 해결 알아보기「무지개 도시를 만드는 초록 슈퍼맨」 • 다른 지역(나라)의 문제 해결 사례 조사하기 • 우리 마을 문제 해결 방법 생각해 보기
8	마무리하기1	• 우리가 꿈꾸는 마을 모습 상상하기– 만들기 설계하기 • 우리가 꿈꾸는 마을 모습 꾸미기 - 만들기 제작하기 • 우리 마을 환경문제를 해결하기 위해 우리가 할 수 있는 일 토의하기 • 우리 마을 환경 지킴이 캠페인활동 계획하기
9	마무리하기2	• 캠페인 활동 실행하기 (캠페인 자료 제작) • 우리가 알아 본 환경문제 해결 제안하는 글쓰기
10	마무리하기3	• 프로젝트 활동 결과 발표하기 • 활동 소감 나누기 (남매별 ucc만들기)
11	마무리하기4	• 우리마을 환경보호 캠페인 활동하기 • 환경 사진 전시회

위 표에 음영으로 표시된 부분은 덕실 마을의 '태양광 난개발'문제

를 통해 오늘날 환경문제를 알아보는 활동이다. 마을 문제를 심도 있게 알아보고 직접 체험하기 위해서는 마을교사의 협력과 도움 필요했다.

마침 마을 문제가 벌어진 덕실 마을에는 학교와 협약을 맺고 마을연계교육과정을 운영해 온 「덕실체험마을」[2]이 있었다. 당시 군청의 행정과 사업주의 개발에 맞서 마을의 문제 해결에 나섰던 「덕실체험마을」의 마을 선생님들은 당신들의 경험을 살려 함께 협력해 주시기로 하였다.

학교와 마을이 함께 아이들의 삶과 배움을 연결 짓는 수업 설계가 시작된 것이다. 학교와 마을 선생님은 온라인으로 소통하여 학교 교사들이 설계한 수업 흐름을 안내하고 교사가 실행하기 어려운 마을 체험 활동 부분을 마을 선생님에게 협조해 주실 것을 부탁했다. 마을 체험활동으로 '태양광 난개발' 문제가 일어난 곳을 직접 찾아가 보고 그 사업이 갖는 문제점을 환경문제와 연결 지어 생각해 보며 신재생 에너지의 필요성과 바람직한 활용 방안에 대해 알아보는 활동이 포함되었으면 좋겠다는 의견만 제시하고 자세한 수업 설계와 활동은 마을 선생님에게 힘을 실어주었다.

당시 마을 선생님은 본인이 직접 해보지 않았던 새로운 경험인지라 어려움을 느꼈지만 자신이 겪은 경험을 아이들에게 보여줌으로써 의미 있는 환경교육에 일조할 수 있다는 생각에 적극적으로 수업을 고민해 주셨다. 며칠 뒤 마을 선생님으로부터 수업 설계 답이 도착했다.

---

[2] 1장 1부에서 소개한 '덕실농부이야기(영)' 체험마을을 이 장에서는 덕실체험마을이라고 지칭하였다.

덕실 마을 체험 1

시간	1-3학년	시간	4-6학년
9:00~9:20	– 버스로 덕실마을 도착	9:00~9:20	– 자전거로 덕실마을 도착
9:20~9:40	– 덕실마을 둘러보기 : 담당자 송○○	9:20~9:40	– 우리마을 K(알고 있는 것) W(배우고 싶은 것) L(배운 것) : 학교 교사
9:40~10:00	간식	9:40~10:00	간식
10:00~11:00	– 우리 마을 환경 문제 들여다 보기 (태양광 사업의 문제 살펴보기) 태양광 에너지의 두 얼굴 : 임○란		
11:00~11:50	– 환경교육 (쓰레기분리수거 체험) *외부강사:김○○ (지속가능연구소우리해 이사장)	11:00~12:20	– 우리 마을 환경 문제 사진 담기 「태양광 난개발」 현장 답사 : 송○○
11:50~12:00	– 학교 도착	12:20~12:40	학교 도착

덕실 마을 체험 2

시간	1-3학년	시간	4-6학년
9:00~9:20	– 버스로 덕실마을 도착	9:00~9:20	– 자전거로 덕실마을 도착
9:20~10:00	– 우리 마을 신재생 에너지의 활용 실태 알아보기 : 송○○		
10:00~10:20	간식		
10:20~11:40	– 기후위기 대응을 위한 신재생 에너지의 필요성 알아보기 신재생 에너지 체험하기 (solar oven을 이용한 감자굽기 체험) *외부강사:송○○(에너지전환해유 사회적협동조합 팀장)		
11:50~12:00	– 학교 도착		

마을 선생님의 답장을 받고 철저한 수업 계획과 준비에 감탄을 금

치 못했다. 저학년과 고학년의 특성까지 반영하여 활동을 구분하여 계획해 주었고 학교가 필요한, 학교가 실행하기 어려운 부분을 채워줄 수 있는 수업 계획이었다. 마을 선생님들의 협조가 필요하여 공란으로 두었던 프로젝트 흐름에 알찬 살이 붙어 멋진 수업 계획으로 거듭나게 되었다. 한 가지 어려웠던 점은 함께 해주시기로 한 다른 마을 선생님의 일정 조정으로 인해 마을체험 활동(1,2회차)이 서로 연결되지 못하고 다른 활동과 순서가 변경되어야 했던 점이었다. 함께 계획한 흐름이 뒤바뀌어 수업의 순서와 흐름을 다시 조정해야 했는데 신재생에너지에 대한 과학적 접근과 온책읽기 활동 순서를 수정하여 2회차 마을 선생님의 수업이 체험을 통해 배운 내용을 적용해 보는 활동으로 자연스럽게 이어질 수 있었다.

마을 선생님과 협의를 통해 활동 순서를 조정하고 활동 내용을 세분화하여 다음과 같이 계획이 수정되고 구체화될 수 있었다.

프로젝트 절차		핵심 프로젝트 활동
1	다가가기	• 학교 주변 둘러보며 우리마을의 좋은 환경 vs 나쁜 환경 사진 담아보기 • 내가 뽑은 우리 마을의 좋은 환경vs나쁜 환경 공유하며 의견 나누기 • 좋은 환경과 나쁜 환경 사진들의 각각의 공통점 찾기 • 좋은 환경에 대한 가치 토의하기 • 우리 마을 환경을 지키기 위해 배울 내용 주제망 짜기
2	알아보기1	• 오늘날 환경문제에 대해 생각해보기 • 남매별 환경문제 사례 조사하고 정리하기 • 남매별로 환경 문제에 대해 알게 된 점 정리하기 쓰레기로 인한 우리 마을 환경 문제 집중 탐구

3	알아보기2	• 온책읽기 1 - 오늘날 환경문제 알아보기「지구를 구하는 50가지 방법」 - 함께 책 둘러보기 - 남매별 챕터 나누어 읽고 간추려 발표하기 • 환경오염 주제 연극보기 • 재활용을 이용한 만들기 체험
4	만나기 1★	마을교육활동가와 함께 우리 마을 현장 답사하기 1 - 우리마을 KWL (알고 있는 것(Know), 알고 싶은 것(Want), 알게 된 것(Learn)) - 우리 마을 환경 문제 들여다 보기 (태양광 사업의 문제 살피기) - 태양광 사업의 두 얼굴 - 우리 마을 환경문제 사진 담기
5	만나기 2	• 우리 마을 환경 문제 과학적으로 접근하기 - 신재생 에너지에 대해 조사하고 우리 마을에 활용할 수 있는 방안 생각해보기 - 신재생 에너지 체험하기 (태양 에너지 모으기-태양열 조리기 만들기)
6	만나기 3	• 온책읽기 2 - 다른 지역의 문제 해결 알아보기「무지개 도시를 만드는 초록 슈퍼맨」 • 다른 지역(나라)의 문제 해결 사례 조사하기 • 우리 마을 문제 해결 방법 생각해 보기 • 기후 위기를 막을 수 있는 우리 마을 환경문제 해결 방법 생각하기 • 청정 우리 마을을 꿈꾸며 제안하는 글쓰기 - 개인이 할 수 있는 일 (마을)국가가 할 수 있는 일 알아보기
7	만나기 4★	• 마을교육활동가와 함께 우리 마을 문제 해결 위한 체험하기 - 기후위기 대응을 위한 신재생 에너지의 필요성 알아보기 - 우리 마을의 태양에너지 사용 실태 알아보기 - 신재생 에너지 체험하기
8	표현하기1	• 우리가 꿈꾸는 마을 모습 상상하기- 만들기 설계하기 • 우리가 꿈꾸는 마을 모습 꾸미기 - 만들기 제작하기 • 우리 마을 환경 지킴이 캠페인활동 계획하기
9	표현하기 2	• 우리마을 환경지킴이 캠페인 준비하기 • 캠페인 활동 실행하기 - 남매별 UCC 만들기 - 개인별 사진을 활용한 캠페인 자료 만들기
10	실천하기	• 프로젝트 활동 결과 발표하기 • 개인별 캠페인 자료 전시하기 • 활동 소감 나누기
11	실천하기	• 우리 마을 환경보호 캠페인활동하기 - 환경 사진 전시회

실제 수업에서 '만나기1' 활동을 마친 후 마을의 문제를 논쟁의 사안으로만 여길 것이 아니라 신재생에너지에 대한 장점과 단점을 과학적으로 체험해 보면서 아이들 스스로 태양광 난개발 설치가 가져오는 문제에 대해 객관적으로 판단할 수 있는 안목을 길러주는 것이 필요했다.

오히려 초기의 계획(학교교사들이 세운 계획)과 다르게 수업의 흐름을 조정한 것이 마을의 문제를 과학적으로 바라보고 환경문제에 대한 비판적, 논리적 시각과 태도를 갖게 하는데 용이했다. 이렇게 학교와 마을이 머리를 맞대어 아이들의 삶과 배움이 함께하는 환경교육 밑그림을 그려나갔다.

우리는 안남 환경 지킴이!

무엇을 어떻게 배워볼까?

프로젝트 수업은 교사의 설계만으로 이루어지지 않는다. 아이들과 함께 하는 수업 설계를 위해 먼저 우리 마을을 둘러보면서 마을 환경에서 느껴지는 느낌을 나누고 그 속에서 이번 프로젝트의 필요성을 찾아 프로젝트의 방향과 필요한 활동을 아이들이 스스로 찾아 보게 하였다.

우리 마을 환경 살피기 활동 후 「우리는 마을 환경 지킴이」가 되어 공부해야 할 내용과 활동을 다음과 같이 계획하였다.

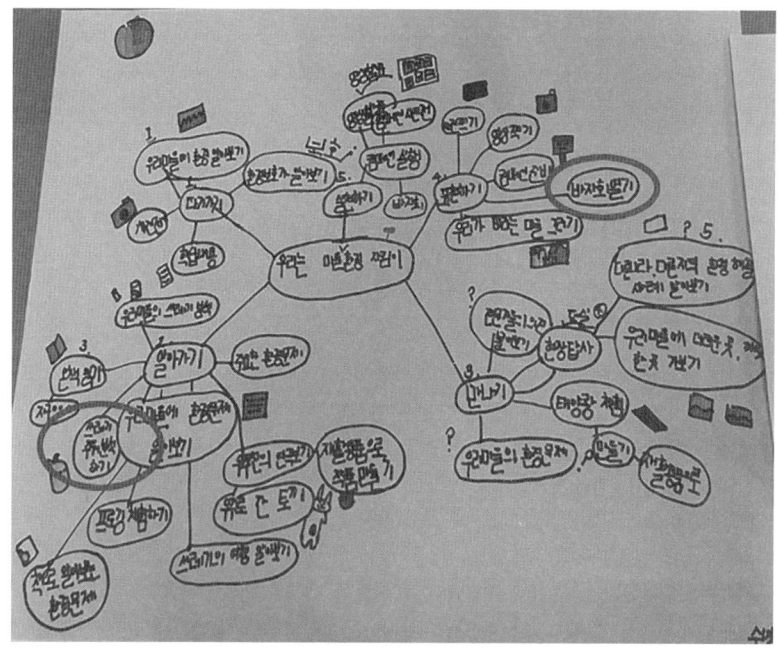

(동그라미 표시한 활동 (우리마을 쓰레기 분석하기, 바자회 열기) 은 아이들이 제안한 탐구활동으로 프로젝트수업에서는 이러한 활동 계획이 학습자 주도성을 유도하기 위해 꼭 필요한 과정이다.)

마을 문제 환경과 무슨 관련이 있는 걸까?

아이들은 우리 마을 환경을 사진 속에 담아보면서 우리 마을에는 어떤 쓰레기가 많은지 분석하고 싶어 했다. 아이들의 의견을 반영하여 교사들의 수업 설계에는 없었지만 마을 쓰레기 분석해보기 활동을 시작으로 쓰레기로 인한 마을의 환경문제를 집중 탐구 할 수 있었다. 아이들은 사람들의 무관심한 쓰레기 투기로 인해 버려진 쓰레기를 통해 자신들이 평소 군것질을 하고 버린 경험들을 나누며 평소 몰랐던 마을의 쓰레기 문제에 대해 관심을 갖기 시작했다. 쓰레기로 인한 환경문제 뿐 아니라 지구의 또 다른 환경문제를 알아보기 위해 온책읽기와 검색 활동, 연극 관람 등을 통해 환경과 관련된 용어와 개념을 알아보고 이를 이해함으로써 환경문제에 대한 소양을 길러보는 시간도 가졌다.

'알아보기' 활동을 마치고 이제 우리 마을의 환경문제를 만나러 갈 차례다. 학교 교사들의 수업 바톤을 마을 선생님에게 넘겨 '태양광 난개발 사업'으로 인한 우리 마을 환경 문제를 만나기 위해 「덕실체험마을」을 찾았다.

지난 한 해 덕실 마을 사람들이 함께 지켜냈던 산비탈에 올라 그 현

[우리마을 쓰레기 분석하기]

[환경 관련 용어와 개념 이해하기]

['어린이가 지구를 구하는 50가지 방법' 온책읽기]

['달로 간 토끼' 연극 관람]

장을 직접 확인해 보면서 '태양광 난개발' 사업이 가져왔을 환경문제에 대해 생각해 보는 시간을 가질 수 있었다. 만일 '태양광 난개발' 사업이 이루어졌다면 산사태 위험에 노출되었을 것이며 산 중턱에 살아 숨 쉬는 많은 생명들이 파괴 되었을 것이다. 직접 경험을 통해 어른들의 문

[신재생 에너지 생산을 위한 태양광 사업에 대해 설명하는 마을 교사]

[태양광 사업 현장에서 마을 문제에 대해 설명하는 마을 교사]

제라고만 느꼈던 마을의 문제가 우리 마을의 환경 문제이며 그것이 더 나아가 지구를 지키는 문제임을 느낄 수 있었다. 마을의 논쟁 사안을 뛰어 넘어 그 안에서 지구촌 문제를 들여다보고 다른 나라, 다른 지역의 환경 문제 해결 사례를 살펴봄으로써 '지구적으로 생각하고 지역적으로 행동하기' 위한 역량을 갖추어 나갔다.

며칠 뒤 우리 마을의 신재생에너지 사용 실태에 대해 알아보기 위해 다시 「덕실체험마을」을 찾았다.

마을 선생님의 이야기를 통해 요즘 농촌 지역에 경제적 이유로 신재생에너지 개발이 난무하고 있으며 이것이 환경문제를 일으키고 농촌 사회의 생산 기반을 빼앗으며 식량 자급의 역량을 감소시키는 또 다른 사회적 문제를 일으키고 있음을 알게 되었다. 또한 농촌에서 생산된 전기는 자급되어 소비되기보다 덕실 마을에서 일어난 '태양광 난개발' 사업처럼 외지인들에 의해 이루어진 사업으로 인해 농촌에서 생산된 전기가 도시로 수출됨으로써 태양광 사업을 위해 자리를 내주던 농민이 그 땅을 잃어가고 있다고 한다. 우리 마을을 비롯한 여러 농어촌 마을의 태양광 사업은 증가 되는 추세임에도 그것이 농촌 마을의 환경 뿐 아니라 사회적 문제까지 야기 시킨다는 사실은 학교 교사에게도 태양광 사업에 대한 새로운 안목을 갖게 해 주었다. 앞으로 기후변화 대응에 필요한 올바른 에너지 정책에 대해서도 생각해 볼 필요성을 느끼게 되었다.

[우리 마을 신재생 에너지 사용 실태에 대해 설명하는 교사]

[태양열 조리기 체험을 통해 신재생 에너지 체험하기]

우리가 해야 할 일, 할 수 있는 일은 무엇일까?

오늘날 여러 환경문제와 마을 문제를 알아보고 이를 해결해 가는 다양한 사례들을 살펴봄으로써 우리가 해야 할 일, 할 수 있는 일은 무엇인지 생각해 보면서 기후 변화에 대응하는 지속가능한 우리 마을을 꿈꿔보는 시간을 가졌다. 아이들은 에너지 자립 마을을 꿈꾸며 자원의 순환을 통해 깨끗하고 아름다운 마을 환경을 꿈꾸었다. 또한 재활용을 실천하고 환경보호를 위한 실천 방법 중 하나로 서로 안 쓰는 물건 나누기 바자회를 개최해 봄으로써 프로젝트를 통해 배운 것을 직접 실천으로 보여주었다.

우리가 배운 내용을 마을 사람들에게 널리 알리고 홍보하여 더 나은 마을을 만들기 위해 사진전도 열렸다. 아이들은 프로젝트 기간 동안 우리 마을의 환경 실태와 환경 보호의 필요성과 그 방법에 대해 알게 되고 배우고 느낀 점들을 사진에 담아 마을 중심지에 자리 잡은 카페 앞에 전시장을 꾸렸다.

아이들이 기획한 사진전을 펼치는 순간 사진에 담긴 마을의 환경 문제는 더 이상 남의 문제가 아닌 "우리"의 문제가 되어 함께 해결해야 할 지속가능한 마을을 만들기 위한 외침이 되었다.

[우리가 꿈꾸는 마을]

[자원 순환 실천 바자회열기]

[지금, 여기! 사진전]

마을, 내 안에 너 있다

　학생들이 주변 환경을 직접적으로 접촉하면서 오감을 키우기 위해서는 학생들의 삶의 터전인 마을을 중심으로, 학교와 마을이 연계한 교육활동이 이루어져야 한다. 마을의 다양한 삶의 양상을 교과 교육내용에 반영하여 배움터를 지역 사회로 확대하고 살아있는 배움을 실천할 수 있는 교육적 기회를 마련하는 것이 필요하다.(한신, 박태윤, 2019) 살아있는 배움을 실천할 수 있도록 삶과 배움이 함께 하는 수업을 꿈꾸며 마을 속에서 그 답을 찾고자 했던 학교와 마을 교사의 노력은 어떤 결실을 맺었을까?

　수업을 통해 진정한 '배움'은 일어났을까?

　아이들이 배운 내용이 고스란히 담겨진 사진을 소개해 본다.

쓰레기 사이 위태로운 생명

벽 속 박카스

어린이 보호구역?

| 숨겨진 쓰레기와 양심 | 입은 달콤 환경은 아픔 |

이제 더 이상 그동안 무심코 지나쳤던 마을에 버려진 쓰레기가 나와 관계없는 것이 아니다. 그것은 우리의 실천적 의지에 따른 문제이며 결국 환경을 오염시키고 더 나아가 지구의 생명을 위협함으로써 우리의 삶을 위태롭게 할 수 있다는 생각에 미치게 되었음을 엿볼 수 있었다.

수업을 통해 자신을 둘러싼 마을 환경을 직접 만나보면서 다양한 감각적 탐색과 체험을 통해 환경에 대한 이해와 관심을 증진 시켜 나간 것이다. 또한 그것에 대해 적극적인 관심과 반응을 보임으로써 마을 환경에 대해 상호작용하고 이를 다시 자신의 삶으로 확장해 나가려는 자기환경화를 통해 자연친화적인 관점으로 변화되었다. 그동안 무관심했던 마을의 쓰레기가 우리의 삶을 위협하는 존재를 넘어 지구의 필요악으로서 문제를 인식하고 이를 해결하려는 의지가 사진과 제목에 담아있다.

다음 아래 세 장의 사진은 자원의 순환과 재활용 그리고 재생 에너지의 필요성에 대해 학습한 배움을 우리 마을 속에서 찾은 사진들이다.

Local Food, good job!

우리 마을의
청정 에너지를 아십니까?

헌 옷 수거 안되는 헌 옷 수거함

아이들은 덕실 마을을 다녀온 이후 신재생 에너지의 필요성과 그 장단점을 이해하고 지속가능한 마을을 위한 에코 마을을 꾸며보는 활동을 통해 친환경적인 마을을 꿈꾸었다. 그 활동을 통해 길러진 환경에 대한 안목으로 평소에는 지나쳤던 로컬매장과 녹색 커튼이 드리워진 마을 산책길 속에 숨겨진 우리 마을의 친환경적 모습을 알리고, 자원순환이 잘 이루어지고 있지 않는 마을 한 켠의 모습을 발견하고 이를 해결하려는 의지를 사진에 담아 표현한 것이다. 마을이 교육의 공간으로 활용되어 교육적 가치가 부여됨으로써 마을을 기반으로 한 실제 체험 중심의 환경교육이 이루어졌음을 엿볼 수 있었다.

아래 네 장의 작품은 이번 수업을 통해 길러진 생태 감수성이 돋보이는 작품들이다.

인위적인 포크레인　　　　　　　무엇이 생명의 집인가?

우리 마을을 지키는 새　　　　　넝쿨로도 감출 수가 없습니다.

　이 중 「인위적인 포크레인」작품은 덕실 마을 '태양광 난개발' 문제가 일어난 현장에 세워져 있던 포크레인의 모습으로 자연 그대로의 아름다움이 간직된 공간에 난개발을 막기 위해 포크레인을 세워둔 모습을 보고 인위적이라고 느낀 자신의 감정을 연결시킴으로써 환경파괴에 대한 경각심을 표현한 것이다. 마을의 환경이 파괴될 수 있었던 그 현장을 찾아 직접 관찰하고 체험함으로써 환경 파괴로 인한 피해와 자연 보존이 갖는 자연스러움의 가치를 사진과 제목을 통해 보여주고 있다.

프로젝트 마지막 공유 단계에서 보여준 사진 결과물을 통해 아이들에게 있어 환경 문제는 더 이상 먼 나라 이야기가 아닌 나의 마을, 나의 문제로 연결되어 있음을 느낄 수 있었다.

> 태양 에너지는 '태양열'과 '태양 빛(광)'이 있다는 것을 알았고 태양열로 퐁듀를 만들어 먹어서 좋았다. 그리고 덕실 마을에서 태양광 사업의 문제에 대해 배우고 학교로 올 때 쓰레기를 많이 주워서 놀랐고 뿌듯했다. 6학년 때도 마을의 쓰레기를 줍는 기회를 가졌으면 좋겠다.
>
> - 조○○ 친구 프로젝트 수업 활동 소감문 중에서 -

> 프로젝트 수업에서 가장 재미있었던 것은 알뜰장터(꿈꾸장)와 사진전이 가장 재미있었다. 알뜰장터를 여니까 꼭 새것이 아니어도 예쁘고 좋은 물건이 있다는 것을 알게 되었다. 사진전에는 사람이 별로 오지 않을 줄 알았는데 생각보다 많은 사람들이 와서 놀랍고 기쁘기도 했다.
>
> - 강○○ 친구 프로젝트 수업 활동 소감문 중에서 -

아이들은 수업 후에도 마을 환경에 대해 관심을 갖고 마을이 자신과 연결되어 있음을 몸소 느끼고 있음에 분명했다. 환경 보호와 실천을 주도적으로 실천한 일에 가장 큰 의미를 두었으며 자신들의 수업에 대한 마을 분들의 참여 관심은 배움에 대한 성취감을 맛볼 수 있는 계기가 되었다.

　프로젝트 수업이 끝나고 한 달 뒤에 있었던 어울림 캠프(본교 학교폭력 예방 활동의 일환으로 실시하는 자치활동 행사) 때 일이다. 우리 학교는 어울림 캠프 프로그램을 다모임에서 회의를 통해 결정하는데 그 때 친구들은 자발적으로 마을 환경 정화 활동을 실시하자고 제안했다. 여름 방학을 앞둔 뜨거운 7월 여름날, 이마에 맺힌 땀을 닦으며 마을의 쓰레기를 내 안의 쓰레기인 양 열심히 줍는 고사리 같은 손길을 잊을 수가 없다.

　학교가 마을과 손을 잡고 펼친 삶과 배움이 함께 하는 교육과정의 꽃이 피어나는 순간이었다. 마을 환경 문제를 중심으로 학교와 마을이 함께한 마을연계환경교육을 통해 아이들의 마음 속에 마을을 담고 그 마음이 아이들의 더 나은 마을을 위해, 더 나은 지구를 위해 행동하는 발걸음으로 나아가게 된 것이다.

 어느 날 내가 사는 세종의 마을 정원을 거닐다 마을 환경을 이용하여 교육한 학습 산출물을 마주하게 되었다. 어느 한 교사는 흡연 예방 교육을 위해 흡연으로 인해 문제 되는 마을의 공간을 찾아 이를 해결하기 위한 수업을 했을 것이며 또 한 교사는 환경 교육을 실시하면서 아파트 단지에 사는 친구들과 함께 환경보존의 필요성을 알리는 캠페인 활동을 펼쳤을 것이다. 삶과 배움이 함께 하는 수업을 위해 마을 속에서 그 꿈을 찾아가는 또다른 교사가 있었음에 너무나 반가웠다.

 사토 마나부는 '공부'와 '배움'의 차이를 '만남과 대화'의 유무라고 말한다. 여기서 말하는 만남이란 '세계와의 만남', '타자와의 만남', '자기와의 만남' 등 세 차원에서 이루어지고, 그 만남은 '대화적 관계'에서 비롯된다. 교과서나 칠판을 넘어 세계와의 만남(활동적 배움), 고립된 자아에서 벗어난 타자와의 만남(협력적 배움), 배운 것을 표현하고 공유하는 가운데 다시 자기 자신을 성찰하는 만남(반성적 배움)이 있어야 진정한 배움이라 할 수 있다.(이준원, 이형빈, 2020)

마을에서 배움이 이루어진다는 것은 교실에서 벗어나 우리를 둘러싼 '세계'와의 만남이며 마을을 통한 배움을 통해 '타자'와 만나게 되고, 배움을 표현하고 공유하면서 '자기'와의 만남을 실천함으로써 진정한 배움이 이루어질 수 있는 방법 중 하나이다. 다시 말해 마을에서 배움을 찾아간다는 것은 사토 마나부가 말하는 진정한 배움을 실천하는 일 중의 하나라고 할 수 있을 것이다. 전 지구적 환경 교육도 건강을 위한 흡연 예방 교육도 우리 아이들이 살아가는 마을 속에서 그 답을 찾는다는 것은 아이들의 배움의 장이 제 삶을 둘러 싼 모든 곳이 될 수 있음을 의미하며, 이로써 자신의 삶과 배움이 함께하는 진정한 '배움'의 세계로 나아갈 수 있을 것이다.

자신의 삶을 둘러싼 마을에서 배움의 의미와 가치를 찾은 아이들은 이렇게 외칠 것이다.

"마을, 내 안에 너 있다." 어느 드라마의 명대사처럼,

삶과 배움이 함께 하는 수업,

그 꿈이 마을에서 이루어질 수 있는 또 다른 기회가 다가오길 바래본다.

참고문헌

이준원, 이형빈, 2020, 평화의 교육과정 섬김의 리더쉽, 살림터.
현종훈, 2022, 초등학생의 생태시민성 함양을 위한 기후위기 대응교육 프로그램 개발 및 적용, 부산대학교 교육대학원 환경교육.
한신, 박태윤, 2019, 마을공동체의 생태체험교육이 초등학생들의 환경감수성과 생명존중에 미치는 영향.

2장   학습자 주도성, 마을에서 찾을 수 있을까?

오혜영 (옥천여자중학교 교사)

맑디 맑은 금강이 흐르는 마을에서 살고 있으며, 강산이 두 번 바뀌는 동안 도덕 교사로 아이들을 만나고 있다. 그리 멀지 않은 미래에 동네 책방 주인으로 마을 사람들을 만나는 소박한 꿈을 갖고 있다. 인간 본연의 인간성을 회복하는 것, 온전한 인간으로 성장하는 것은 마을 안에서 가능하다고 믿으며 몸과 마음의 에너지를 충전하기 위해 애쓰고 있다.

CHAPTER 1

자유학년제로 본 학생중심 마을연계교육

검정쌀밥, 달걀말이, 참치김치찌개, 카레감자채볶음, 잡채만두, 생선조림…

오늘도 밥과 반찬이 잘 차려진 밥상을 받는다. 몸에 좋으니 많이 먹고 미래의 일꾼이 되라고 한다. 인스턴트 음식도 없고 맛도 친숙하다. 가만히 앉아서 받는 밥상이 편하고 형형색색의 반찬들도 먹음직스럽게 보인다. 그런데 이 음식들이 싫증 나고 지루하다. 이런 밥상은 그만 받고 싶다.

지금까지의 학교 교육은 학생을 위한다고 온갖 맛있는 반찬으로 화려한 밥상을 차려 놓고 아이들에게 먹으라고 말하는 교사 주도의 교육과정이었다. 그러나 다가올 미래 교육은 소박하지만 학생이 직접 자신이 먹고 싶은 밥과 반찬을 만들어서 먹는 밥상이라고 할 수 있다.

미래 교육의 핵심 토대인 학생 주도성은 학생이 스스로 자기 삶의 목표를 설정하고 그것을 달성하기 위해 학습하고 책임 있게 결정하고 행동하는 역량(OECD, 2019)을 말한다. 능숙하지 않아도 실수하더라도 자신이 먹고 싶은 음식을 마음껏 만들어 보는 과정에서 아이들은 경험하고 배우며 성장할 것이다. 그리고 자신이 좋아하는 음식이 무엇인지 어떤 음식을 먹었을 때 즐겁고 행복한지 알아갈 것이다.

옥천여중 학생들이 주도적으로 참여하고 탐구한 마을 연계 활동과 경험들은 지역 사회와 긍정적인 영향을 주고 받으며 삶의 주인으로 성장하게 만들었다. 조금씩 데워지지만 오래 온기를 품는 뭉근한 된장국처럼, 다양한 재료가 하나로 어우러져 나눔과 공동체 정신을 일깨워주는 비빔밥처럼 마을을 향한 아이들의 따스한 애정을 담은 밥상을 마련했다.

이제 아이들이 정성껏 만든 다채롭고 맛깔스러운 감칠맛 그윽한 음식의 잔치에 당신을 초대한다.

애피타이저- 마을이 말을 걸어왔다

마을 연계 교육의 중심 학교로 부임하다

옥천여중은 학생 중심, 배움 중심 수업과 활동으로 이름을 떨쳐왔다. 2018년 서로 배려하고 존중하며 역동적인 공동체 학교 문화가 잘 만들어져 있다는 옥천여중에 부임하면서 많은 기대를 품었다. 새 학년 교육과정 협의회 시간, 토론과 협력 수업이 활발하게 이루어지고 마을과 함께하는 다양한 프로젝트 활동이 운영된다고 말하는 교무 기획 담당 교사에게서 숨길 수 없는 자부심이 넘쳤다.

그러나 아이들의 배움과 성장을 위한 프로젝트 수업과 지역화 교육과정, 마을 연계 활동을 많이 접하지 못한 전입 교사들끼리 '진짜 그렇게까지 많이 해야 해?'라는 부담감과 불안한 눈빛도 엿보였다. 아이들 삶과 연결된 교육을 위해 마을 연계 교육과정을 더 많이 개발하고 운영하겠다는 새 학년 교육 계획을 들으면서 옥천여중의 구성원이 되기 위해서는 기대 이상의 많은 각오가 필요하겠다는 느낌이 몰려왔다.

마을 연계 교육을 이끄는 교사들에게 배우다

옥천여중의 민주적인 학교 문화와 배움 중심 수업, 전문적 학습 공동체 운영의 모범 학교라는 명성은 교사들의 끊임없는 열정과 적극적인 노력에서 비롯된 것이다. 학교 구성원 간 수평적인 문화와 학습자 중심의 교육을 바탕으로 학생들의 더 큰 성장을 위해 마을과의 연계에 관심을 가지는 교사들이 강고하게 존재한 것이 동력으로 작용했다.

2019년 자유학년제[3] 주제 수업으로 '마을 기자 되어 나의 길을 찾기'를 기획하고 운영했던 국어 교과 안○○ 교사가 대표적이다. 지역의 평범한 인물을 면담한 기사문을 지역 신문(옥천신문)에 기고하면서 미래의 삶을 설계해 보고, 취재한 내용이 신문 기사화되는 경험을 통해 스스로가 배움의 주체가 되도록 하였다. 안○○ 교사에 따르면 지역 신문 언론인을 초빙하여 면담 요령과 기사문 작성 방법을 공부한 후 아이들이 취재하고 싶은 인물들을 모둠별로 결정한 후 면담과 사진 촬영 등을 직접 주도적으로 수행했다고 한다. 지역 신문에 실린 자신의 기사를 보며 아이들은 얼마나 기쁘고 뿌듯했을까? 지역 신문에 실린 두 편의 기사 중 한 편을 찾아 아이들의 기특한 다짐에 동행해 본다.

[옥천신문 기고]
○○토스트와 어린 기자들의 다짐

(2019. 06. 14.)
1학년 전○○, 김○○

우리는 옥천에서 ○○토스트를 운영하고 있는 유○○ 씨를 인터뷰 해보았다. 유○○ 씨는 다른 사업을 하고 있다가 아는 지인의 권유로 인해서 ○○토스트를 시작하였다. 경영하게 된 계기를 묻자, 사업실패와 같은 시련이 있었고, 아이러니하게도 그 시련이 지금의 ○○토스트의 출발점이 되었다. 우리도 실패를 마주한다면 그것을 성공의 출발점으로 삼을 것을 다짐했다.

---

[3] 중학교 과정 중 1학년 1, 2학기동안 시험을 보지 않고, 참여형 수업과 진로 탐색 교육을 받도록 하는 제도

가게를 운영하면서 가장 걱정스러운 점도 물었다. ○○토스트는 시내에 위치하였고, 가격이 저렴하고 간편식이어서 주 고객층이 학생인데 단가를 올려야만 할 때 손님들에게 부담을 주는 점이 미안하고 속상하시다는 답변을 들었다. 우리같이 늘 용돈에 쫓기는 학생들의 작은 마음까지 배려하고 걱정해주는 마음이 따스하게 다가왔다. 우리도 나의 행동이 다른 사람에게 어떤 영향을 미칠지 한 번 더 생각해 보는 사람이 돼야겠다.

끝으로 가장 뿌듯했던 일에 대하여 묻자, 옛 손님이나 지인들이 몇 년 만에 찾아와 토스트를 먹고 "맛이 그대로다, 정말 먹고 싶었다."라는 말을 할 때 가장 기쁘고 뿌듯했다는 답변을 들을 수 있었다. 음식을 만들어 파는 사람들은 고객들의 맛에 대한 긍정적 반응이 큰 힘이 되고, 그 덕담 한마디가 내일 더 일할 수 있는 원동력이 되는 것을 알 수 있었다. 주변 사람들에게 기쁨과 긍정적 에너지를 주는 삶의 가치를 되새겨 보는 순간이었다.

인터뷰 도중, 순간 우리는 오히려 인터뷰를 당했다. "꼬마 기자님들은 꿈이 뭐니?" "캐릭터 MD(기획자)요." "저는 있긴 있는데, 아직 비밀로 하려구요." 유○○ 씨는 인자한 미소를 띠며 "꿈이 있어서 다행이다. 그 꿈이 이루어지든 아니든 그 꿈을 향해서 한걸음, 한걸음 다가갔으면 좋겠다."라는 말씀을 하셨다. 우리는 현실이라는 파도가 거세더라도 꿈이라는 바다를 기꺼이 헤엄쳐 나갈 것을 다짐하며 ○○토스트를 뒤로 했다.

그뿐만 아니라 안○○ 교사는 지면 공익광고와 영상 공익광고를 직접 제작하는 자유학년제 주제 수업을 맡아 지역 언론인과 마을활동가를 연결하여 삶의 공간을 확장하고 마을이 배움터로서 자리잡을 수 있도록 꾸준히 노력했다. 학교 문제, 마을 문제, 사회 문제에 참여하려는 학생들의 주도적인 노력은 점점 확대되어 방과 후 수업 '기사 쓰기반'에서 기후 위기, 동아리 축제, 어린이집 아동극 소감 등을 지역 언론에 꾸준히 기고했다고 한다.

옥천여중에 함께 부임하여 부임 첫해 안 교사와 학년 담임 교사로 가까워졌고 안 교사의 적극적인 마을 연계 수업 활동을 보며 자연스럽게 마을 연계 교육에 관심을 가지게 되었다. 지역의 이웃들로부터 삶의 모범을 찾고 배우며 삶의 의미와 가치를 깨닫는 인물 면담 수업은 도덕 교사로서 욕심나는 수업 모형이었다. 2021년 1학년 교과를 맡으면서 의기양양하게 수업할 기회가 생겼고 코로나19 유행 상황을 감안하여 여름 방학 중 개인별 인물 면담으로 진행하였다. 지역에서 호감이 가고 본받을 만한 인물을 면담해서 개학후 파워포인트 자료로 발표했는데 영상 세대답게 자료 제작 수준이 높고 발표 내용이 알찬 아이도 있었다.

아쉬운 것은 적지 않은 아이들이 방학 숙제는 빨리 해치우는 것이라는 생각에 쫓겨 가족도 함께하는 이웃이라며 인물 면담을 형식적으로 제출했다는 점이다. 더구나 코로나19 유행 상황에서 인물에 대한 직접 대면이 어려워 SNS와 전자 메일로 질문하고 답변을 받은 아이들도 있었다. 방역 상황을 돌파하는 새로운 면담 방법이라고 격려했지만 좋은 이웃들과의 직접 만남에서 지속적인 관계 형성과 성장을 기대했기에 결과적으로 수업 시기와 지속성, 방법을 고민하게 만든 수업이었다.

도덕 교과를 함께 담당하는 서○○ 교사로부터도 많은 수업적 영감을 받았다. 서 교사는 1학년을 대상으로 2018년부터 다양한 사회참여 수업을 운영하고 있었는데 도덕적 민감성 키우기 모둠별 프로젝트 수업이 좋은 예이다. 지역 사회에서 학생들이 느끼는 불편 사항을 스티커로 조사하고 도서관 주변 가로등이 설치되지 않아 밤길이 무섭다는 설

[옥천마을산책-컬러링북]   [우리 마을 수목화로 그리기 전시]

문 결과를 옥천군 홈페이지 자유게시판에 올리는 활동이었다. 아이들이 지역 문제를 자발적으로 파악하고 개선할 수 있게 한 수업 설계는 사회 문제에 참여하고 실천하는 민주시민을 양성하는 도덕 교과의 목표에 가장 가까운 수업이라고 생각한다.

미술 교과를 담당한 박○○ 교사를 통해서도 많은 배움과 마을 연계 수업에 대한 긍정적인 자극을 얻었다. 2019년 박 교사는 한 학기 내내 3학년을 대상으로 마을사랑 프로젝트 컬러링북을 만들어 옥천의 모습들을 구석구석 담았다. 삶의 터전이며 자신이 살고 있는 마을을 새롭게 볼 수 있는 심미안을 키우는 수업은 '우리 마을 수묵화로 그리기' 수업으로도 꾸준히 이어졌다.

뭉근한 된장국처럼 실천하는 교육, 함께 성장하기

주제중심 교과 통합 수업으로 마을 알기

2021년부터 옥천여중의 자율탐구과정은 1학년 행복 감성(마을) 탐구과정, 2학년은 민주시민(자치) 교육과정, 3학년은 미래(세계시민) 교육과정으로 편성되었다. 특히 1학년의 자율탐구과정은 탐구의 주제를 마을로 확장하고 아이들의 온전한 배움과 성장을 위해 소통과 배려, 격려와 지지를 기반으로 한 마을 연계 교육과정을 지향한다.

중등은 교과마다 독립적인 내용이 있고 교과 교사들도 자체 교육과정 편성권을 가지고 있어서 교육과정을 함께 구성하고 운영하는 것은 어려운 일이다. 그럼에도 교사들은 마을 안에서 아이들이 서로 보고 배우고 성장한다는 믿음을 가지고 각 교과마다 마을과 관련한 학생 주도의 활동을 전개하면서 수시로 내용을 공유하고 점검하였다.

[2021학년도 1학년 자율탐구과정 주제중심 프로젝트]

교과	희망 시수	수업내용	시기	성취기준
사회	1	(미술-사회-수학통합)자연 환경 정보와 인문 환경 정보가 표현된 다양한 지도를 읽는 방법을 익히고 옥천 지도에 맛집, 관광 명소, 편의 시설 등의 정보를 조사하여 나타내기	5월	다양한 매체에 표현된 지도에서 위치 정보를 파악할 수 있다. 자연환경과 인문 환경의 특징을 지도에 맞게 표현할 수 있다.
수학	1	(미술-사회-수학통합)마을 지도에 좌표평면을 도입하여 자신의 집, 옥천의 관광지, 옥천 맛집, 자주 이용하는 시설 등의 위치를 점과 순서쌍을 이용하여 나타내고, 동선을 그래프로 표현하고 해석하기	7월	순서쌍과 좌표를 이해한다. 다양한 상황을 그래프로 나타내고 상황에 맞게 그래프를 해석할 수 있다.
미술	1	(미술-사회-수학통합)우리 동네의 다양한 모습을 탐색해보고 주제를 정해 마을의 모습을 이미지로 재구성하여 표현하기	5월	자신과 주변 대상, 환경, 현상의 관계를 탐색하여 나타낼 수 있다. 시각 문화 속에서 이미지의 다양한 전달 방식을 이해하고 활용할 수 있다.
음악	2	8마디의 리듬을 창작하고, 옥천의 관광 명소를 홍보하는 랩 제작하기	6월	박자에 맞는 리듬을 정확하게 창작하여 표현할 수 있다. 리듬에 맞는 가사를 창작하여 음악으로 표현할 수 있다.

자료에서 알 수 있듯 미술, 사회, 수학 교과가 통합하여 지역의 자연 환경 정보와 인문 환경 정보가 표현된 마을 지도를 읽는 방법을 익혔다. 마을 지도에 맛집, 관광 명소, 편의 시설 등의 위치 좌표를 순서쌍을 이용하여 나타내거나 동선을 그래프로 표현, 해석하는 수업을 하였다.

수업에 자세히 들어가 보자. 사회 교과에서 모둠별로 옥천군의 행정

구역을 나누어 백지도로 직접 그려서 지도의 틀을 만든 후 지도에 표현할 장소를 선택한다. 그리고 해당 지역의 관광 명소, 맛집 등에 해당하는 장소의 위치, 특징, 소개하고 싶은 내용을 직접 조사하여 안내 자료를 제작한다. 조사한 장소의 해당하는 위치를 지도 위에서 찾아서 관광 지도를 완성한다. 수학 교과에서는 좌표평면 위에 그려진 마을 지도에 장소를 점으로 표시한 후 점의 좌표를 순서쌍으로 나타낸다.

미술 교과에서는 사회시간에 조사한 옥천의 맛집 지도를 바탕으로 맛집의 간판 및 가게 이미지를 그림으로 표현한다. 더 나아가 옥천의 맛집 이미지라는 시각 환경을 공공미술로 확장하여 조사하고, 조사한 공공미술 사례를 가지고 옥천에 공공미술을 제작한다면 어느 장소에 무엇을 설치할지 구상한다.

이처럼 각기 다른 교과 내용의 연계를 통해 아이들은 자신이 살고 있는 마을을 좀 더 입체적으로 파악하고 넓게 바라볼 수 있었다.

아이들은 한 교과에서 배운 것을 다른 교과에 적용하고 확장하는 것을 어려워하면서도 우리 집, 친구 집, 가고 싶은 곳, 소개하는 장소 등을 지도에 표시하며 삶과 가까운 수업, 자신의 생생한 일상이 드러나는 활동을 즐거워했다.

한편 교사들은 코로나19가 확산되는 상황에서 주로 모둠별로 이루어지는 마을 알기 프로젝트 통합 수업을 할 때마다 안전과 방역에 각별히 신경 써야 했다. 그리고 교과마다 활동 시기가 겹치지 않도록 구체적인 수업 일정을 확인하고 조율하는 어려운 과정을 거쳐야 했다.

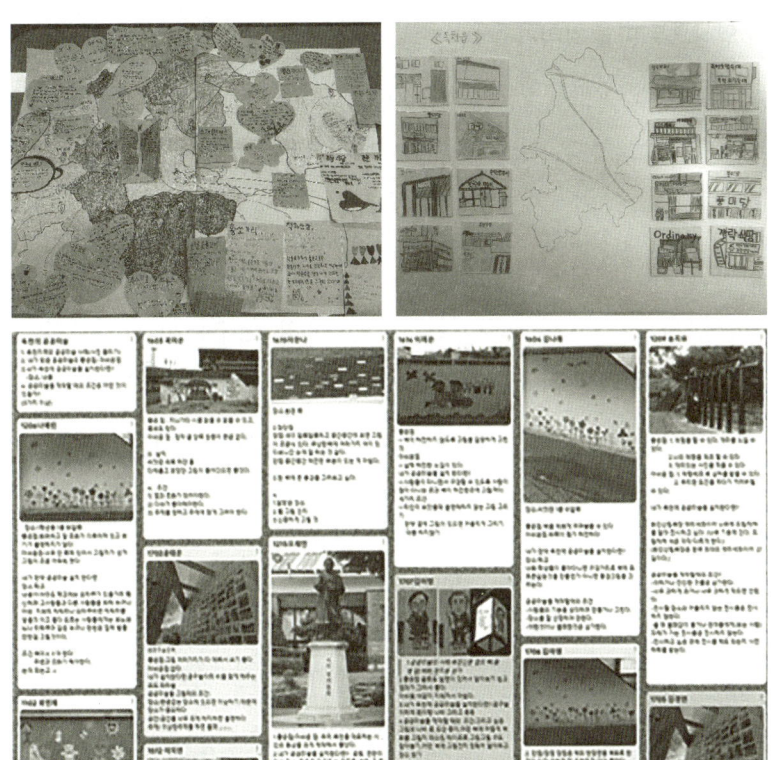

[2021학년도 1학년 자율탐구과정 주제중심 프로젝트 결과물]

　마을 알기 교과 통합 프로젝트 수업을 통해 생긴 마을에 대한 관심과 이해는 학기마다 마을 기관과 함께하는 체험 프로그램 참여로, 자신들이 가고 싶은 지역의 마을 곳곳을 꼼꼼하게 관찰하며 탐방하는 마을 탐방 체험학습으로 발전하였다.

영상으로 마을 알리기

2021년도의 마을 관련 주제로 학생의 주체적인 참여를 이끌어내는 주제중심 교과통합 자율탐구교육과정은 마을 홍보 영상제라는 아름다운 결실로 이어졌다.

마을 영상제는 자신의 뿌리가 되는 지역을 홍보하기 위해 옥천성당, 지용 문학공원, 전통문화체험관, 향수 시네마, 둔주봉 등 옥천의 명소를 탐방하면서 플래시몹, 뮤직비디오, 단편영화 등을 만들어 상영한 것이다. 아이들은 학급별 마을 홍보 영상 제작을 통해 애정을 가지고 자신과 지역 공동체를 바라보고 지역에 대한 소속감과 자긍심을 자연스럽게 느낄 수 있었다.

특히 마을 영상제의 마지막은 1학년 학생들이 전부 참여한 기후행동송 플래시몹이었다. 지구도 우리가 살고 있는 큰 마을이라는 인식을 바탕으로 심각한 기후 위기를 해결하고자 하는 의지가 담겨서 한층 더 의미가 있었다.

교과 통합 프로젝트답게 국어 교과 시간에는 다양한 지역 언어로 영상제 홍보 포스터를 만들고 음악 교과 시간에는 옥천을 홍보하는 내용으로 랩 가사를 녹음하였다. 미술 교과 시간에는 소품 제작을 하는 등 많은 교과의 협조와 지원이 있었다.

1학기 말 자유학년제 생활기록부 작성이라는 거대한 산을 앞두고 '바쁘다 바빠'를 입에 달고 살아야 하는 상황에서 서툴고 산만한 진행 상황을 지켜보며 답답한 마음도 많았다. 하지만 한 달이 조금 넘는 시간 동안에 아이들이 집약적으로 에너지를 쏟아서 만든 마을 홍보 영상물을 본 순간 깜짝 놀라고 말았다.

영상 제작이 능숙치 않은 아이들이 핸드폰과 거치대 하나로 모든 영상을 촬영하고 총 65분의 영상에 156명 어느 누구 하나 주인공이 아닌 사람이 없었다. 특수학급 아이도 간단한 율동을 익혀서 학급 영상 제작에 참여했으며, 코로나19 유행 상황에서 가만히 쓰고 있어도 답답한 마스크를 쓰고 율동을 맞추기 위해 수 십번을 연습하였다. 유튜브에서 보는 3~5분짜리 짧은 영상을 보고 전체 편집을 하겠다고 자원한 아이는 컴퓨터가 익숙하지 않아 핸드폰 앱으로 7시간을 끙끙대기도 했다.

한편 학교와 학원 수업으로 바쁜 아이들이 주말에 옥천의 둔주봉을 올라간다고 했을 때 기꺼이 동행했던 담임 교사의 각별한 노력이 있었다. 모둠원끼리 시간을 맞출 수 없어서 점심 시간, 평일 저녁, 주말에 영상을 촬영할 때도 아이들을 응원하고 격려해 주었던 교사들이 있었기에 가능한 영상제였다.

수 많은 아이들의 땀과 눈물이 담긴 마을 홍보 영상은 전 학년 교실에서 상영한 후 학급 메신저에도 올렸다. 학급 메신저에는 "영상이 멋지게 나왔어. 잘했네." "다음에 하면 더 잘 할 수 있겠는데" "다들 너무 수고했어" "우리 반 최고!!"라는 댓글이 끊임없이 달렸다. 영상을 촬영해야 하는데 서로 시간이 안 맞아서 싸우고 춤 동작을 주도하는 친구의 강압적인 말투에 상처받아서 울었던 아이도 환하게 웃었다. 영상 제

[마을영상제 영상]

 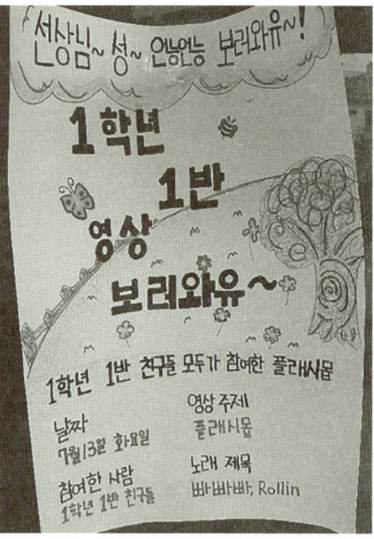

[지역 언어 홍보 포스터]

작을 지휘하던 감독 아이가 집으로 가는 길에 넘어져 다리가 부러지는 사고가 생겨 감독을 교체하는 등 온갖 우여곡절 끝에 만든 것이라 아이들도 남다른 감흥을 느꼈으리라.

영상에는 아이들이 음악 교과 시간에 만든 랩 가사가 나온다.

"태어난 곳 다르지만 만난 곳은 옥~천

정이 많은 우리 동네, 들어봤니 흥이 넘치는 옥천의 축제

옥천에서 행복했던 우리들의 얘~기"

마을에 대한 자부심이 샘솟고 지역의 소중함을 알고자 하는 아이들의 노력이 끊이지 않고 계속 이어지기를 바란다.

한 단계 발전된 마을 알기

마을 영상제는 자신이 자라고 삶을 살아가는 마을을 세심하게 느끼는 마을 알기 교과 통합 수업이 있었기에 가능했다. 그러나 2021년 주제중심 교과 통합 프로젝트는 교과 간에 내용의 연관성이 미흡하다는 평가가 있었다. 따라서 2022년의 마을 알기 교과 프로젝트는 교과 간에 상호 연계성과 학생들의 참여와 소통을 강화하도록 구성하였다.

예컨대 자신이 살고 있는 마을에 대한 관심과 참여를 목적으로 한 도덕 교과의 마을 문제 개선하기 수업은 보다 정교해지고 마을의 개선하고 싶은 문제를 들여다보는 아이들의 시선과 인식이 한결 깊어졌다.

뿐만 아니라 협력 수업이 가능한 다양한 교과들끼리 교육과정을 재구성하는 통합 활동들은 더욱 유기적으로 연결되었다. 영어, 일본어, 미술 교과에서는 여행자를 위한 여행 프로그램 상품 개발 활동을 하고, 사회와 기술가정 교과에서는 지역의 위치 정보인 방위, 축적, 기호를 그린 지도를 제작한 후 마을에서 생산하는 컬러 푸드를 표시하는 통합 활동을 하였다. 그 지도 위에 과학 교과에서 동물계, 식물계에 속하는

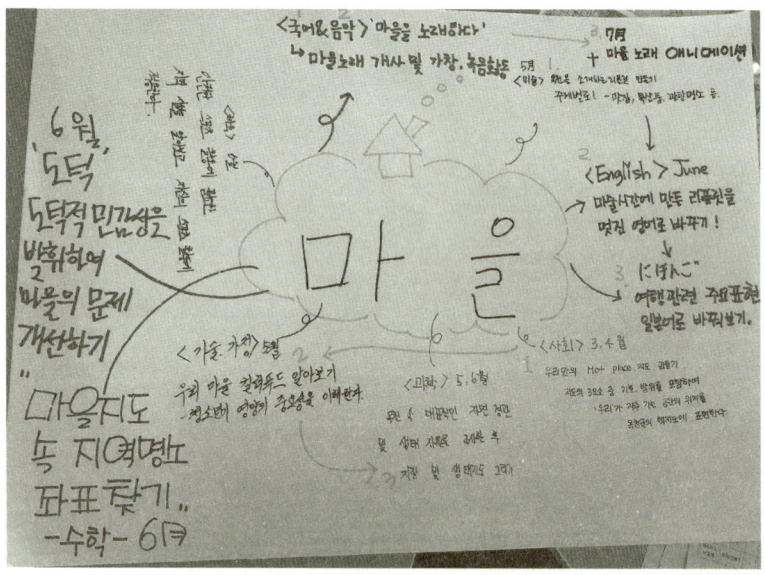

[교과통합 수업을 위한 마인드맵]

대표 자생종을 조사한 내용을 덧붙여 종합적인 마을 지도를 만들었다

[2022학년도 1학년 자율탐구과정 마을 알기 프로젝트 운영 계획]

프로젝트명	참여교과	교과별 희망시수	수업내용	시기(월)	성취기준
마을 알기 (1학기)	사회	2	옥천 지도 속 방위, 축척, 기호 그리기	3	공간규모에 맞게 위치를 표현하고 위치의 차이가 인간생활에 미친 영향을 설명한다.
	과학	2	마을에 분포한 주변 암석을 수집 및 분류, 마을 지질 지도 작성	5	마을에 위치한 자연 경관 및 생태 자원을 조사하고 마을 지질지도 및 생태지도를 작성할 수 있다.
	기술가정	1	우리 마을 컬러 푸드 알아보기	5	청소년기 영양의 중요성을 이해한다.
	수학	1	마을 속 좌표 찾기	6	순서쌍과 좌표를 이해한다.
	체육	2	지역 체육시설 위치 지도 만들기	6	[9체05-05] 안전한 스포츠 활동에 필요한 지역 시설을 알아보고 자신의 스포츠 활동에 적용한다.
	미술	4	이야기가 담긴 우리 마을 지도 만들기	6	[9미01-01] 자신과 주변 대상, 환경, 현상의 관계를 탐색하여 나타낼 수 있다.
	도덕	3	도덕적 민감성과 상상력을 발휘하여 내가 사는 마을의 다양한 문제 파악, 개선하기	6	[9도01-02] 도덕적 행동을 위한 도덕적 상상력과 민감성, 도덕적 추론의 과정과 비판적 사고의 역할을 이해하고, 자신의 삶을 도덕적으로 성찰하는 태도를 기를 수 있다.
	음악	3	옥천 홍보 시 노래 가창 및 녹음	6	[9음01-01]악곡의 특징을 이해하며 개성있게 노래 부르거나 악기로 연주한다.
	국어	3	옥천 홍보 시 노래 만들기	6	[9국05-02] 비유와 상징의 표현 효과를 바탕으로 작품을 수용하고 생산한다.
	일본어	4	트래블러를 위한 옥천 여행 프로그램(상품) 기획	6	[9생일-02-03] 의사소통 기본 표현과 관련된 간단한 대화를 한다.
	영어	4	트래블러를 위한 옥천 여행 프로그램(상품) 기획	6	[9영02-01] 주변의 사람, 사물 또는 장소를 묘사할 수 있다. [9영02-07] 주변의 위치나 장소에 대해 묻거나 답할 수 있다.

5. 미술 - 마을 안내 소책자 만들기 <6월>

결과물 - 브로슈어(소책자)

6. 영어+사회+기가+미술 - Traveler를 위한 여행 프로그램(상품) 개발 <6월>

10. 음악 - 옥천 홍보 노래 부르기 <7월>

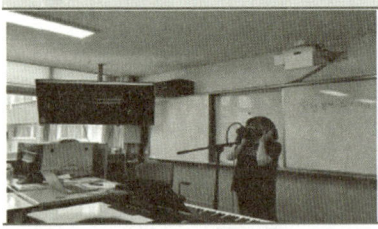 

결과물 - 노래 가사, 녹음 파일

11. 수학 - 마을 속 관광명소 좌표 찾기 <7월>

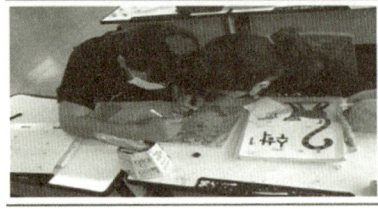 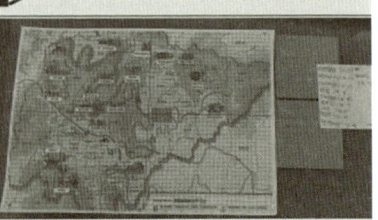

결과물 - 마을 지도

[2022학년도 1학년 자율탐구과정 마을 알기 프로젝트 결과물]

특히 통합 프로젝트 결과물이 개별 교과의 성과에 그치지 않고 공동학습지, 공동창작물 등이 나올 수 있도록 교과 간의 연계에 집중했고 예산 편성도 미리 계획해서 더 짜임새 있는 활동이 되었다.

비빔밥처럼 나누는 삶, 좋은 삶

배움으로 마을에 기부하기

교과통합 프로젝트에 앞장서는 교사들이 생기면서 2019년부터 본격적으로 다양한 마을연계 교과통합 프로젝트가 진행되었다. 특히 1학년 자유학년제 시기의 '배움으로 마을에 기부하기' 프로젝트는 각 교과의 내용적 요소를 연계하고 통합하여 재구성한 명실상부한 프로젝트 활동으로 해가 갈수록 더욱 체계화되었다.

2019년부터 2020년까지 외국어(영어, 일본어)로 마을 홍보 영상을 제작하고 고전소설로 마을 유아들에게 아동극(인형극)을 공연하였다. 마을 홍보 영상 제작은 옥천 미디어 사회적 협동조합 소속의 마을활동가를 초빙하여 영상 촬영 기법과 영상 편집 기술을 배운 후 마을 곳곳을 직접 발로 뛰며 촬영하였다. 마을을 널리 알리고자 애쓴 아이들의 뜻깊은 영상물은 마을영화관(옥천향수시네마)에서 상영되었다.

아동극과 인형극 공연이 희망 학급을 대상으로 몇 개 교과의 협조를 얻어 진행된 프로젝트였다면 2021년에는 모든 학급의 학생들을

[지역영화관에서의 상영]   [외국인을 위한 홍보 영상]

참여시키고자 학급을 두 팀으로 나누었다. 한 팀은 국어 교과서의 별주부전을 재구성하고 또 다른 팀은 창작한 환경극을 만들어서 마을 유아들에게 공연하는 것으로 프로젝트를 확대했다.

교과통합 프로젝트 아동극 제작과 공연에는 중심이 되는 교과가 필요해서 국어 교과가 어려운 짐을 지기로 했다. 별주부전 대본은 국어 교과서에 있었지만 환경극 대본은 없었기에 방학 동안 대본을 작성하게 한 후, 2학기에 동극 전문 마을활동가의 지원을 받아 연기와 발성 지도 수업을 진행했다. 다른 교과들의 참여는 마인드맵으로 정리해 보았다. 영어, 수학 교과는 기본 교과로서 교과 지식을 소홀히할 수 없고 과학, 기술 가정, 사회, 일본어 교과는 내용적인 통합 활동이 어려워서 교과 수업에 집중하기로 하였다.

2020년 코로나19 유행 상황에서도 마스크를 쓴 채 공연 연습을 하고 정확한 대사 전달을 위해 녹음으로 대사와 행동을 맞추는 등 어려움이 컸지만 2021년에도 지역의 어린이집에서 공연하기까지 파란

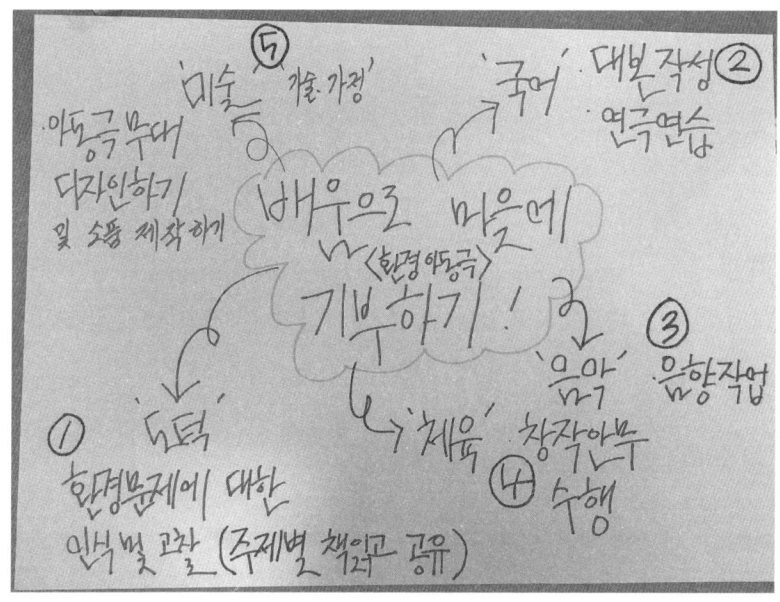

만장한 시간을 보내야 했다. 수그러들지 않은 코로나19 감염 상황에서 다수의 어린이집이 안전을 이유로 공연을 거부하는 예기치 못한 사태가 발생했다. 감염의 위험성에 불안해하시는 어린이집 선생님께 무료로 공연하고 싶다고 간곡히 부탁해 7개의 어린이집을 간신히 섭외했다.

교과 수업을 진행하는 교과와 프로젝트 수업을 하는 교과가 동시에 활동하는 상황에서 아이들이 수업 교과까지 공연 연습 시간을 달라고 애원하면서 교사들끼리 서로 난감해하기도 했다. 아이들끼리도 적극적인 아이 위주의 공연 연습이 시작되면서 소극적인 아이들이 위축되기도 했고 친하지 않은 친구들끼리도 협력해야 하는 공연 준비 과정은 많은 갈등과 다툼을 일으켰다.

  무엇보다 아이들에게는 자신들이 다녔거나 친동생과 동네 동생이 다니는 어린이집 무대에서 공연을 한다는 것이 심리적으로 많은 부담감을 주었던 것 같다. 공연을 앞두고 어린이집에 사전 연락도 없이 공연 장소를 미리 보고 싶어서 불쑥 찾아간 아이들 덕분에 어린이집으로부터 민원성 전화까지 받았다. 공연 시 사탕이나 과자 등 먹을 것을 어린 동생들에게 멋지게 뿌리고 싶어 하는 아이들을 코로나19 유행 상황이니 공연 끝난 후 개별 포장해서 정중하게 전달해 달라고 설득하는

[배움으로 마을 기부하기-아동극 공연]

일도 있었다.

드디어 걱정과 설렘이 가득한 공연 날, 누구나 익숙한 별주부전 내용에 귀엽게 호응하는 어린 관객들을 보며 아이들의 자신감이 서서히 차올랐다. 특히 아이들이 직접 대본을 창작한 환경극은 쓰레기 용궁을 구하는 토끼, 친환경 주택을 짓는 아기돼지 삼형제, 환경파괴 요정에 맞서는 멈춰 요정의 활약을 담은 다양한 내용으로 많은 환호를 받았다.

2022년 2학기에도 아이들의 끼와 재능을 의미 있게 발휘하고 마을과의 연결을 통해 배움이 나눔이 되고 나눔을 통해 삶을 배우는 '배움으로 마을에 기부하기' 프로젝트는 환경아동극으로 진화해서 공연될 예정이다.

우리는 텃밭에서 논다

지역에 거주하면서 생명 농부의 자질을 가진 미술 교과 교사와 아이들이 만든 자자잘(자란다 자란다 잘한다) 텃밭이 존재했었다. 학년별로 텃밭 봉사 학생들과 옥수수, 토마토, 가지, 고추, 상추 등을 심어서 생명의 경이로움을 느끼고 결실의 보람을 누렸었다. 그런데 통행로와 주차장의 분리로 학교 후문에 있었던 자자잘 텃밭이 갑자기 사라지게 되었다. 주차장으로 변신한 텃밭 자리를 보며 아쉬운 마음이 컸는데 2021년도 1학년 담임 교사 중에 학년 건물 앞쪽의 풀만 무성히 자라는 꽃밭을 눈여겨 보는 분이 있었다. 어느 날부터 잡초가 우거진 땅에 방울토마토를, 어느 날은 고추를 심으면서 천천히 텃밭을 가꾸는 농부로 변신하셨다.

  쉬는 시간에도, 점심시간에도, 일과 후에도 텃밭에 물주고, 따온 방울 토마토를 예쁜 소품인 듯 자신의 책상에 한 알, 두 알 올려놓고 수시로 눈을 맞추는 젊은 남교사와 아이들이 텃밭으로 가기 시작했다.

  시샘인지 부러움인지 다른 학급 아이들도 '샘~우리도 텃밭 만들어요'하며 자연스럽게 학년 전체가 텃밭 가꾸기 프로젝트에 들어갔다. 마침 학급마다 꽃밭 봉사 학생들이 있어서 꽃밭 봉사 학생들을 텃밭 봉사단으로 만들었다. 인근 지역의 마을활동가와 연결하여 텃밭 강습을 받고 아이들이 원하는 학급 텃밭 설계를 하자 텃밭이 빠르게 만들어졌다.

  텃밭 봉사단보다 더 많은 아이들이 공부하는 시간을 제외하고 학급 텃밭을 들여다보고 심지어 여름 방학에도 텃밭이 궁금해서 학교에 오고 싶어 하는 아이들도 생겼다. 수시로 텃밭에서 노는 아이들 덕분에 농작물은 무럭무럭 자랐고, 농작물이 주렁주렁 달리는 시기에는 서로에게 선물하면서 아이들에게서 생동감이 넘쳤다. 그리고 텃밭은 아이들이 자신의 일상이나 우정 사진, 학급 사진을 촬영할 때 빠질 수 없는 중심 장소로 자리잡았다. 텃밭놀이터가 아이들의 몸과 마음이 쑥쑥 자라는 터전이 된 것이다.

  농촌 지역에 살면서도 농업에 종사하는 가정은 있지만 흙을 만지고 자연과 친근한 아이들이 많지 않다. 교사의 작은 관심이 아이들로 하여금 자연을 즐기고 생명의 소중함을 배우는 텃밭 가꾸기로 발전되었으니 아이들의 실천력이 놀랍다.

국어 시간에 텃밭의 작물을 보며 시를 쓰고, 기술 가정 시간에는 손수 재배한 신선한 야채를 맛있게 요리한다. 미술 시간에는 식물 세밀화 수업을 하거나 과학 시간에 농작물의 생장을 기록하고 진단하는 활동을 한다면 교과 통합 수업도 자연스럽게 이루어질 수 있다.

일년 동안 모은 전체 학급 저금통을 지역행복나눔마켓에 기부한 경험이 있는 아이들이 정성껏 키운 농작물을 지역의 어려운 이웃을 위해 나누는 아름다운 실천을 기대하고 싶다.

2022년에는 학년 전체를 대상으로 방과 후 텃밭 동아리를 구성하여 지역의 마을 활동가와 연계해서 텃밭 가꾸기를 하고 있다. 자신들이 원하는 꾸미지 않은 소박한 텃밭을 설계한 아이들은 비닐과 비료를 쓰지 않고 친환경으로 커가는 작물들을 보며 자연과의 공존을 꿈꾸고 있다. 자연과 더불어 사는 삶의 가치를 느끼고 지키려는 마음 따뜻한 아이들이 옥천여중에 있다!!

시어로 만나는 학급 이름

20021년 학기 초 1학년 담임 협의회에서 아이들 생활에 지역을 담는 방법을 의논하던 중 국어 교과 교사가 지역을 대표하는[4] 정지용 시

---

[4] 2022년 도교육청 주관으로 정지용의 삶과 문학 이야기를 '고향을 그리는 마음'이라는 주제로 옥천여중 국어, 도덕, 미술 교과와 옥천고등학교 역사 교과가 협업하여 수업 자료를 개발할 계획이다.

인의 시어를 학급 이름으로 하면 좋겠다는 제안을 하였다. 학급별로 정지용 시인의 동시집을 나누어 준 후 국어 시간에 어울리는 시어를 간추리고 미술 시간에 개성넘치는 그림 활동 끝에 완성하였다.

따뜻한 봄날처럼 교사들이 따뜻하게 맞이해 준다는 '봄날'을 학년 연구실 이름으로 만들어준 아이들. 학급 아이들이 머리를 맞대고 의미를 찾아 결정한 아름다운 학급 이름들. 정지용 시인도 자신의 시어가 미래 세대에게 학급 이름으로 불린다는 사실에 크게 기뻐하실 것이다. 지역 시인의 정감 넘치는 시어가 아이들 생활 곳곳에 뿌려지고 나누어

[지역 시인의 시어 학급 이름]

진다면 아이들도 시 속에서 자신을 발견하면서 지역과 함께하는 좋은 삶, 선한 삶을 사는 사람으로 성장하지 않을까.

별똥, 쌍무지개, 딸레들, 애기, 말똥, 포돗빛, 뻐꾸기영영양양의 아이들아~~

정말 보고 싶구나!!

후식- '우리'여서 더 행복하다

지금까지 옥천여중의 학생 중심의 마을 연계 수업과 활동들이 모두 다 성공적이었다고 말할 수는 없다. 다만 자신의 수업 안에 마을을 품고자 애쓴 동료 교사들과 교사들을 믿고 마을이라는 커다란 배움의 장을 종횡무진으로 누비면서 무수한 발걸음을 찍은 아이들 덕분에 교사로서의 삶이 풍성해졌다고 말하고 싶다.

읍내에서 멀리 떨어진 작은 마을에서 맑고 깨끗한 아름다움, 소소한 경치와 이야기들을 십 년 넘게 마음에 담을 수 있는 행운을 누리며 살고 있다. 산책길에서 만나는 마을 어르신의 친근한 미소, 낮은 담장 너머 부지런한 손발이 만들어내는 넉넉한 풍경들을 바라보며 삶의 진정한 즐거움과 행복을 알아가는 중이다. 부족하지만 직접 지은 시 한 편을 조심스레 건네본다.

우리 마을

햇빛 품은 금강이 반짝이고
맑은 물로 다슬기 곱게 품은 곳

매미와 풀벌레의 정겨운 하모니
산들바람 부는 미랭이길따라 금계화가 활짝

누렇게 물든 들깻잎은 바람에 나부끼고
하얀 물안개 스며든 처마에 매달린 까만 곶감

타닥타닥 툭툭 타오르는 황홀한 장작불
흰둥이와 함께 걸어가는 눈 쌓인 솔밭

비단 강물은 보드랍게 마을을 적시고
따스한 마음들로 차오르는 삶의 기쁨

    아이들이 만든 음식들이 푸짐하게 잘 차린 거창한 요리는 아니지만 어떤 밥상을 차릴지 스스로 선택하고 배움과 성장의 도전들이 살아 숨 쉬는 밥상이기에 그 어떤 밥상보다 소중하다고 생각한다. 밥상에 올라온 음식 맛을 평가하기 전에 밥상 앞에 조용히 앉아 우리의 이야기 속에 들어와 같이 느끼고 마음껏 상상하기를 원한다. 그렇게 함께 나눈 우리 이야기가 더 아름다운 이야기의 강물로 깊게 흘러가고, 새로운 희망을 꿈꾸는 장엄한 바다로 함께 나아갈 수 있기를 간절히 원한다.

세상의 많은 아이들이 저마다 원하는 행복한 밥상, 자신을 꼭 닮은 밥상을 들고 환하게 웃는 모습을 보고 싶다. 아이들이 손수 정성껏 차린 밥상이 늘어갈수록 더불어 살기 좋은 사회가 될 수 있기에.

조혜진 (옥천 동이초등학교우산분교장 교사)

내가 자란 터전에서 떠나지 않고 살아가며 아이들을 가르치고 있는 교사로서, 아이들에게 우리의 삶의 터전인 마을을 잘 가르치고 싶었다. 마을을 알고, 마을의 문제에 관심을 가질 수 있는 교육 활동 전개를 통해 아이들이 진정한 마을의 주인이 될 수 있도록 한 줄기 도움이 되어 보고자 한다.

CHAPTER 2
마을에서 살아가는 학생들의 주인 되기 여행

여행의 시작

우리는 늘 아이들한테 이야기합니다.
"너희들이 이 세상의 주인이란다!"
그런데 정말 세상의 주인은 아이들이 맞는 걸까요? 과연 현재 아이들이 세상의 주인이 되어 세상을 향해 자유롭게 이야기할 수 있는 걸까요?

- 신○○ 교사 인터뷰 중에서-

이런 의문에서 우리는 시작하게 되었다.
본교와 분교가 주 2회 연합교육과정을 운영하는 동이초등학교! 하필이면 우리가 살고 있는 지역에 대해 배우는 4학년 담임을 본교와 분교 모두 옥천 토박이 교사 2명이 나란히 맡게 되었다. 초·중·고 모두 옥천의 같은 학교를 나오고, 옥천에서 쭉 떠나지 않고 약 20여년 간 교사 생활을 하고 있으며, 옥천에서 살고, 아이까지 옥천에서 키우는 진정한 옥천 사람 교사 2명. 이것은 우리가 살고 있는 마을, 옥천을 잘 가르쳐 보라는 운명 같았다.

"와! 4학년 1학년 사회 교과서 보셨나요? 4학년 처음 가르쳐서 몰랐는데 3개 단원 모두 답사가 있어요."

우연치않게 20년 가까운 교사 생활 중 4학년 담임은 처음이었는데, 새 학년 준비 기간에 교육과정 설계를 위해 사회과 교과서를 펼친 순간, 모든 단원에 답사가 포함되어 있다는 것을 발견하게 되었다. 이때는 아직 코로나바이러스로 인해 활동의 제약이 많았던 시기. 교육과정 재구성을 통해 답사를 대체할 활동으로 설계할 수도 있었지만, 지역에 살고 있는 교사로서 우리 지역을 알아보는 4학년 1학기 단원을 교실 안에서만 가르치고 싶지는 않았다. 적어도 우리 둘이 가르치는 아이들에게는 옥천에 대해 알려주고, 옥천을 사랑하고 자부심을 가지는 지역의 주인이 되도록 가르치고 싶었다. 그것이 우리 둘에게 주어진 소명이라 느껴졌다.

우리가 가르치는 아이들을 세상의 주인으로 만들고자 하는 우리는, 우리가 같이 살고 있는 옥천을 알고, 진정한 구성원이 되는 긴 여행을 떠나기로 결심했다. 아이들의 삶의 터전이며 앞으로도 살아가야 하는 지역을 알아가는 우리의 여행은 옥천이라는 목표를 향해 보고, 듣고, 느끼고, 말하는 진정한 주인으로서 지역 주민이 되는 과정이 될 것이다.

여행의 준비

여행을 떠나기 전 철저한 준비가 있어야 멋진 여행이 되듯 우리의 여행에서도 준비과정이 필요했다.

"교감선생님, 4학년 1학기 사회과 교육과정 보니 매 단원 답사가 나오는데 어떻게 하면 좋을까요? 전체적인 목표가 우리가 살아가는 지역에 대해 배우는 학년인데 지금 코로나19 상황 때문에 밖에 나가기 어려울 것 같네요. 재구성하는게 좋을까요?"

말씀은 이렇게 드렸지만, 진작부터 지역과 삶이 연계된 교육 활동을 하고 싶어 하는 우리의 속마음을 알고 계신 교장·교감 선생님께서는 교육과정 상 필요하다면 마음껏 하고 싶은 교육 활동을 운영하라고 하시면서 안전하게만 다녀오라며 우리의 계획을 응원해 주셨다.

이렇게 학교의 적극적인 지지 속에서 우리는 여행을 준비하기 시작했다.

먼저 여행을 떠나려면 가려는 곳을 알아야 하지 않을까? 이럴 때 교과서는 지도가 되고 학교는 가이드가 되어 우리의 여행의 큰 로드맵을 만들어줬다. 먼저 사회과를 기반으로 하여 관련 성취기준을 아래와 같이 추출해보았다.

4학년 관련 성취기준 분석

과목	관련 성취기준
사회	1. [4사03-01] 지도의 기본 요소에 대한 이해를 바탕으로 하여 우리 지역 지도에 나타난 지리 정보를 실제 생활에 활용한다. 2. [4사03-02] 고장 사람들의 생활과 밀접하게 관련이 있는 지역의 다양한 중심지(행정, 교통, 상업, 산업, 관광 등)를 조사하고, 각 중심지의 위치, 기능, 경관의 특성을 탐색한다. 3. [4사03-03] 우리 지역을 대표하는 유무형의 문화유산을 알아보고, 지역의 문화유산을 소중히 여기는 태도를 갖는다. 4. [4사03-04] 우리 지역과 관련된 역사적 인물의 삶을 알아보고, 지역의 역사에 대해 자부심을 갖는다. 5. [4사03-05] 우리 지역에 있는 공공 기관의 종류와 역할을 조사하고, 공공 기관이 지역 주민들의 생활에 주는 도움을 탐색한다. 6. [4사03-06] 주민 참여를 통해 지역 문제를 해결하는 방안을 살펴보고, 지역 문제의 해결에 참여하는 태도를 기른다.
국어	7. [4국03-03] 관심 있는 주제에 대해 자신의 의견이 드러나게 글을 쓴다.
도덕	8. [4도02-03] 예절의 중요성을 이해하고, 대상과 상황에 따른 예절이 다름을 탐구하여 이를 습관화한다.

이러한 성취기준 분석을 통하여 우리는 옥천의 과거, 현재로의 여행을 떠나기로 교육과정을 재구성하고 우리가 가야 할 곳을 선정하였다.

이렇게 여행 로드맵을 작성한 후 우리 교육 활동에 필요한 예산을 확보하였다. 기억에 남는 여행을 가려면 주머니 두둑하게 든든한 여행 경비도 준비해야 한다. 학교에서 지원해주는 프로젝트 수업 예산을 기본으로 하고, 옥천행복교육지구 알록달록드림공작단 사업[5]을 신청하여 예산을 추가하였다.

그리고 함께 떠날 여행 동반자 든든한 우리 동학년.

"일단 선생님께서 하고 싶으신 대로 추진해보세요. 뒷수습은 제가 어떻게든 해 볼게요."

어떻게 보면 극과 극의 성격이지만 하나의 목표를 공유하니 서로의 장단점이 보완되는 우리 둘! 한 명은 적극적으로 우리의 교육 활동 자원을 탐색하고, 한 명은 꼼꼼하게 계획을 점검하며 앞으로 펼쳐질 여행을 준비하였다.

마지막으로 여행 도우미로 우리의 교육 활동을 지지해주는 학부모님, 협조적인 지역 주민, 응원해 주는 학교가 있었다. 모든 준비를 마치고 학생들과 우리가 사는 곳을 하나하나 여행하는 순간만 기다리는 설렘 가득한 출발이었다.

---

5 교육공동체의 다양하고 자율적인 배움을 지원하는 옥천행복교육지구 공모사업 중 하나

과거로의 여행: 보고, 듣고, 느끼기

"여러분! 옥천에 대해 알고 있는 것이 있나요?"
"글쎄요. 옥천에 살고 있지만, 옥천에 대해서 잘 모르겠어요."

옥천에 대해서 아이들에게 물어보면 가장 많이 나오는 반응이다. 또한 옥천에 있는 무언가를 설명하면

"옥천에 그런 것도 있었나요? 잘 모르고 있었어요."

라는 대답이 나오기도 한다. 이렇게 우리 살고 있는 지역에 대해서 잘 모르는 아이들을 위하여 우리는 먼저 과거를 알아야 현재를 알 수 있기에 옥천의 구시가지인 구읍으로 문화유산 알아보기 여행을 떠났다.

교과서에 관련 활동에 문화유산 해설사 직업 알아보기 활동도 있어서 같이 연계하여 진행하기로 계획하였고, 옥천군 문화관광과 협조로 옥천에서 활동하시는 문화유산 해설사 선생님을 마을선생님으로 모셨는데 마침 동이초등학교 동문이었다. 선배님은 동이초 후배들을 아끼는 마음으로 옥천향교, 옥주사마소를 통해 알 수 있는 옥천의 과거 모습을 더 자세하게 설명해주셨다. 학생들 또한 문화유산 해설사 선생님이자 선배님의 전문적인 설명을 들으며 조선 시대 옥천의 모습에 대해

알게 되었고 다른 문화재는 어떤 것들이 있나 궁금해하기 시작하였다.

그래서 옥천의 역사와 문화재를 보고, 듣고 느끼는 과거로의 여행을 마친 아이들은 학교로 돌아와 더 적극적인 자세로 옥천의 다른 유·무형 문화재에 대해 조사에 참여하기 시작하였다. 이렇게 수업을 진행하다 보니 아이들이 이렇게 열심히 조사한 문화재들을 보고서 형태를 벗어나 보다 흥미로운 형태로 정리하고 싶었다.

이런 고민을 동학년 선생님과 함께 나누니 바로 해결 방법이 나왔다. 우리 인맥 넓고 추진력이 좋은 선생님은 바로 옥천의 역사에 대해 잘 알고, 북아트도 잘하시는 마을선생님과 연락해 수업을 같이 구성하였다. 최고의 팀워크가 발휘되는 순간이었다. 곧바로 우리는 답사를 다녀온 문화재는 물론이고, 아이들이 조사한 문화재까지 포함하여 우리 고장 옥천의 문화재를 소개하는 책 만들기 수업을 진행하였다. 아이들이 직접 눈으로 보고, 듣고, 느끼고, 조사한 문화재를 마을 선생님과 함께 다양한 형태의 책 모양으로 만들어 정리하니 우리 지역 옥천이 더 가까이 느껴졌다.

현재로의 여행: 도전하기

과거로의 여행을 마친 우리는 지금의 현재 옥천의 모습을 살펴보기 위해 옥천의 중심지와 공공기관을 답사하기로 하였다.

옥천에 대해 다른 선생님들보다는 잘 파악하고 있다고 생각하고 있던 우리는 처음에는 걱정 없이 답사할 장소들을 계획하였다. 옥천군은 행복교육지구 관련하여 학교와 교육활동을 함께 진행해 본 경험이 있는 기관들이 많아서 아이들이 방문한다고 하면 적극적으로 협조해 주시는 곳들이 많이 있었기 때문이다. 앞서 실시한 옥천 과거로의 여행에서도 옥천군 문화관광과에 하고 싶은 교육 활동을 상의했더니 바로 문화유산 해설사 선생님을 섭외해주셔서 우리의 계획대로 진행할 수 있었다. 그래서 이번에도 소방서, 경찰서, 군청 등 공공기관 및 중심지에 있는 아이들이 제일 좋아하는 문구점 등을 다양한 곳들을 섭외하기로 계획하였다.

하지만 여행은 언제나 생각지도 못했던 변수가 있는 법! 관공서를 방문하기 위해서는 많은 절차가 필요했고 코로나19 상황 속에 방문 약속과 절차가 쉽지 않았다. 여기저기 수소문해서 약속을 잡고 답사 계획을 세우기 시작했다.

이렇게 우리가 고군분투하고 있을 때 아이들은 옥천의 중심지를 배우며 옥천 중심지의 미래 모습에 대해 의견을 내고 있었다. 새롭게 만들고 싶은 것과 바꾸고 싶은 것에 대한 의견을 발표하였는데 새로 만들고 싶은 것에는 백화점, 놀이공원, 대형마트 등 편의시설이 많았고, 바꾸고 싶은 것에는 도로가 넓어졌으면 좋겠다, 자전거 전용도로가 있으면 좋겠다 등 현재 불편한 점을 개선할 수 있는 내용 들이 있었다. 생각보다 옥천군에 전달하면 좋은 내용이 많았기에 아이들과 어떻게 하면 좋을지 회의를 하였다. 아이들은 우리가 쓴 제안들을 한 곳에 정리하여 옥천군에 전달하자고 결정하였으며, 이렇게 결정된 활동은 사전에 교육과정을 분석해 추출해 놓은 국어과 성취기준 '관심 있는 주제에 대해 자신의 의견이 드러나게 글을 쓴다.'와 관련하여, 커다란 종이에 제안하는 글을 써서 아이들의 의견을 채우는 수업으로 진행되었다. 의견서를 쓰다 보니 학생들은 옥천 중심지에 국한되지 않고 아이들이 살고 있는 마을 주변, 다니는 학교 주변의 문제점을 떠올려 의견들을 쓰기 시작하였다. 아래는 아이들이 제출한 의견서 중 일부이다.

- 동이면에 문구점이 있으면 좋겠어요.
- 마을 도서관 가는 길에 횡단보도가 없어서 위험합니다. 횡단보도를 설치해주세요.
- 학교로 가는 길 도로를 보면 불법 쓰레기가 많이 쌓여져 있습니다. 단속해주셨으면 좋겠습니다.
- 옥천에 워터파크가 없습니다. 물놀이를 하러 멀리 가지 않아도 될 수 있도록 워터파크를 만들어주세요.

옥천군에 바라는 점 제안하는 글쓰기

생각보다 좋은 의견이 많아 즐겁게 아이들과 글쓰기 수업을 하고 있는데 한 아이가 "선생님! 그런데 우리가 이렇게 쓴다고 들어주실까요?"라고 말하며 시큰둥한 반응을 보였다. 순간 멍해졌다. 도전도 하기 전에 실패부터 생각하는 아이들. 그동안 우리 아이들은 자신의 의견을 세상에 이야기해도, 자신들의 의견이 받아들여지는 경험이 없었기 때문일 것이다.

우리는 여행 첫 시작 때 같이 다짐 '우리 아이들을 세상의 주인 만들기'를 떠오르며, 우리 아이들에게 자신의 의견이 반영되는 경험을 꼭 해 주고 싶었다. 그래서 단순히 군청을 방문에서 군청에서 하는 일만 알아보는 것이 아니라 아이들의 제안을 정리한 자료를 군수님께 전달하기로 하였다.

생각보다 일이 커졌지만 아이들이 주도적으로 답사를 준비하는 모습을 뿌듯하게 지켜보시던 학부모님의 응원이 이어졌다. 그 중 소방서에 근무하시는 학부모님께서는 아이들이 더 많은 것을 소방서에서 배워갈 수 있도록 준비해주셔서 당초 계획했던 것 보다 아이들은 많은 것을 배워갈 수 있었다.

우여곡절이 많았던 군청 방문. 준비는 어려웠지만 막상 아이들이 방문하니 군청 관계자 분들이 아이들을 반겨주셨다. 우리가 군청 방문 섭외에 힘들어했다는 소문을 들으신 평생교육학습원 교육팀장님은 앞으로 군청 견학할 일 있으면 본인께 연락하라며 하시며 군청에서 하는 일을 설명해주셨다. 그리고 군수님과의 면담이 이어졌다.

아이들이 '과연 들어주실까'라는 의문을 가지며 썼던 제안들을 군수님께서 하나하나 꼼꼼하게 살펴보시며, 아이들의 의견 발표를 경청해 주셨다. 그리고 거기에서 머무는 것이 아니라 아이들의 제안 중 해결 가능한 부분들을 같이 고민해주셨다. 특히 '학교 문방구가 없습니다. 동이면에 문구점을 만들어주세요.'와 '마을 도서관 앞 횡단보도가 없어서 위험합니다. 횡단보도를 만들어주세요.'와 같은 제안들을 실현 불가능하다고 여기시지 않고 관련 부서 분들과 실현 가능성이 있는지 검토해주셨다. 실현 가능성이 없을 거라 여겼던 문방구 설치 제안은 마을 도서관에 문구점을 설치해 주기 위한 협의회를 진행하기로 하였으며, 횡단보도 문제는 도로 공사가 종료되면 바로 설치해 주시기로 약속하셨다.

이러한 과정을 지켜보며 우리 아이들은 학교에서 배우는 지식들을 실제 삶의 현장에서 적용되는 것을 배울 수 있었으며, 비로소 '우리도 의견을 내면 세상을 바꿀 수 있구나'라는 자신감을 얻어 적극적으로 목소리를 내기 시작하였다.

현재로의 여행: 고민하기

> [4사03-06] 주민 참여를 통해 지역 문제를 해결하는 방안을 살펴보고, 지역 문제의 해결에 참여하는 태도를 기른다.

우리가 4학년 1학기 사회과에서 마지막으로 도달할 성취기준이었다. 이 성취기준을 교실 속에서만 배운다면 아이들은 지역 문제 해결에 참여하는 태도를 과연 기를 수 있을까?

다행히 우리 아이들은 군수님께 의견 제안하고 그 후의 과정을 지켜보는 과정을 통해 아주 작게나마 참여를 통한 문제 해결을 경험할 수 있었다. 그러다 보니 아이들은 교과서 속에 나오는 주민 참여에 더욱 적극적인 방법을 찾아가게 되었다.

옥천군의 주민 참여 방법에는 어떤 것이 있을까 아이들과 같이 조사하는 과정 속에서 주민의 의견을 제안할 수 있는 공개게시판이 다른 시군에는 있는 곳도 있는데 옥천군청에는 없는 것을 발견하게 되었다. 주민 참여를 통해 지역 문제 해결이 이뤄진 사례를 아이들에게 보여주고 싶은데 그런 사례는 옥천군청 홈페이지보다는 지역 신문사 여론광장에 올리면 지역 신문사가 취재해서 해결하는 절차로 보통 옥천은 실시되고 있었다.

이런 문제에 대해서 생각하던 중에 옥천에서 '제1회 옥천군 아동정책 창안한마당'이 개최한다는 것을 알게 되었다. 그동안 수업에서 자신들의 제안한 의견으로 지역 주민들이 협의하는 과정을 살펴본 아이들은 '우리를 위해 정책도 만들어질 수 있지 않을까?' 하는 생각에 적극적으로 고민하게 되었다. 그래서 우리가 수업 중에 겪은 불편함을 토대로 '우리도 참여하고 싶어요'란 주제로 정책을 제안하게 되었다. 초등학교 4학년부터 고등학생까지 경쟁하는 이 대회에서 우리 아이들은 당당히 예선을 통과했고, 유일한 초등학생 본선 진출자로 대회에 나가 당당히 최우수상을 받았다. 그리고 아이들이 제안한 정책이 검토 결과

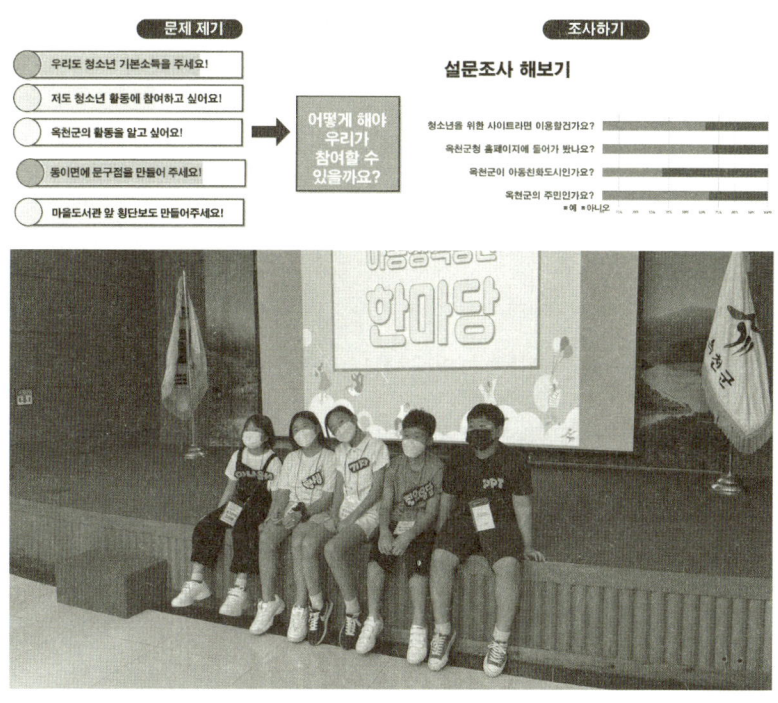

제1회 옥천군 아동정책 창안한마당 자료

추진 가능하다는 답변까지 받았다.

현재를 살아가는 아이들의 고민이 지역의 정책이 되는 경험을 통해 아이들은 자신이 지역 주민으로 받아들여지는 경험을 했다. '우리의 의견을 어른들이 받아 주실까?'의구심을 제기하던 아이들이 민주 시민으로서 적극적으로 의견을 제안하고 참여하는 변화를 보여주었다.

미래로의 여행: 꿈꾸기

우리 아이들이 어른이 된다면 옥천에서 살고 있을까?

아이들은 옥천의 다양한 문제들을 고민하고 의견을 내는 과정을 통해서 내가 사는 지역에 관심을 가지고 미래를 살아갈 지역 주민으로서 더 나은 미래를 꿈꾸기 시작했다.

이런 아이들에게 옥천에서 살아가는 사람들이 어떤 일을 하는지 지역의 경제와 생활은 어떤 관련이 있는지를 찾아 어른이 되었을 때의 모습을 상상하며 미래의 옥천으로 여행을 떠났다.

다양한 옥천 속 진로를 체험하기 위해 마을 선생님과 지역 소상공인들을 만나 지역 경제를 이해하고 지역의 직업인을 통한 미래의 나를 꿈꿔보는 시간을 가졌다.

또한, 지역 협동조합인 옥천살림협동조합을 방문해서 지역 순환 경제를 살피고 옥천로컬푸드유통센터에서 지역 농산물을 소비해봄으로써 지역 경제의 구조를 경험해 보았다.

지역 신문사를 방문하여 풀뿌리 민주주의를 경험하고 지역 사회적 기업에서 운영하는 지역문화창작공간에서 청년의 이야기를 들어서 아이들이 옥천에서 살아갈 미래에 대해 꿈꿔보도록 하였다.

새로운 여행: 마을의 주인이 되어 마을에 관심 가지기

진정한 마을의 구성원이 되어 '삶이 곧 배움'이 되는 1년간의 여행을 마친 우리 아이들. 2022년이 되어 지역의 주인으로서 다른 고민을 시작하게 되었다.

> 작년에 선생님과 동네 주민분들께 떡을 드리려고 마을을 돌아다녔어요. 돌아다니기 전에는 동네에 사람들이 잘 안보이는 이유가 마을 인구가 많이 줄어서 그런 줄 알았어요. 그런데 한 집 한 집 방문하면서 떡을 드리다 보니 누워계신 어른들이 많더라구요. 사람들이 없는 것이 아니라 편찮으셔서 누워계신 노인 분들이 많기 때문이었어요. 그런 마을 분들을 위해 우리가 할 수 있는 일을 찾으면 좋겠어요.
>
> - 4학년 김○○학생 -

마을의 구성원으로서 자신들의 역할에 대해 고민하던 아이들은 학교 주변 마을에 젊은 사람보다는 어르신들이 많아서 일손이 많이 필요하다는 점을 파악하게 되었다.

"선생님, 마을 어르신들이 학교 앞 논에 모내기를 시작했어요. 그런데 힘도 별로 없어보이는 어르신들이 농기계를 사용하지 않고 굳이 손모내기를 하고 계시더라구요. 알고 보니 우리 마을은 논으로 들어가는 진입로가 없어서 손모내기를 할 수 밖에 없어요. 저희가 도와드릴 방법이 없을까요?"

아이들은 마을 어르신들이 정말 자신들의 할아버지, 할머니처럼 걱정하기 시작했다. 교사인 내가 봐도 무더위 속 어르신들은 위태로워 보였다. 그렇다고 무작정 학교 수업을 뒤로 하고 모내기를 도와드릴 수는 없었다.

"우리 어르신들에게 새참과 음료수라도 가져다 드려요. 작년에 떡을 나눠드렸던 것처럼요. 올해는 작년처럼 마트에서 음식을 사지 말고 어르신들이 좋아하는 것들로 우리가 직접 만들어드리면 더 좋아하실 것 같아요!"

그렇게 농번기를 맞아 일손이 바쁜 농촌의 어르신들을 돕기 위한 우리의 '새참 만들기 프로젝트'가 시작되었다. 아이들이 새참 만들기 프로젝트를 제안하자 교사들은 관련 교육과정을 분석하여 학생들과 함께 '향수가득 지역사회 어울림데이 프로젝트'를 계획하게 되었다.

아이들은 처음에 새참으로 양갱 만들기를 제안했다. 대부분의 어르신들이 양갱을 좋아할 것이라는 생각했기 때문이다. 하지만 아이들과 양갱 조리 방법을 인터넷으로 뒤져보니 꽤나 시간이 걸리고 어려운 것이었다. 아이들의 무모한 도전을 지켜보던 한 선생님이 말씀하셨다.

"애들아, 약밥 만들어봐. 약밥 만드는 방법 은근 쉽다! 그리고 건강한 재료들이 많이 들어가서 어르신들 일하시는데 영양보충도 충분히 될 걸?"

선생님의 추천에 아이들이 곧바로 약밥 만드는 방법 조사에 돌입했다. 프로젝트의 시작은 아이들이 마을의 어르신들을 방문해 약밥의 조리 방법을 조사하는 것으로 출발했다. 아이들은 마을 어르신들에게 비법을 전수받으며 마을 분들과 한층 더 가까워지는 시간을 가졌다. 약밥 비법을 전수받기 위해 마을 이 곳 저 곳에 인사를 하고, 어르신들의 말씀을 수첩에 고이 적는 고사리 손들을 보며 마을과 학교의 보이지 않는 벽은 점점 허물어져 갔다.

다음은 전수 받은 비법으로 실력 발휘에 도전할 차례. 아이들은 옥천로컬푸드유통센터를 방문해 약밥 조리에 필요한 재료를 구매하였다. 지난해 로컬푸드유통센터를 방문했던 아이들이 옥천에서 생산되는 농산물을 구매하자며 제안한 방법이었다. 그 후에도 아이들은 자신이 없는지 재차 마을로 나가 어르신들에게 조리 비법을 확인했다. 아이들은 결국 약밥 만들기에 성공했다. 뿌듯한 마음으로 마을 경로당과 이웃집들, 모내기 판을 돌며 약밥을 나누어 드렸다. 큰 기대 없이 영업 비밀을 전수해주셨던 어르신들은 아이들이 진짜 약밥을 들고 나타나자 많이 반가워하셨다. 마을에는 응원의 목소리와 감사의 인사가 끊이지 않았고 우리가 의도한 '마을의 가족이 되어주기'는 성공적으로 마무리되었다.

> [2바05-02] 동네를 위해 할 수 있는 일을 찾아 실천하면서 일의 소중함을 안다.
> [4도02-03] 예절의 중요성을 이해하고, 대상과 상황에 따른 예절이 다름을 탐구하여 이를 습관화한다.
> [6도02-03] 봉사의 의미와 중요성을 알고, 주변 사람의 처지를 공감하여 도와주려는 실천 의지를 기른다.

위 성취기준을 가지고 교실 안에서만 수업했다면 아이들은 무엇을 배웠을까?

지속적으로 학교-마을 연계교육을 접해 본 아이들은 마을을 위해 할 수 있는 일을 주도적으로 찾으며, 따로 예절 관련 교육을 하지 않아도 대상과 상황에 맞는 예절을 습관화할 수 있었다. 또한 약밥 나누기 활동을 통해 봉사의 의미와 중요성을 스스로 깨닫고, 주변 사람의 처지를 공감하여 도와주려는 마음을 가지게 되었다.

"처음 우산분교에 부임했을 때, 우연히 길에서 마주친 마을 어르신들이 저를 이방인 보듯 바라보시더라구요. 그래서 학교와 마을 사이에 무언가 보이지 않는 벽이 있다는 것을 느꼈어요. 하지만 아이들이 마을로 나가 인사하고 대화하는 시간이 늘어날수록 그 벽은 쉽게 허물어졌어요. 이분들이 실망하지 않게 큰 일이 없더라도 자주 마을로 나가야겠다고 느꼈죠. 뿌듯한 마음으로 약밥을 나누어드리는 아이들과 아이들이 만든 약밥을 받으시며 행복해하시던 어르신들의 얼굴이 잊혀지지 않습니다. 아이들에게 마을이라는 터전이 얼마나 가치 있는 교육의 장인지 느끼게 된 계기였습니다."

- 주○○교사 인터뷰 중에서 -

여행을 마치며: 새로운 도전을 하는 우리

2022년, 긴 여행을 함께 했던 우리 옥천 사람 교사 2명은 떨어지게 되었다. 동학년 선생님은 다른 학교로 이동했으며, 나는 같은 학교에서 다른 동학년을 만났다. 지난 교육 활동들이 너무 좋았기에 우리 둘은 바뀐 환경 속에서도 그대로 운영하고 싶었지만 학생과 학교, 마을이 바뀌니 많은 활동의 변화가 필요하였다. 아무리 우리가 좋은 교육과정을 운영했다고 해도 학생들의 성향이나 학교·마을의 여건에 따라 수업 방식은 수시로 달라지기 때문에 그대로 적용하는 것은 불가능하다는 것을 몸소 느낄 수 있었다.

> 마을에서 자라고 성장한 주민으로서 마을 교육은 지역을 살리기 위해 꼭 필요한 일이라고 생각합니다. 지역에 대해 충분히 경험하고 좋은 기억이 있으며 잘 알고 있기에 무리 없이 이곳에서 살아갈 수 있었기 때문입니다. 오히려 지역에서의 삶의 경험이 교사로서 아이들을 가르칠 때 큰 도움이 되었습니다.
> 하지만 학교를 옮기면서 전에 학교에서 했던 것이라고 해서 동일한 수업으로 옮긴 학교에서 똑같이 적용하는 것은 학생, 학교, 지역의 변화로 인해 어렵다는 것을 깨달았습니다. 마을과 학교, 그리고 지역주민들이 공동체라는 래포가 형성되지 않은 상황에서 혼자 마을로 들어가는 것에 여러 방향으로 저항이 있었습니다. 흔히 마을 교육을 시작할 때 겪는 그런 문제를 학교를 옮겨서도 겪게 됨에 있어 교사의 의지만으로 이루어지는 것은 아니라고 생각합니다.
> 학교-마을연계교육과정을 제대로 실천하기 위해서는 마을과 학교, 학부모, 학생 공동체의 필요성을 공유하고 소통하는 과정이 우선 필요합니다.
> 그런 의미로서 학교를 옮기고 진행된 마을교육은 어려움이 많았으나

조금씩 변형하고 나름의 방식으로 작은 발걸음을 내딛어 보고자 합니다.

- 신○○ 교사 인터뷰 중에서-

나 또한 새로운 동학년 선생님과 이전 교육 활동을 다른 관점에서 살펴보며 좀 더 발전시켜 나갔지만, 작년과는 너무나 다른 학생 성향 때문에 어려움이 많았다. 같은 내용을 가르쳐도 받아들이는 것이 달랐기 때문이다.

하지만 우리는 이러한 어려움 속에서도 포기하지 않고 각자 상황에 맞는 학교-마을연계 교육 활동에 꾸준히 도전하고 있다.

아이들과 함께했던 우리의 교육 활동을 통해 아이들이 진정한 마을의 구성원으로 변화하고, 자발적이고 주도적으로 성장하는 모습을 지켜보았기 때문이다.

앞으로도 우리와 마을 안에서 보고, 듣고, 느끼는 여행을 함께하는 아이들이 그 경험들을 잊지 않고, 세상을 향해 자유롭게 이야기하는 세상의 주인이 되길 기대한다.

마을과 처음이라서

책이 나오기까지의 과정

크고 작은 의문에서

마을교육공동체 관련 업무를 맡으면서 가장 목말랐던 지점이었다. 아이들에게 풍부하고 다양한 경험과 선택권을 제공하는 것에 그치지 않고 학교와 마을의 상생과 조화를 추구한다면서 사실은 학교와 충분한 이야기를 나누지 못했다. 만족도조사나 요구도 조사를 통해 세부사업을 추진하긴 했지만 학교와 마을이 각각 또는 함께 지향해야 할 방향이나 목표를 촘촘히 세워가지 못했다.

① 초등돌봄교실과 마을돌봄의 차이가 무엇인가? 관련 법령이 없고

행·재정적 지원이 부족한데 마을돌봄을 하려는 궁극적인 목적이 무엇인가?
② 마을연계 교육과정이 학교와 지역사회 연계를 위한 중요한 실천 기반이 될 수 있는 이유는 무엇인가?
③ 학교가 지역의 지속가능한 발전 방향을 고려하여 교육과정을 운영해야 하는 이유는 무엇인가?
④ 교육지원청 또는 기초지자체가 주도하는 사업으로 인식되어서 학교는 수혜자의 입장에 머물러 있지 않은가?
⑤ 각 주체 간 소통과 협력을 위해 추진하는 일 중 가장 어려운 점은 무엇인가? 학교는 왜 마을과 연대하는가? 또는 학교는 왜 마을과 연대하지 않는가?

제시한 질문 외에도 크고 작은 의문들이 생겨났다. 각종 연구 자료나 선진지 탐방 등을 통해서 궁금증을 해소해 오다가 어렵지만 실천하고 있는 선생님들의 진솔한 이야기가 궁금해졌다. 자발적인 교사공동체로 시작했으면 좋으련만 담당 장학사의 책무성으로 2020년 하반기에 교사공부모임을 만들었다. 사실 지역에서 열심히 기여하고 있는 선생님들을 추천받아서 반강제적으로 모였다고 하는 것이 더 정확하다.

첫모임은 가볍게 비대면으로 충남아산의 마을연계 교육과정 사례나눔을 하고 내년도 교사지원단 운영방안을 논의했다. 타 시도 이야기를 들어보니 우리와 추구하는 방향과 이질적이지 않고, 고민하는 지점이

유사하다는 것을 깨닫고 우리 내부의 이야기를 먼저 들여다보고 나누기로 결정하였다. 따라서 두 번째는 코로나19 상황에도 야심차게 대면 모임을 가졌으며, 심지어 관계형성 프로그램을 준비하여 서로를 소개하는 어색한 시간을 보냈다. 2021년에는 다짜고짜 매달 모였다. 옥천군 동이초, 안내초의 이야기를 시작으로 시흥시 군서고등학교 마을연계 교육과정까지 다양한 이야기를 접할 수 있었다. 학교 급이나 지역에 따라서 당면과제가 달랐고, 그에 따라 운영하는 방식도 달랐다. 다만 분명한 것은 엄청난 정보의 호수 속에서 성취기준에 딱 맞으면서 교재로 쓰기에 적합한 완벽한 자료는 없다는 것이다. 어찌보면 교과서나 교육지원청, 지자체에서 배포한 자료는 해당 학교나 마을에 맞지 않는 획일적인 자료가 될 수 있다는 것이다.

> 교사는 남의 사례나 학술적 연구를 이야기를 하는 자가 아니다. 자신의 성공과 실패담을 나누면서 나와 우리 모두의 성장을 도모하는 사람이다.
>
> - K고 교사 강의 중에서-

결국 실천하는 주체는 교사다. 아이들을 가장 잘 알고 있는 교사가 움직이는 것이 바로 수업전문성이다. 교육적 방향이 그러하니 어쩔 수 없이 마을선생님, 지역자원과 협치하는 것이 아니라, 보다 교육과정을 잘 운영하기 위해서, 수업전문성을 발휘하기 위해서 마을 또는 지역과 연계해야 한다.

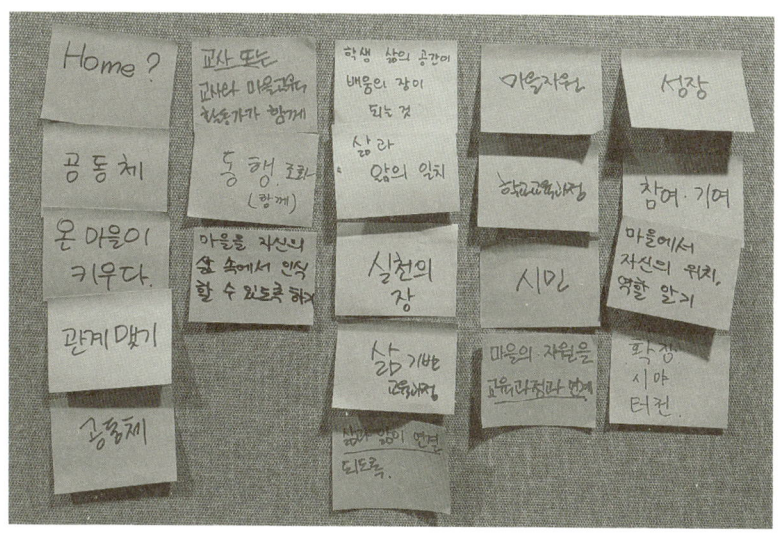

'용어'에 대해 나누기

오지랖 대마왕 여럿이

　이러한 마음을 담아 학교-마을연계 교육과정 도움자료를 발간하기로 했다. 우리만 알고 있기에는 아깝다, 나눠줘야 한다는 신념으로 시작했다. 처음에는 각종 논문과 자료를 모아서 정리했다. 그랬더니 방향을 안내하는 길라잡이라기보다는 사례집 또는 논문 요약집 같아서 아무도 펼쳐 보지 않을 것이다 의견이 모아졌다. 이대로는 안 되겠다 싶어 초·중·고 5~6명의 교사들이 1박 2일 일정을 잡아 모였다. 제일 먼저 마을연계 교육과정이 무엇인지 용어정의부터 해 보기로 했다. 각자가 생각하는 학교-마을연계 교육과정[1]의 핵심가치를 정해서 나누고 유목화하였는데 그 결과 만들어낸 개념은 아래와 같다.

> **학교-마을연계 교육과정은 무엇일까요?**
> 마을에서 살아가는 학생들이 마을 안에서 관계를 맺으며, 시민으로 성장할 수 있도록 학교와 마을이 협력하는 교육과정이라고 할 수 있습니다.

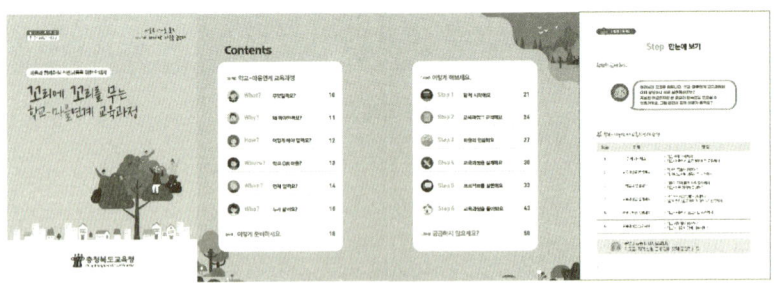

표지   도움자료 목차(이해-준비-운영-사례)   한눈에 보기

---

1 학교-마을연계 교육과정이라고 충청북도교육청에서는 공식용어로 사용하고 있다. 마을연계교육과정, 마을교육과정, 지역화교육과정 등 다양한 용어가 혼동되어 사용되고 있지만, 학교와 마을의 관계맺음을 통해 교육과정, 수업을 운영하는 것에 강조점을 두었다.

도움자료에서는 학교-마을연계 교육과정[2]을 5W1H방식으로 설명하고 있으나, 새로이 만들어진 개념이나 정책이 아니라 선생님들이 이미 실천하고 있는 교육과정과 수업임을 깨닫게 하는데 중점을 두었다. 특히 캐릭터를 중심으로 가볍게 대화하는 형식으로 누구나 쉽게 읽고 시도할 수 있도록 구성하였으며, 학교와 마을, 앎과 삶, 배움과 실천의 연결고리는 바로 교사임을 밝히고 이야기를 끌어가고 있다.

좌충우돌 일단 학교와

2021년 12월에 도움자료가 배포되면서 학교실태와 비전에 맞게 학교-마을연계 교육과정을 설계하는 워크숍 요청이 있었다. 공부모임 시간에 워크숍을 설계하는 실습을 자체적으로 두 차례 진행하였으나 실제 학교현장은 달랐다. 왜 학교-마을연계 교육과정을 운영해야 하는지 합의되지 않은 상황에서 마을 또는 지역과 연계한 프로젝트수업을 설계하고 운영하는 것이 결코 쉬운 일이 아니다. 특히 도심지에 있는 학교의 경우 '마을'이라는 개념이 익숙하지 않아서 더 어색한 시간이었다. 일반적으로 '마을'이라는 개념은 사회정서적인 의미와 마을사람들, 마을공동체, 마을활동가 등 같은 지향을 담은 의미도 포함되

---

[2] 꼬리에 꼬리를 무는 학교-마을연계 교육과정, 충청북도교육청(2021)

어 있기 때문이다. 오히려 '우리 동네'라고 표현하는 것이 적합할까 고민이 되기도 하였으나 시나 구 등 기초자치단체를 의미하는 '지역'과 구분하여 '마을'이라는 용어를 일단 사용하기로 하였다. 작은 단위로 들어가면 들어갈수록 해결해야 할 당면과제가 많아진다. 일단 부딪혀 보자.

그래서 왜?

「지방교육자치에 관한 법률」제 1조에 의하면 "지방교육의 특성을 살리기 위하여" 교육자치는 필요하며, "지역의 특수성을 살린다"는 것은 지역의 삶이 학생들의 배움에 반영되어야 함을 의미한다. 뿐만 아니라 교육기본법 제9조 2항에 따르면 마을에서의 학교의 역할은 매우 중요하다.

> 학교는 공공성을 가지며, 학생의 교육 이외에 학술 및 문화적 전통의 유지, 발전과 주민의 평생교육을 위하여 노력하여야 한다.

2022 개정 교육과정에서는 특히 '지역'이라는 용어의 빈도수가 높다. 학교 자율시간을 확보하되 지역과 연계한 다양한 교육과정 및 프로젝트 활동 편성·운영을 강조하고, 학교 자율적으로 지역연계 선택과

목을 개발·활용할 수 있도록 권장하고 있다. 선택과목 운영이 어려운 경우 선택교과 공동교육과정 운영방안을 모색할 수 있도록 소규모학교, 농산어촌학교, 통합학교 등의 고민도 던지고 있다.

그렇지만 학교의 수많은 당면문제 앞에서는 제 아무리 교육기본법이나 지방교육자치에 관한 법률, 2022 개정 교육과정이라 하더라도 무용지물이다.

교육부, 충청북도교육청 등에서 다양한 메시지를 던지고 있지만 학교 현장을 움직이기에는 역부족이다. 아무리 좋은 정책이 수립되어도 교사들의 실천이 없으면 그 정책은 실현될 수 없다. 작은 불씨로 그칠 수 있겠지만 우리들의 이야기를 책으로 담기로 했다. 실천한 내용을 정리하는 것만으로도 의미가 있다 결론내리고 글쓰기에 자신 없는 사람들이 겁도 없이 모였다. 사실 글을 마무리하고 있는 이 순간까지 매우 후회하고 있는 사람들이다.

아직도 남은 고민, 못 다한 이야기

박명선: 이렇게 글로 정리를 하고 보니 정말 귀한 이야기들이 숨겨져 있었네요. 혹시 아직도 남은 고민이나 못 다한 이야기가 있을까요?

이경하: 제가 안남초등학교에 오기까지는 이렇게 깊게 마을과 연계하여 수업을 진행해 보지는 못했어요. 하지만 안남초등학교에 와서 기존에 우리 학교에 있던 선생님의 생각을 따라 마을과 함께 한 수업이었어요. 그분의 생각에 동의하면서 함께 연대하는 마음으로 진행했던 일이었는데 그 과정들이 녹록지는 않았죠. 기억은 왜곡되어 좋았던 기억, 힘들었던 기억이 뒤얽혀 남아있

었는데 이번 도서 출판을 계기로 우리가 했던 일들을 글로 쓰고 정리하면서 당시 우리는 왜 마을과 연계하게 되었는지 깨닫게 되었어요. 우리가 무엇을 했는지 정리하는 과정을 통해 왜 했는지를 생각해 보고 초심을 되돌아보게 됨으로써 처음 마을 연계 수업을 도전하는 선생님들께 우리의 이야기를 펼쳐 보일 수 있어서 보람 있는 활동이었던 것 같아요. 우리가 하는 교육활동이 어떤 의미가 있는지 되새기고 그것을 반성해보고 싶다면 꼭 기록해 보라고 권해드리고 싶어요.

조혜진: 학교를 옮겨야 할 시기가 다가오니 여러 생각이 들어요. 처음 마을교육을 시도한다는 것이 얼마나 힘든 과정인지 알기 때문

에 더 두려워집니다. 이번 학교에서는 친분 있는 마을 주민들도 있고, 마을에 대한 여러 경험들이 있어 수월하게 마을교육을 시도할 수 있었습니다. 그런데 학교를 옮기면 관리자, 동료교사, 아이들 다 달라지잖아요. 마을교육은 마을 주민들과 동료들의 도움을 필수로 하는 활동인데 이들에게 별나고 유난스러운 교사로 비춰지지는 않을지 걱정됩니다.

주민우: 마을교육이 유난스럽다는 것은 편견인 것 같아요. 이번에 마을로 나가 공부해보니 아이들의 자신감과 의욕이 하늘을 찌르더라구요. 작은 학교에 다니는 아이들은 낯선 사람들 속에 있거나 학교 밖으로 나가면 의기소침해지는 경향이 있는데 마을에서는 정 반대의 모습이었습니다. '이 마을에서는 제가 선생님이에요'라고 말하는 친구들도 있었어요. 그런 것을 보니 마을교육과정이 마을을 살리기 위한 수단을 넘어 아이들의 교육을 위해 충분히 시도할만한, 아주 효과적인 교육 방법이 될 수 있다고 느꼈습니다. 어떤 친구는 생태계 공부가 너무 재밌어져서 국립생태원에 취직하고 싶다는 구체적인 꿈이 생기기도 했으니까요.

오혜영: 교육의 관점에서 학교 따로 마을 따로 생각하는 것은 숲 따로 나무 따로 생각하는 것과 같다고 생각해요. 숲을 무성하게 만

드는 것은 작은 나무들이고, 넓은 숲에서 나무처럼 성장해 나가는 아이들의 삶을 총체적으로 조망할 수 있도록 마을과 학교가 실제적으로 함께 해야 하지 않을까요?? 옥천여중에서의 경험이 마을교육의 작은 디딤돌 하나는 놓았다는 뿌듯함이 있어요. 무엇보다 출판 작업을 하면서 마을교육의 의미와 가치를 새겨보는 시간을 가질 수 있어서 좋았습니다. 여러 주체들의 변화와 성장도 중요하지만 '나의 변화와 성장'의 관점에서 점검할 수 있어서 개인적으로도 의미있는 작업이었습니다. 다만 한때의 유행처럼 마을이 소비되지 않고 실질적인 삶을 변화시키고 좀더 나은 삶으로의 전환을 위해 심도있는 고민과 실천이 계속 나왔으면 좋겠어요. 앞으로 옥천여중의 풍부한 교육 이야기가 또 다른 책으로 발간되었으면 하는 바램이 있는데 너무 욕심을 부리나요?? ^^

김락훈: 저는 마을교육과정을 운영하기 위한 학교 교사와 마을 교사의 역량에 대해 고민해 봤습니다. 제 경험을 바탕으로 말씀드리면 전 처음에 마을 교육과정을 운영해야 한다고 했을 때 너무 무서웠어요. 교사에게 있어 자신이 잘 알지 못하는 내용으로 수업하는 것 만큼 힘들 일은 없으니까요. 아이들과 함께 배운다는 마음으로 시작하기는 했지만 교사가 마을을 이해하지 못하고 전체적인 맥락을 파악하지 못한다면 제대로 된 마을교육과

정을 운영하기 어렵죠. 마을 교사의 경우도 마을교육과정을 운영하는데 있어 많은 부담을 느낄 것 같아요. 아무래도 단순히 마을을 구경하고 체험하는 것이 아니라 일련의 교육활동을 통해 배움이 이루어져야 하기에 아이들에 대한 이해와 기본적인 교육활동 수행 능력 등이 필요하니까요. 학교 교사와 마을 교사들이 좀 더 쉽게 마을교육과정에 접근할 수 있도록 진입장벽을 낮춰줄 수 있는 어떤 지원이 있었으면 좋을 것 같아요.

박정미: 마을과 함께하는 교육과정 운영은 학교마다, 지역마다 격차가 생기는 것이 현실이다. 그 차이는 마을교육과정을 함께 고민할 공동체의 유무에서 기인한다고 생각한다. 우리가 마을교육과정을 위해 가장 먼저 고민해야 할 일은 학교를 둘러싼 공동체를 만드는 일이다. 학교와 마을이 별개가 아니라는 인식을 함께 공유하는 일이 가장 우선되어야 하지 않을까?

그렇다면 공동체를 만드는 일을 누가 해야 할까? 사실 공동체를 만든다는 것은 엄청난 시간과 품이 드는 일이다. 몇 년에 한 번씩 인사이동으로 학교를 옮겨 다니는 교사들에게 마을의 공동체 만드는 일까지 신경 쓰라고 한다면 가혹한 일일지도 모른다.

우리 아이들이 자기 삶의 주인공이 되는 것은 중요하다. 교사로서 우리 반 아이들이 살고 있는 마을에 관심을 가지는 것은 당연하다. 그렇다면 교사가 먼저 마을에 나가 보면 어떨까? 아이들 손을 잡고 마을을 둘러보고, 좋은 어른들을 찾아보고, 아이들의 관심사를, 고민거리를 함께 찾아보면 어떨까? 이것이 마을공동체를 만드는 첫 걸음이 되지 않을까?

송현조: 글을 쓰면서 내가 걸어온 길을 다시 돌아보게 되었어요. '큰 학교에서는 내가 원하는 대로 마을연계가 이루어지는 것이 어렵지 않을까? 작은 학교로 돌아가면 다시 내가 원하는 교육을 할 수 있을까?'라는 생각이 들더라고요. 큰 학교에서 교육행정업무를 병행하면서 마을 연계를 하는게 쉽지 않아 실천에서 멀어진 느낌이 들어 아쉬운 마음이 커요.
큰 학교 나름대로 할 수 있는 것들이 많을텐데 내가 찾지 못하는 것 같기도 하고, 너무 많은 것들이 주어지다 보니 선택하지 못하는 상황이 오기도 하더라고요. 오히려 작은 학교에서 한정된 자원으로 집중할 수 있었던게 작은학교에서의 장점이었던 것 같아요. 지금은 학교도 마을도 Too Much~

좌충우돌 마을교육과정 이야기
학교의 눈으로 마을을 읽다

초판 1쇄 발행　　2022년 10월 30일
초판 2쇄 발행　　2022년 11월 23일
지 은 이　　박명선 박정미 이경하 조혜진
　　　　　　　김락훈 오혜영 송현조 주민우
펴 낸 곳　　도서출판 놀북
출판등록　　제573-2019-000011호

ISBN　　979-11-91913-15-6　　　03810

* 이 도서는 국립중앙도서관 서지정보유통지원시스템 홈페이지(http://seoji.nl.go.kr)와
국가자료종합목록 구축시스템(http://kolis-net.nl.go.kr)에서 이용하실 수 있습니다.
* 저작권법에 의해 보호를 받는 저작물이므로 저자와 출판사의 동의 없이 내용의 일부를
인용하거나 발췌하는 것을 금합니다. 또 파손된 책은 구입처에서 교환해 드립니다.